BIBLIOTHÈQUE
DE PHILOSOPHIE CONTEMPORAINE

2 426
c vert

LA CONTAGION

DU MEURTRE

ÉTUDE D'ANTHROPOLOGIE CRIMINELLE

PAR

LE Dʳ PAUL AUBRY

De Saint-Brieuc.

PRÉCÉDÉ D'UNE PRÉFACE DE M. LE Dʳ A. CORRE

SECONDE ÉDITION ENTIÈREMENT REFONDUE

PARIS

ANCIENNE LIBRAIRIE GERMER BAILLIÈRE ET Cⁱᵉ

FÉLIX ALCAN, ÉDITEUR

108, BOULEVARD SAINT-GERMAIN, 108

1894

LA

CONTAGION DU MEURTRE

ÉTUDE D'ANTHROPOLOGIE CRIMINELLE

DU MÊME

Les hôpitaux en Scandinavie, 1885, in *Progrès médical*.

Anévrysmes multiples de l'aorte, en collaboration avec le Dᵣ Marfan, *ibid.*, 1886.

Les hôpitaux en Orient (Grèce, Turquie, Egypte), in *Revue internationale des sciences médicales*, 1887, mémoire couronné par l'Académie de médecine (Prix Monbinne).

Autour de l'Europe. Notes de voyages, in *Revue de Bretagne et d'Anjou*, 1887.

La Contagion du meurtre. *Thèse inaugurale*. Alcan, 1887.

La Contagion du meurtre. Communication au *Deuxième corgrès d'anthropologie criminelle*, 1889.

Les bains de bouc d'Astrakan, in *Annales de la Société médicale d'hydrologie de Paris*, 1887.

Un hôpital d'enfants à Moscou, in *Revue d'hygiène thérapeutique*, 1890.

Les hôpitaux en Russie, in *Revue française de l'étranger et des colonies*, 1890, 1891.

La mortinatalité dans le département des Côtes-du-Nord et, plus spécialement, dans l'arrondissement de Saint-Brieuc (1880-1889), in *Annales d'hygiène*, 1891.

La mortalité dans le département des Côtes-du-Nord et, plus spécialement, dans l'arrondissement de Saint-Brieuc (1880-1889), in *Annales d'hygiène*, 1891.

De l'homicide commis par la femme, in *Archives d'anthropologie criminelle*, 1891.

Observations d'uxoricide et de libéricide, suivis du suicide du meurtrier, in *Archives d'anthropologie criminelle*, 1892.

Une famille de criminels. Note pour servir à l'histoire de l'hérédité, in *Annales médico-psychologiques*, 1892.

Le vitriol au point le vue criminel. Communication au *Troisième congrès d'anthropologie criminelle*, 1892.

Documents de criminologie rétrospective aux xvii° et xviii° siècles en Bretagne. En collaboration avec le Dᵣ A. Corre. (*Sous presse.*) Storck et Masson, éditeurs. Lyon et Paris.

LA
CONTAGION DU MEURTRE

ÉTUDE D'ANTHROPOLOGIE CRIMINELLE

PAR

le Dr Paul AUBRY

de Saint-Brieuc.

AVEC UNE PRÉFACE DE M. LE Dr A. CORRE

DEUXIÈME ÉDITION ENTIÈREMENT REFONDUE

PARIS

ANCIENNE LIBRAIRIE GERMER-BAILLIÈRE ET Cie

FÉLIX ALCAN, ÉDITEUR

108, BOULEVARD SAINT-GERMAIN, 108

1894

PRÉFACE

L'homme, au cours des manifestations si multiples de son activité cérébrale, traduit le double
instinct qui règle son évolution psychique par les
procédés qu'il découvre en sa conduite :

Avec la faculté d'*invention*, il montre son aptitude au progrès, à l'ascension vers le mieux ou le
pire, selon qu'on apprécie la résultante des actes
dans leurs rapports avec les conditions du milieu
collectif ou l'intérêt des individus ;

Avec la faculté d'*imitation*, il fixe, pour ainsi
dire, les acquisitions faites grâce à l'autre : il répète,
répercute à l'infini, dans leurs applications, les
trouvailles objectivées qui ont frappé son imagination ou son attention ; il prend certaines assuétudes,
se repose d'un effort, avant de recommencer l'élaboration de quelque chose d'inédit.

Très lent est le progrès, car l'invention exige
une somme de travail cérébral considérable et,
pour imposer les choses qu'elle a mises en lumière,

AUBRY. a

un état de réceptivité dans l'ambiance sociale, lui-même plus ou moins long à se produire. Mais une fois l'ébranlement communiqué, l'idée nouvelle, l'acte nouveau, déterminent autour d'eux une sorte de vague harmonique, une série de vibrations intensives, qui semblent forcer à l'unisson et presque à l'automatisme les foyers générateurs des impulsivités, chez les individus et les masses. Le flot accapare toute place; il marque un arrêt momentané dans les apports transformateurs; il oppose la routine à l'évolution et devient ainsi un danger, lorsqu'il jette et perpétue dans les habitudes, par ailleurs déjà plus ou moins modifiées, des germes de survivances, trop souvent prises, bien à tort, comme des ressauts ataviques ou de brusques rétrogradations.

La criminalité n'échappe pas aux lois communes à tous les genres de manifestations des activités humaines.

De quelque façon qu'on la comprenne et qu'on la définisse, elle apparaît une forme de l'impulsivité, dérivant de la double sollicitation inventive et imitative. Toutefois, dans ses modes généraux, l'invention s'y dessine avec beaucoup moins de fréquence et d'énergie que l'imitation. Le vol, le viol, l'homicide, etc., qui, depuis des siècles, naissent de mêmes entraînements passionnels ou des mêmes vices d'organisation sociale, s'exécutent d'après des

procédés à peu près similaires, ou brutaux ou
rusants; mais ceux-ci se perfectionnent de temps à
autre, lorsqu'un criminel génial emprunte à des
circonstances faciles à rencontrer, aux découvertes
de la science utile, des moyens non entrevus auparavant et destinés à assurer le succès de ses mauvais desseins, en même temps que son impunité.
Les perfectionnements seront imités, selon les
aptitudes des professionnels de la délinquance.
Cependant, qu'on le remarque bien, c'est l'acte
criminel en lui-même — dont la répétition, sous
une forme quelconque, imprime aux cerveaux prédisposés l'incitation détestable — qui tend à se
multiplier de plus en plus. On dérobe, on tue, suivant une progression quantitative, hors de tout
rapport avec l'expansion qualitative de telle ou telle
modalité de l'attentat. Le vieux jeu a conservé sa
vogue, à ce point qu'on peut étendre au crime le
proverbe : *rien de nouveau sous le soleil*. Et de
fait, la perversité s'affirme davantage par le nombre
des crimes que par le relief de ses moyens spéciaux
d'exécution.

Ne remontons pas trop loin.

Nous lisons dans les fabliaux du xivᵉ siècle, dans
l'épopée de sinistre comique de Til Ulespiègle, les
poésies de Villon et de ses disciples ou acolytes,
maintes prouesses, autrefois dignes de la hart,
aujourd'hui seulement de la prison, qu'on relève

comme originales chez nos bandits de grandes et de
petites villes. Panurge a servi d'intermédiaire doc-
trinal dans la transmission... Mais, avant la mise
en action des leçons professées par des célébrités
plus ou moins légendaires, à l'aurore des temps
modernes, que de façons déjà de vulgaire pratique
dans le monde des insoumis, à des époques très
reculées! L'argot lui-même a d'antiques origines.
Le vol à la tire existe, depuis qu'il y a eu des po-
chettes ou des replis de vêtements, destinés à recevoir quelque objet, bon à prendre, autant qu'à conserver. Le vol au poivrier se renouvelle, depuis
que les méchants garçons ont constaté l'aisance
avec laquelle un ivrogne, terrassé par le vin, sans
muscles pour se défendre, sans pensée même pour
comprendre, se laisse dépouiller : mettre à nu les
gens qui ont trop bu, avec prestesse, c'était déjà un
art fort avancé, au moyen âge, si l'on en juge par
l'aventure des trop gaillardes commères réduites à
se cacher dans un charnier... après avoir abondam-
ment arrosé un festin de tripaille (*le dict des trois
dames de Paris*). Le voleur à l'américaine! n'est-ce
pas, à l'occasion, le *bordier* ou *bourdeur* parisien du
XIIIᵉ siècle, si habile à recruter des dupes parmi les
provinciaux et les étrangers, frais débarqués sur les
rives de la Seine? Faut-il rappeler la troisième
repeue franche... de titre si difficile à reproduire?
L'histoire de ce haut seigneur... du pavé, de ce

limousin, très expert parmi les plus experts filous de
la capitale, qui, sans sou ni maille, après avoir fes-
toyé, donne en gage à l'hôtesse un grand sac, rempli de papiers importants, et que le commissaire,
appelé pour l'ouverture, au cours d'une absence
prolongée du coquin, trouve « si breneux »... On
pratique le chantage à l'adultère et aux mœurs
(en 1477, raconte Jehan de Troyes, deux gourgan-
dines, à la sollicitation intéressée de l'ennemi d'un
serviteur d'Ollivier le Daim, premier barbier et
valet de chambre du roi Louis XI, accusent fausse-
ment cet homme « de les avoir efforcées et en elles
faict et commis l'ord et villain péché de sodomie). »
On sait utiliser les breuvages narcotiques pour
perpétrer un attentat à la pudeur ou un viol (affaire
de Jacqueline la Cyrière, justice de Saint-Martin-
des-Champs, 15 juillet 1333, rég. crim.). Quant au
meurtre avec préméditation et guet-apens, il remonte à Caïn, d'odieuse mémoire... Mais il s'est
singulièrement perfectionné, à mesure que les
armes de jet ont mis entre les mains des lâches
un instrument plus sûr, pour l'accomplissement
de leurs forfaits. Les dépeceurs eux-mêmes ont
des ancêtres d'âge assez reculé. Tel, le menuisier
Oudin, qui, en discussion d'intérêt avec le fils du
maître-bourreau de Paris, Petit Jehan, guette une
nuit, au coin d'une rue, son créancier, l'assomme
avec l'aide de trois stipendiés, « et depuis qu'il fust

mort... luy vint coupper les jambes », afin de se
débarrasser plus facilement du cadavre (Chron. de
Jehan de Troyes, 1477). Telle la femme Cleopatra,
de Lyon, qui, ne sachant comment se débarrasser
d'un mari ivrogne et vicieux, l'égorge, un soir
« qu'il estoit tout noyé de vin, dormant et ron-
flant... et puis désirant si secrètement conduire son
affaire qu'elle ne fust point décelée, et que tout
fust tellement enveloppé en secret et silence qu'il
ne s'en engendrast aucune suspicion ny conjecture,
entreprit de mettre ce corps de son mari en pièces
et quartiers et le porter la nuit au Rhône... » (1547,
chron. de G. Paradin : le fait est rappelé par le
Figaro du 11 mars 1877, à propos de Billoir ; on sait
l'aventure : l'ancien soldat venait d'assassiner sa
maîtresse, une femme Le Manach, qu'il avait prise
en dégoût à cause de sa malpropreté et de son intempérance, et il avait essayé de dérouter la police
par une habile dissémination des membres dépecés
de sa victime).

Les instincts, en devenant mauvais, enfantent le
crime, et celui-ci, dans ses grands types, indifférent
de la forme, cherche à atteindre son but, selon les
conditions du milieu, moins variées qu'on ne le
pourrait supposer *a priori*, au cours des âges et chez
les différents peuples. Mais ces instincts, qui les a
rendus aussi âpres et redoutables ? Il faut l'avouer :
l'égoïsme, l'oubli ou le dédain de la solidarité, l'anti-

altruisme même, qui, partout, ont présidé à l'organisation des sociétés dites civilisées, sous l'égide
des religions en principe les mieux intentionnées,
et de la politique, sont la cause des désespérances,
des révoltes, des graduelles dégénérations dans les
classes déshéritées, d'où l'attentat jaillit le plus
ordinairement à un moment donné. On ne saurait
songer à mettre fin aux suicides et aux crimes ins-
pirés par la misère, la fausse idée d'honneur, les
convoitises exaltées, etc., sans une réforme radicale
de nos mœurs et de notre régime économique. La
propriété, telle qu'elle est établie, est la source des
vols et des assassinats les plus audacieux ; l'inégalité
dans la répartition des charges entre les sexes, une
éducation hypocrite et antinaturelle, celle de maints
infanticides, etc. L'homme est sans doute incapable
de créer jamais une société parfaite ; au moins est-il
en possession d'une puissance intellectuelle suffisante, pour améliorer, dans une large mesure, les
conditions de ses collectivités. Qu'on rende mieux
pondérées les lois, qu'on les adapte mieux aux exigences de la nature, et les actes de résistance, de
défaillance, seront très diminués, raréfiés propor-
tionnellement à l'amoindrissement des causes per-
turbatrices.

Mais le suicide et le crime n'ont pas entièrement
leur genèse dans les défectuosités fondamentales
des Codes. Ils trouvent en partie la raison de leurs

éclats dans l'exaltation de l'imitativité, elle-même
la résultante de la multiplicité des sollicitations à
l'imitation de certains actes, et de l'impressionna-
bilité particulière, semi-morbide, des individualités
réceptrices. La preuve de cette vérité attristante
n'est plus à faire. Elle se déroule, sous nos yeux, à
la soudaine répétition de diverses formes semi-
occultes ou extériorisées de l'attentat, jadis très
isolées, aujourd'hui de plus en plus fréquentes.

L'agio existait autrefois, contenu dans les étroites
limites d'opérations financières, d'ailleurs réprimées
avec sévérité. Depuis le XVIIe siècle, le spectacle des
scandaleuses fortunes des intendants et des fermiers généraux, des joueurs à la rente, des tripo-
teurs d'affaires a étouffé la conscience au cœur
d'une bourgeoisie qui jeta bas un trône, sous le
prétexte de relever le prolétariat. L'exemple des
enrichissements à tout prix a pénétré dans les plus
hautes couches, souillé les plus intègres de réputation, formé des criminels de grand monde autour
de chaque unité rayonnante de l'exploitation cos-
mopolite.

De tout temps, il y a eu des imaginations assez
scélérates pour entrevoir des moyens de vengeance
raffinés.

Défigurer une rivale, une femme dont la vertu a
triomphé des tentatives de séduction, cela s'est vu
dès l'origine des agglomérations civilisées : bruta-

lement l'on eût recours, d'abord, à des mutilations sanglantes; plus tard, des gentilshommes imaginent le jet de la bouteille de verre remplie d'encre, comme dans l'agression contre la marquise de Chaulnes (on la pourra lire dans l'un des chapitres du présent ouvrage). Maintenant on vitriolise, et comme ce genre d'attentat, malgré son atrocité, est sottement excusé par une prétendue note passion- nelle, presque ennobli par elle, il se répète chaque année dans des catégories très enclines à profiter d'aussi belles leçons.

Pulvériser un personnage détesté, un adversaire politique, n'est-ce pas le comble de l'art, pour les fanatiques! Pendant longtemps, on ne songe pas à utiliser l'unique explosif alors connu. Mais, au xvıe siècle, — ère de renouveau, — l'idée d'une machine infernale éclôt et d'emblée revêt une forme savante. « Le samedi 26 septembre (1587), dit Lestoile en son journal, fut rompu et mis sur la roue, à Paris, un normand nommé Chantepie, qui avait envoyé au seigneur de Millaud d'Allègre, par un laquais, une bouëtte artificiellement par lui composée, dans laquelle estoient arrangés trente- six canons de pistolets chargés chacun de deux balles et y estoit un ressort accommodé de façon qu'ouvrant la bouëtte le ressort laschant faisoit feu, lequel prenant à l'amorce préparée faisoit à l'instant jouer les trente-six canons et jetter soixante et douze balles. » L'histoire est oubliée, quand Fieschi, en 1836, invente une machine assez analogue à celle de Chantepie, mais destinée à agir à distance, machine remplacée, dès 1852, par les bombes de jet d'Orsini. Il y a progrès. Toutefois, il faut arriver à la période contemporaine pour assister à l'expansion de la méthode, grâce aux découvertes de nouveaux explosifs et à la propagande frénétique des anarchistes dynamitards. Si, dès les premiers attentats de Montceau-les-Mines et du café de la place Bellecour, à Lyon (1882), l'on s'était un peu mieux inspiré de l'état de certains esprits, de ses causes, de ses propensions militantes, l'on eût évité au pays et au monde civilisé l'horreur de la fameuse série *symbolique*, tout imitative, à laquelle Ravachol et Vaillant doivent leur célébrité, entre beaucoup d'autres apôtres de la destruction de moindre envergure. L'on a aussi vu reparaître l'invention de Chantepie, sous des formes plus insidieuses, avec les livres dits explosifs adressés à deux fonctionnaires coloniaux, à Paris, et la boîte-échantillon envoyée au chancelier impérial de Caprivi, à Berlin (1891, 1893).

La montée ininterrompue du crime et du suicide, comme celle de l'aliénation mentale (démonstration si péremptoire de l'envahissement des habitudes dégénératives), serait inexplicable par l'intervention des seuls facteurs sociologiques. Elle doit une grosse part de son développement à l'influence imitative, et même, on l'a dit avec quelque apparence de raison, la récidivité, toujours en accroissement, n'est que la répétition d'actes, primitivement acceptés dans leur genèse intrinsèque, ou reproduits d'après une sollicitation extrinsèque, par un organisme si dépourvu de capacité pour l'effort, qu'il est réduit à se copier, s'il ne copie les autres.

L'incapacité pour l'effort, c'est-à-dire l'impuissance contre la réaction aux incitations malsaines, antialtruistes et antisociales, voilà bien. la tare des collectivités usées, celle qui rend si dangereuses pour elles les manifestations susceptibles de provoquer chez les individus et les masses des ébranlements imitatifs, assez intenses pour s'imposer comme activités d'habitude à des cerveaux déséquilibrés.

En attendant des réformes, il faut s'opposer à l'ascension d'une vague menaçante, par les moyens d'endiguement les plus immédiats. Où rechercher ces moyens, sinon dans les conditions restrictives de l'entraînement automatique dérivant de l'imitation?

L'imitation est une féconde génitrice du crime.

Elle est éveillée et dirigée par un double mécanisme, dont le jeu se centralise aux organes psychomoteurs : par la *suggestion des idées*, par l'*objecti-*

vité d'actes réalisés, l'une, canevas d'opérations
offert à l'imagination des plus impressionnables,
l'autre, leçon de choses offerte à l'impulsivité irrai-
sonnante ou languissante des indégrossis ou des
inattentifs, toutes deux provoquant les incitations
les plus singulières et parfois les plus redoutables,
chez les dégénérés, les demi-fous et les aliénés,
latents ou qualifiés. Pour prévenir les écarts d'une
faculté dont le rôle est aussi considérable, il est
donc nécessaire de surveiller de très près les conditions qui la gouvernent.

L'idée suggestive n'exerce pas l'influence *directe*
principale, et elle ne le fait, à mon avis, qu'autant
qu'elle se matérialise, se concrète dans un ordre de
choses apte à répondre à certaines mentalités, fort
heureusement d'exception. Les mémoires d'un
Lacenaire ont eu un grand nombre de lecteurs :
pourtant, on peut compter les assassins qui leur
doivent l'initiation professionnelle, un Morisset, un
Lemaire, quelques autres encore, mais assez rares.
Les comptes rendus des procès sensationnels ont
exercé une pression analogue sur des prédisposés,
mais sur des séries infiniment moins amples qu'on
ne le croit généralement. Supprimer ces éléments
d'instruction sociologique n'aurait donc pas une
utilité très nettement démontrée et, pour un petit
nombre de cerveaux détraqués auxquels la mesure
enlèverait une cause d'incitation pernicieuse, elle

priverait des cerveaux studieux de très précieux moyens d'information. Mais l'idée suggestive, indirectement, peut être un facteur dissolvant des plus actifs ! J'entends résonner les clameurs contre la presse et le livre, les récriminations contre la liberté de la pensée et de la plume, qui se reproduisent à toutes les époques d'affolement. Oui, certes, l'écrit est un instrument de suggestion très redoutable, et aussi la parole émise dans les réunions. Des feuilles, telles que *le Père-Duchesne* et *le Père Peinard*, offrent, dans leurs colonnes, comme les discours d'un Marat ou des anarchistes, dans leurs véhémentes tirades, des échantillons de spéculations attristantes, d'excitations déplorables. Au fond, on n'y découvre guère que l'expression grossière ou perfide de doctrines et de théories sociologiques et même philosophiques, sous d'autres formes... toutes de surface, déclarées de haute portée. Logiquement, pour couper court aux excès d'en bas, il faudrait interdire toute élaboration intellectuelle progressive d'en haut. Mais est-il bien vrai que les attentats anarchistes se rattachent absolument aux enseignements socialistes, d'après les républicains de l'école opportuniste, aux enseignements de ceux-ci, d'après les réactionnaires intransigeants, trop enclins à oublier eux-mêmes que les premiers chrétiens, au nom de l'Évangile, se comportèrent, dans le monde païen, à la façon des anarchistes, dans le monde actuel... avec la dynamite en moins, parce qu'elle était encore inconnue, peut-être? Il en est de l'aliment psychique comme de l'aliment corporel. L'un et l'autre sont bons, à la condition qu'ils s'adressent à des organes capables de les assimiler. L'inventeur de la culture du blé, l'inventeur de sa réduction en farine et de la transformation de la farine en pain, sont-ils donc responsables des indigestions que se donnent les voraces ou les malades; et celui qui apprit aux hommes à exprimer le jus de la vigne doit-il être incriminé comme le grand coupable de tous les excès de l'intempérance? De même, il serait injuste d'accuser les semeurs d'idées réformatrices, du Christ aux socialistes de nos jours, d'être la cause des attentats d'un Ravachol. Les lois édictées contre la liberté de l'écrit et de la parole, n'ont jamais réussi à prévenir leurs écarts, mais elles sont un obstacle à la diffusion des idées, d'où le progrès dérive. Qui jugera d'ailleurs entre l'idée simplement évolutive et l'idée perturbatrice? Avons-nous, dans la magistrature, si mêlée aux questions de la politique, des hommes d'indépendance assez notoire, pour éviter de jamais verser dans l'ornière des persécutions, sous le prétexte et avec la croyance d'une répression des incitations délictueuses? Après mûre réflexion, je reste le partisan de l'entière liberté du journal, du livre et du

discours, persuadé qu'elle comporte pour une
société plus d'avantages que d'inconvénients. Mais
il importe cependant d'enrayer les impulsivités
imitatives, directement ou indirectement engen-
drées par la suggestion de l'idée antialtruiste et an-
tisociale. Le moyen n'est à rechercher que dans un
système d'instruction et d'éducation bien adapté
aux besoins des société nouvelles. Le *Disciple* de
Bourget n'est que le produit d'un maître très habile
sans doute à dresser des équations philosophiques,
mais ignorant de la vie réelle et des exigences
d'une collectivité.

Je regrette de ne pouvoir approuver et partager,
sur ce point particulier, l'opinion de mon distingué
confrère. Je comprends ses raisons. Je serai même
assez franc pour dire, qu'en formulant les miennes,
je ne chasse pas de mon esprit une certaine per-
plexité. La crainte d'être le défenseur involontaire
d'intérêts rétrogrades, m'oblige à repousser des
transactions, que l'histoire m'a appris à considérer
comme une éternelle duperie pour les peuples.
D'ailleurs, je m'empresse d'ajouter que j'admets
des cas où une autorité chargée de la défense sociale, a le droit et le devoir d'intervenir au plus
vite. C'est quand la parole, dans une réunion publique, l'écrit, dans le journal ou la brochure,
lancent au travers des masses, avec préméditation,
sous la forme de l'idée concrète, l'excitation à l'at-

tentat contre les personnes. Car alors l'idée se relie
si intimement à l'acte qu'elle vise à déterminer que
les deux se confondent trop ordinairement en un
foyer d'irradiation criminelle.

L'acte est la cause par excellence de l'ébranlement imitatif. Il est, pour ce motif, à réprimer avec
promptitude et énergie, qu'on l'entende des faits
de criminalité proprement dite, des faits équivalents ou seulement préparateurs des uns ou des
autres. L'idée semble plus diffusible, mais elle ne
rencontre point, partout où elle tombe, un terrain
qui lui permette de germer ; sa germination, si elle
a lieu, est lente, et elle peut se heurter, avant d'atteindre son développement, à mille obstacles qui
l'arrêtent. L'acte s'adresse à des individualités plus
isolées, mais il éveille des automatismes aptes à
fonctionner criminellement chez la plupart des
hommes, chez les normaux, par surprise, chez les
anormaux, par prédisposition héréditaire ou acquise. Il met directement et brusquement en jeu
les impulsivités les plus scélérates, et chaque organisme qu'il ébranle devient aussitôt de proche en
proche un centre de rayonnement imitatif. Aussi,
combien sont épouvantables les déchaînements des
individualités agglomérées, des foules, devant les
exemples *de faits*, qui, tout à coup, surgissent au
milieu d'elles ! La masse se compose souvent
d'honnêtes, et les honnêtes sont les émules de

quelques tarés qui leur ont indiqué l'action à répéter. On l'a dit très justement : l'être le plus vertueux
renferme un criminel ensommeillé : il suffit d'un
éclair parti de l'ambiance pour séparer du moi,
jusqu'alors impeccable, le moi violateur, homicide
ou incendiaire. Au bout de quelques minutes, le
premier aura repris possession de sa force, obligé
le second à reprendre sa place obscure et à s'effacer :
l'acte condamnable n'en a pas moins été commis, à
la sollicitation d'un acte similaire émané d'un organisme où le moi criminel domine, celui-là inconsciemment, il est vrai, celui-ci demi-conscient ou
conscient, selon l'occurrence.

Le contraste entre l'influence de la suggestion
par l'idée et celle de la contrainte imitative par
l'acte se dessine également en dehors des agglomérations irréfrénées. Voyez l'effet de l'exemple im-
moral dans les prisons, le régiment, les écoles, dans
la famille elle-même, au contact d'une domesticité
suspecte ! Voyez, dans la vie commune, les fâcheu-
ses conséquences d'une mauvaise fréquentation !
Combien de jeunes garçons, de jeunes filles ou de
jeunes femmes, d'hommes déjà mûrs, ont trébu-
ché dans la voie du bien, fléchi vers le mal, à des
leçons de choses, qui, seulement offertes sous la
forme de récit, même avec les couleurs d'une prose
vive ou d'une poésie libertine, les auraient à peine
émotionnés ou laissés indifférents ! C'est par l'acte,

bien plus que par l'idée, ou par l'acte associé à
l'idée que l'imitation recrute avec le plus d'avantages pour l'armée de la corruption et du délit.
Ici, nulle hésitation ne s'interpose. L'acte est bon
ou mauvais, facile à déterminer par les résultats
qu'on lui voit produire. Entre la licence et la
liberté, tout homme réfléchi est à même de fournir
une appréciation saine, sur des manifestations nettement objectivées. Au risque de quelques accrocs
à l'une, — d'ailleurs sans conséquences sérieuses
pour l'évolution collective, — il y a à applaudir aux
sévérités qui serviront de barrière contre l'autre,
en même temps qu'à l'imitation dérivée de certains
actes. L'éducation, sans doute, est un puissant
moyen de préservation, comme dans la suggestion
par l'idée ; mais elle ne met pas à l'abri de la surprise des faits imagés, de relief intensif et de répétition habituelle. Il est inconcevable qu'on se préoc-
cupe aussi peu de ces vérités, cependant rendues
palpables, évidentes, par les événements de chaque
jour. Sur la voie publique, en des maisons qu'on
tolère en trop grand nombre et trop ouvertes, la
prostitution, le jeu, l'intempérance donnent un
enseignement néfaste et fertile en fruits vénéneux.
L'agio a ses palais, insultant à la misère du peuple ;
les leçons des Panamistes sont une invitation aux
habiles à répéter le coup des chèques, pour leur
plus gros profit ; le cynisme de la criminalité d'en

haut sort de l'occulte et achève l'œuvre de la démoralisation générale. Bien plus, la loi imprévoyante,
par l'exécution solennelle des bandits qu'elle prétend offrir en exemple répressif, éveille, dans un
monde spécial, le goût du sang et indique aux tarés
le chemin de l'assassinat.

Je ne saurais m'étendre sur un sujet aussi vaste.
Mais je dois signaler, parmi les conditions de l'imitativité criminelle, l'ingérence des étrangers. La
France, nation généreuse, accueille avec trop de
facilités les cosmopolites, les provenances de toutes
nationalités. A cette imprudence, elle doit d'avoir,
à diverses époques, transformé ses mœurs dans le
sens le plus criticable. Depuis le xvie siècle, l'Italien la corrompt et l'exploite, en même temps qu'il
l'insulte ; depuis la Révolution, le juif lui apprend
l'art de l'agio le plus perfectionné, et la dépouille
de ses plus riches fleurons, et tous ces donneurs de
mauvaises leçons de choses jouent, dans sa criminalité, latente ou extériorisée, un rôle dont il serait
temps d'apercevoir le côté sinistre.

L'imitation étend, partout et sous mille formes,
des rayonnements d'incitations détestables. Elle
multiplie à ce point l'attentat, que celui-ci semble
sévir avec des allures épidémiques, dériver de plus
en plus d'une sorte de contage. Et de fait, n'est-ce
pas une véritable *contagion* à laquelle nous assistons dans l'évolution du suicide, du crime, des

habitudes dégénératives et de l'aliénation mentale? Le Dr Paul Aubry a entrepris de le démontrer, en choisissant comme exemple le meurtre. Je lui cède la place avec la conviction que la lecture de son livre contribuera grandement à dessiller les yeux de trop nombreux indifférents, qu'elle amènera chez beaucoup des réflexions graves et aidera à provoquer d'utiles réformes, depuis longtemps désirées et toujours attendues.

Je ne saurais trop vivement remercier mon aimable confrère d'avoir bien voulu me ménager l'honneur et le plaisir de présenter son intéressant ouvrage, pour lequel un premier succès est la garantie certaine d'un second tout aussi mérité.

Dr A. CORRE.

Brest, le 10 janvier 1894.

LA
CONTAGION DU MEURTRE

PRÉLIMINAIRES

> « La veuë des angoisses d'autruy m'angoisse matériellement ; et a mon sentiment souvent usurpé le sentiment d'un tiers. Un tousseur continuel irrite mon poulmon et mon gosier. »
>
> MONTAIGNE, liv. I, ch. xx.

> « Les conséquences du crime sont avantageuses à la société. Il y a, en effet, une certaine partie de la population, — et c'est la plus nombreuse, — qui n'achète les journaux que pour lire les faits divers. Que l'on supprime le crime, il n'y a plus d'acheteurs, conséquemment plus d'employés pour travailler le chiffon..., etc. »
>
> LUCIEN MORISSET....., assassin.

Le phénomène de psychologie morbide que nous avons l'intention d'étudier n'est pas simplement de l'imitation, ce n'est pas non plus de la suggestion, quoique, sans aucun doute, cet élément y entre pour une certaine part. C'est un mélange, une combinaison de ces quatre termes : suggestion, imitation, hérédité et contagion. Th. Gallard a dit [1] : « La contagion est l'acte par lequel une maladie déterminée se communique d'un individu qui en est affecté à un individu qui est sain, au moyen d'un contact soit immédiat, soit médiat. » Prise à

---

1. *Dictionnaire de médecine et de chirurgie pratiques.*

la lettre, nous pourrions presque adopter cette définition pour les besoins de notre cause, mais ce
procédé serait peu honnète, car l'auteur cité dit, un
peu plus loin, qu'une personne mise en présence
d'une autre, affectée d'une névrose quelconque,
peut contracter la même maladie, et il ajoute : ce
n'est pas là une contagion. D'autre part, il entre
dans cette définition un terme que nous ne pouvons
admettre sans une certaine discussion, c'est
celui-ci : « un individu sain ». Nous croyons, et en
ceci, nous sommes absolument d'accord avec tous
les micro-biologistes, qu'une maladie ne peut être
contractée que lorsque ces deux conditions sont
remplies : *pénétration d'un élément morbide* dans
un terrain préparé. Ces deux facteurs sont indispensables, sans cela il n'existerait plus un seul être
humain. Quel est celui de nous, en effet, qui n'a
absorbé par millions des bacilles de Koch, des
bacilles virgules, des bacilles de la diphtérie ou
de la variole? Nous dirons plus : ces rhumes, ces
bronchites, ces angines simples, ces diarrhées, que
nous, médecins, avons contractées en soignant tels
ou tels malades, n'étaient-elles pas des manifestations bénignes de ces maladies, qui n'ont pas pris
un plus grand développement, parce que les germes
ont été répandus sur un terrain insuffisamment
préparé? Si nous insistons sur ces faits, c'est que
plus loin, nous aurons occasion de relever de
nombreuses analogies.

Il va sans dire que nous n'avons pas la prétention
de ranger le crime parmi les maladies infectieuses
et de *chercher le microbe*, ni même de supposer son
existence. Il n'est cependant pas démontré, qu'in-

directement, dans certaines espèces de crimes, ressortissant sans nul conteste à l'aliénation mentale, il ne puisse intervenir, comme en d'autres névroses, une action bien réellement infectieuse. Quoi qu'il en soit, il y aura contagion, elle sera directe ou indirecte et agira presque toujours chez un sujet préparé, le plus souvent chez un héréditaire. Rarement elle agira chez un individu absolument sain, quoiqu'il soit hors de doute que l'élément moral de la contagion, agissant d'une façon plus ou moins continue, suffise à lui seul pour préparer admirablement un terrain.

Avant d'aller plus loin je tiens à fixer bien nettement deux points. Tout d'abord, parce que j'admets la *contagion dans le meurtre*, ce n'est pas à dire que j'affirme que tout meurtre soit dû à la contagion, ceci suffit pour différencier biologiquement la contagion du meurtre, que nous voulons étudier, de la véritable contagion microbienne. En second lieu, quelques personnes ont voulu voir, dans la première édition de cet ouvrage, d'étranges théories sur la responsabilité. Cette question fort complexe ne peut même pas être indiquée ici, elle y serait déplacée ; on trouvera en effet, souvent rapproché l'un de l'autre, l'exemple de deux crimes commis, l'un par un individu franchement aliéné, l'autre par une personne jouissant de la plénitude de sa raison. Dans la majorité des cas je ne m'inquiéterai pas de savoir si je suis en présence d'un responsable ou d'un irresponsable.

Nous dirons donc que la *contagion du meurtre est l'acte par lequel l'idée du meurtre s'impose ou se transmet à un individu le plus souvent prédisposé,* par des moyens qui nous restent à déterminer [1].

Pendant des siècles le phénomène de la transmission du son, de la lumière et de la chaleur sont restés des mystères absolument impénétrables. Les physiciens, à force de tâtonnements et d'expériences, sont arrivés à nous démontrer que certains corps, soit d'une façon continue, soit sous l'action de certaines influences, transmettent au milieu ambiant des ondes vibratoires, qui se propagent de proche en proche, indéfiniment pour ainsi dire : une glace par vibration des molécules de l'éther reçoit l'impression du soleil, de même la rétine; de même le tympan pour le son. Au siècle dernier, les magnétiseurs croyaient transmettre à leurs sujets des effluves d'une nature particulière qui soumettaient l'influence du *succube* [2] à celle de l'*incube*. Y a-t-il simplement réceptivité du sujet, ou bien y a-t-il réellement échange de fluide magnétique? Je n'en sais rien et je ne chercherai point à l'éclaircir. Si nous admettons la seconde de ces hypothèses, le fluide magnétique s'échangera ou se transmettra encore au moyen de vibrations.

Il est un troisième mode de transmission qui, jusqu'à notre immortel Pasteur, est resté complètement mystérieux, et cependant, au point de vue pratique, il est plus important de connaître de quelle façon les maladies passent d'un organisme

1. Manouvrier exprime à peu près la même idée : « La plupart des assassins ont reçu une certaine *culture* appropriée à la conception du meurtre et à sa réalisation, simplement facilitée par leur conformation nullement exceptionnelle. » *La Genèse normale du crime. Bull. de la Soc. d'Anth.*, 1893, p. 434.

2. J'emploie ces termes dans le sens que les aliénistes leur donnent aujourd'hui, en particulier dans la folie à deux, et non le sens adopté par les démoniaques.

à un autre, que de savoir comment le soleil fait pour nous éclairer ou nous chauffer. Il le fait, et c'est tout ce qu'il nous faut, car nous sommes incapables, quoi qu'il arrive, d'augmenter ou de diminuer sa puissance. Les maladies nous intéressent davantage et si nous connaissons leur nature, nous arriverons à les combattre et à les annihiler : *felix qui potuit*..... Il faut bien le dire, le public, avec son gros bon sens, prévoyait et sentait depuis longtemps ce qu'il en était, tandis que les savants, qui ne jugent qu'avec leur raison et avec des preuves irréfragables en mains, qui ne veulent point croire à leur intuition, repoussaient comme sornettes les fontaines empoisonnées. Seulement les empoisonneurs n'étaient point des malfaiteurs, comme le pensait le public, mais bien son incurie et sa profonde saleté. Aussi les savants n'avaient-ils qu'à demi tort. Ce mode de transmission est trop connu pour qu'il soit nécessaire de l'exposer en détail : un malade, un tuberculeux par exemple, par un crachat, laisse sur la voie publique une colonie de bacilles, qui bientôt séchée et emportée par le vent, ou la pluie, ne tarde pas à venir se déposer sur ma muqueuse bronchique ou stomacale. Là, si le milieu est bien préparé, se formeront une série de colonies qui, plus ou moins rapidement, infecteront mon individu par les produits, les toxines que fabriqueront sans relâche les bacilles.

Nous avons ici un mode de transmission plus tangible, que la transmission vibratoire plus facilement contrôlable par l'expérimentation.

Là, s'arrêtent les phénomènes de transmission, qui aujourd'hui, non seulement sont observés, mais encore sont expliqués par les expériences physiques, cliniques ou autres. Ceux qui nous restent à étudier sont constatés journellement, sont parfaitement connus, mais il leur manque le contrôle de l'expérimentation. Nous ne savons pas, en effet, sous l'influence de quel agent les névroses se transmettent d'un individu qui en est affecté à un individu sain jusque-là. Ces faits différemment interprétés, suivant les époques, n'ont jamais été niés et ont toujours été considérés comme revêtant le caractère épidémique et l'histoire a, en effet, religieusement enregistré toutes ces grandes épidémies de névroses : l'épidémie de danse Saint-Guy vers 1374; le tarentisme en Italie à la même époque; l'épidémie des nonnains dans les couvents de femmes en Allemagne et en Hollande au xv° siècle; l'épidémie de Loudun en 1632, enfin les convulsionnaires de Saint-Médard en 1724.

On sait que certains savants ont vu dans les névroses : hystérie, épilepsie, tétanos, des modifications de l'organisme dues à des agents chimiques. Les faits sont encore trop vagues et trop obscurs pour que nous puissions y insister, mais il y a un fait certain, c'est que sous l'influence de la crise épileptique, l'urine devient particulièrement toxique. Est-ce le malade, qui, sans le secours d'un agent extérieur, a seul fabriqué ces toxines, ou bien a-t-il fallu la présence d'un ferment, d'un germe quelconque servant de point de départ?

On ne peut non plus nier le contage dans les phénomènes d'ordre purement psychique : esprit d'imitation, suggestion, contagion, peu importe, la chose n'en est pas moins patente. Voyons de près

quelques exemples de suggestion très simple, à
l'état de veille, ils nous serviront à comprendre plus
facilement les faits plus complexes que nous ren-
contrerons dans la suite. Si nous nous trouvons
dans tel état que nous n'ayons aucune raison de
bâiller, et que nous nous transportions dans un
milieu où tout le monde bâille, immédiatement et
involontairement, presque sans nous en apercevoir,
nous accomplirons bien malgré nous ce mouvement
absolument dépourvu de grâce[1]. Que nous sortions
de dîner, après avoir pleinement satisfait notre
appétit, et que nous allions rendre visite à un ami
en train de prendre son repas, si nous nous asseyons
en face de lui, il est bien rare que nous ne cédions
pas à la tentation — surtout si son dîner se pro-
longe — et que nous ne prenions quelque légère
friandise ; nous n'eussions jamais songé à la
prendre, même en étant entouré de toute part, si
nous n'avions été vivement sollicité par l'exemple
de notre ami.

Nous voyons quelqu'un arrêté dans la rue regar-
dant une fenêtre, instinctivement nos yeux se portent du même côté. Si nous n'avons pas de force de
résistance, nous resterons à regarder, nous inquiétant peu d'ailleurs de ce qu'il peut y avoir. Bientôt
un rassemblement se forme. Nous nous rappellerons
toujours avoir, plusieurs soirs de suite, avec quelques amis, provoqué sur le Pont-au-Change, un
attroupement assez considérable. Nous nous pen-
chions sur le parapet et regardions couler l'eau,

1. Charcot a fait une très curieuse leçon sur cette transmission contagieuse du bâillement. Je crois qu'elle n'a pas été
publiée.

quelques personnes se mettaient derrière nous.
Lorsque nous avions assez de spectateurs, le dialogue suivant s'échangeait entre nous, en indiquant
dans la rivière un point du doigt : Le voilà — où ? —
à gauche — il disparaît — le voilà encore, etc...
Les passants qui n'étaient pas dans la confidence
finissaient par *le* voir, et.... donnaient des explications aux autres.

. Étant étudiant, l'un de mes camarades avait imaginé, à l'amphithéâtre de dissection, un petit jeu
que nous avions baptisé le *réflexe musical*. Au
moment d'un grand calme, nous chantions quelques
mesures d'un air en vogue, puis brusquement nous
nous arrêtions. Toujours, au bout d'un certain
temps, plus ou moins long, que j'ai eu le tort de ne
pas relever sur une montre, mais qui ne devait pas
excéder quelques secondes, l'air était repris dans
un autre coin de la salle, tantôt par celui-ci, tantôt
par celui-là, et, j'insiste sur ce point, inconsciemment. Quelques instants après, le suggestionné avait
le plus souvent perdu le souvenir d'avoir chanté, et
jamais il ne s'était aperçu qu'il avait achevé un air
commencé ou laissé en suspens [1].

1. J'ajouterai pour les personnes qui n'ont pas passé par l'école
de médecine, que la dissection est un travail intellectuel qui
n'absorbe pas constamment toute l'activité de l'esprit, et que
l'on peut, en même temps, siffler, chanter. Je comparerai volontiers le travail de dissection à celui que fait le peintre ou le
sculpteur.

Tarde (*Revue des Deux Mondes*, 15 nov. 1873, p. 367), citant ce
fait, que je lui avais communiqué, ajoute : « Le Dr Bajenow, aliéni-
niste russe, rapporte un trait qui confirme et amplifie singulièrement l'observation du Dr Aubry. Il y a une dizaine d'années, sur
une scène de Moscou, Sarah Bernhardt jouait la *Dame aux
Camélias*. Au cinquième acte, au moment le plus dramatique,
quand tout le monde était suspendu à ses lèvres et qu'on eût
entendu une mouche voler, Marguerite Gautier, se mourant de

Les faits que nous venons d'exposer sont très
simples, ils sont faciles à vérifier. On les explique-
rait même psychologiquement avec la plus grande
facilité. En s'avançant encore plus loin, nous rencontrons la contagion de la folie. Lasègue a admirablement décrit la folie à deux, il a fait voir comment deux individus vivant la même vie, ayant les
mêmes soucis, les mêmes inquiétudes, deux époux,
deux vieilles sœurs, d'intelligence inégale, finissent
par adopter identiquement les mêmes idées, les
mêmes défiances, les mêmes haines. Que l'un d'eux
soit sujet à des hallucinations auditives par exemple, d'abord vagues, il finira par les imposer, lui
incube, à son compagnon succube. Ce dernier,
après avoir résisté peut-être, en définitive s'identi-
fiera complètement avec le délire de l'autre. A partir de ce moment, les deux délires suivront une
marche parallèle. La folie à trois, à cinq, à plusieurs
est plus rare, mais elle existe[1].

phtisie, s'est mise à tousser. Aussitôt une épidémie de toux a
gagné l'auditoire, et pendant quelques minutes on n'a pu entendre les paroles de la grande actrice. »

« Un tousseur continuel irrite mon poulmon et mon gosier. »
                                                        (MONTAIGNE.)

1. Wollenberg (In Corre, *Crime et Suicide*, p. 220) admet une
sorte d'*infection psychique*, sous trois modes : 1° folie communiquée (un sujet B se laisse suggérer par un autre des idées délirantes, qui germent dans son cerveau troublé); 2° folie imposée
(un sujet B ne se laisse suggérer des idées délirantes que de la
part et au contact d'un autre sujet A; sitôt qu'il est séparé de
ce dernier, il échappe à ces idées délirantes); 3° la psychose de B
n'est contingente de la psychose de A qu'au début de la maladie;
plus tard elle poursuit une évolution indépendante et person-
nelle; 4° folie simultanée (les psychoses contractées isolément et
d'une façon indépendante par A et par B s'influencent récipro-
quement), presque toujours la transmission du trouble mental
s'effectue d'un sujet à un parent plus ou moins proche. Elle sup-

Féré rapporte même[1] de curieux exemples de folie communiquée chez des chiens de races dégénérées adoptant l'émotivité morbide de leurs maîtresses devenant agoraphobes, n'osant plus traverser une rue, ne pouvant plus supporter certaines odeurs. Dans une salle d'hystériques, que l'une d'elles tombe en catalepsie, toutes les autres seront vite dans le même état. Qu'un épileptique, qu'un hystérique, vierge d'attaques, voie un malade tomber, bientôt ils seront pris à leur tour[2].

Nous arrivons à la foule, dans laquelle l'individualité disparaît, et qui forme une espèce de tout obéissant avec la plus grande facilité à l'impulsion de quelques-uns, les meneurs, qui, chose remarquable, ne sont pas généralement des gens très intelligents, mais qui, par contre, sont presque toujours des dégénérés. Ils imposent à la foule leurs vues, leurs haines, et l'entraînent, ainsi que nous

pose les prédispositions habituelles, précisément rencontrées le plus ordinairement entre individus de même souche.

« Les faits contemporains scientifiquement observés, n'expliquent que trop les faits des temps passés, si épouvantablement interprétés dans un sens criminel, par des magistrats ignorants et fanatiques. « Et faict bien à noter qu'il ne faut que un sorcier pour en faire cinq cens. » Bodin, en écrivant ces lignes (*Démonomanie*, p. 80), ne songe pas à l'imitation, au rayonnement contagieux d'actes morbides: il ne voit en cette multiplication très réelle des sorciers, autour d'un sujet ou d'un couple, que l'effet d'un zèle de convertisseurs « agréable du diable ». Il ne soupçonne pas davantage la transmission héréditaire d'une tare acquise « et ordinairement la femme attire son mari, la mère mène sa fille (il s'agit du Sabbat) et quelquefois toute la famille continue plusieurs siècles ainsi qu'il a été avéré par infiniz procès. »

1. *Société de Biologie*, 28 février 1893,
2. Rapprochons le fait suivant : un homme marié, chaque fois que sa femme avait ses règles, éprouvait certains phénomènes équivalents.

le verrons, aux pires excès. Aux massacres de septembre, disent les chroniqueurs, on égorgea d'abord quelques personnes, puis la vue du sang, bientôt l'ivresse qu'il produit, excitèrent la foule qui, s'étant contentée de regarder les premières victimes, se précipita sur les prisonniers, tuant au hasard avec furie, et ne s'arrêta, harassée de fatigue, que lorsqu'il n'y eut plus personne à immoler.

Mais cette transmission de l'idée, cette suggestion, nous l'avons déjà dit, ne s'impose pas au premier venu. L'incube et le succube, le suggestionneur et le suggestionné doivent avoir, surtout ce dernier, des qualités spéciales. Celui qui impose son idée, sa volonté à une individualité isolée ou à une foule, qui renforce en quelque sorte sa personnalité de celle de ses auditeurs, n'est pas toujours, nous le répétons, un individu supérieur. Il doit cependant avoir une sorte de feu sacré, qu'il fait passer, soit par sa violence, soit par sa persuasion *insinueuse*, soit par son exemple, dans l'âme de son auditoire.

Le suggestionné, le succube, présente lui aussi un état d'âme particulier. Ce n'est pas au premier venu qu'on persuadera, par un moyen quelconque, qu'il doit commettre un homicide, il faut qu'il y ait en lui une réceptivité spéciale préparée de plus ou moins longue main. Elle sera préparée par l'hérédité, la dégénérescence; elle sera préparée par des névroses latentes ou avérées; elle sera préparée par l'éducation et l'exemple familial, elle sera préparée par la presse et les romans; elle sera préparée par ces mœurs ignobles, qui peu à peu émoussent, puis détruisent le sens moral, enlèvent à l'intelligence la pondération sociale des actes. S'étonne-t-on jamais de voir un Alphonse, quel que soit le monde auquel il appartienne, tuer son rival ou la femme qui le fait vivre? Non, car c'est dans l'ordre des choses. Au contraire, on reste toujours péniblement surpris lorsqu'on voit un homme jusque-là honnête, d'une conduite irréprochable, oubliant sa dignité et son honneur, commettre un crime quelconque. En un mot, l'état de réceptivité sera préparé ou déterminé par tout ce qui provoque une sorte d'état de désagrégation, suivant l'expression de Janet, amenant comme un dédoublement ou une perversion de la personnalité.

On peut comprendre maintenant comment l'idée homicide, qu'elle émane d'un individu, d'une lecture, d'un exemple, d'une leçon de choses, comme on dit aujourd'hui, pénétrant chez un individu en état de réceptivité agit d'une façon absolument comparable à celle du microbe ensemencé dans un bon bouillon de culture : là l'idée germera, grandira, mûrira et à un moment donné sécrétera des toxines qui feront d'un cerveau normal un cerveau criminel.

D'ailleurs cette démonstration n'est pour ainsi dire pas à faire ; on sait, et nous aurons bien des exemples à citer dans le cours de cet ouvrage, que les cas simultanés se produisent indépendamment les uns des autres sous l'action d'une même influence : une épidémie, la trop célèbre influenza par exemple, a engendré une recrudescence de folie, de suicides, de crimes : il y a là une ambiance fouettant les dispositions latentes, formant des éclats multiples, mais indépendants les uns des autres, sans cause occasionnelle et commune et créant, augmentant tout au moins l'état de réceptivité. Les tourmentes politiques créent encore une réceptivité spéciale que l'on peut absolument comparer à certaines constitutions médicales suspectes qui sont éminemment favorables à l'éclosion de diverses épidémies dès qu'intervient la plus légère importation d'une infection.

L'épidémie peut au contraire ne pas éclater partout à la fois simultanément, elle peut partir d'un contage parfaitement déterminé, d'un foyer isolé, comme dans les cas de sorcellerie, de monomanie, d'hystérie des couvents de Loudun[1], etc..., elle peut se répandre dans une foule, subitement et avec une grande intensité. Les exemples de cet ordre ne nous manqueront malheureusement pas.

Notons enfin que, de même que les folies individuelles empruntent leurs formes aux moments et aux choses du moment (possession diabolique autrefois, police secrète depuis, téléphone ou dynamite aujourd'hui), ou bien à des faits politiques plus spéciaux ; combien avons-nous eu d'aliénés se croyant le général Boulanger ? tout dernièrement un fou ne s'est-il pas présenté à l'Élysée se disant le Tzar ! Nous verrons de même que le crime affecte par séries diverses formes : autrefois les empoison-

---

1. Ce n'est que depuis un petit nombre d'années que la nature véritablement pathologique de ces épidémies a été entrevue. Les travaux d'Esquirol, Brierre de Boismont, Calmeil, Prosper Lucas, Moreau de Tours, Trélat, pour ne citer que les principaux, ont été l'origine de recherches plus précises, plus nettes, et à ce titre l'école de la Salpêtrière a jeté un jour nouveau sur l'étude de ces phénomènes en les classant définitivement et en leur assignant leur véritable place dans le cadre nosologique.

nements étaient fréquents, à un autre moment ce
sera le dépeçage criminel, le vitriol.

La contagion du meurtre existe donc sans conteste. On nous objectera peut-être, en se basant
sur les belles statistiques de Socquet[1], que la contagion n'existe pas, puisque le nombre des crimes
n'augmente pas sensiblement. La contagion du
choléra ne fait de doute pour personne, et cependant, à chaque nouvelle épidémie, la mortalité va
en diminuant. Pour la tuberculose, au contraire,
elle augmente dans des proportions considérables.
Dans une société qui a la prétention d'être aussi
civilisée que la nôtre, la criminalité devrait tendre
à disparaître. Si elle n'augmente point, elle ne
diminue certainement pas. Dans cet état de choses,
avec nos mœurs policées, le *statu quo* ne peut être
considéré que comme une progression ascendante.
D'ailleurs le crime-délit augmente, ou a augmenté
tout au moins jusqu'en ces dernières années. Il a
commencé à diminuer sous l'aspect objectif; mais
tout prouve combien il y a, dans nos mœurs, multiplication du crime-délit occulte, à tel point qu'il
semble que nous allions à une complète désagrégation sociale : en haut de l'échelle les politiciens
ne marchent qu'avec des pots-de-vin, comme dans
le Panama[2], ou de leur côté les entrepreneurs se

1. J. Socquet. *Criminalité en France de* 1826 *à* 1880. Paris,
Asselin, 1884.

2. Panama! Il y aurait là une belle étude psychologique à faire
sur la *Contagion du vol* : entrepreneurs et ministres volant l'administration, administrateurs volant les actionnaires (actionnaires, peu dignes d'intérêt d'ailleurs, à part de rares exceptions,
ne souscrivant qu'avec la conviction que leur capital leur rap-
portera un intérêt fantastique). Notons que les très habiles entrepreneurs ont su se faire donner un *quitus*. Par quel moyen? il
est facile de le deviner.

font payer pour du travail qu'ils ne font pas; en bas, plus de conscience nulle part. Cette démoralisation est la conséquence d'une incontestable action contagieuse.

DIVISION

Ce travail sera divisé en trois parties :

Dans la première, nous étudierons la contagion du meurtre dans ses modes généraux; nous chercherons quels en sont les grands facteurs : la famille, la prison, le spectacle des exécutions, la lecture. C'est la véritable contagion.

Dans la seconde partie, nous étudierons la contagion du meurtre dans quelques-uns de ses modes spéciaux, le vitriol, le revolver, les empoisonnements, le dépeçage criminel, le duel, le suicide. Souvent ici l'esprit d'imitation remplacera la contagion.

Nous la retrouverons, dans la troisième partie, dans tout son éclat, en examinant les épidémies et les endémies, après avoir esquissé comme transition le crime à deux.

PREMIÈRE PARTIE

DES PRINCIPAUX FACTEURS DE LA CONTAGION DU MEURTRE

CHAPITRE PREMIER

CONTAGION PAR LA FAMILLE

L'influence des milieux joue, dans la question que nous traitons, un rôle dont l'importance n'est mise en doute par personne. Mais pour que cette influence se fasse sentir, un autre facteur est nécessaire : pour que la contagion produise tout son effet, il faut qu'elle trouve un terrain spécial, un terrain préparé, où se développeront sans encombre les effets pernicieux du contage : il faut, en un mot, qu'il y ait prédisposition acquise ou héréditaire. Il ne faudrait pas inférer de ce qui précède que tout héréditaire deviendra fatalement la proie de la maladie : loin de nous pareille pensée. Mais on verra, dans le cours de ce travail, combien peu sont nombreux ceux qui échappent au mal qui les enserre de toutes parts.

L'hérédité agit sur les « plus tristes formes de l'état passionnel : elle est l'origine de prédispositions qui précipitent au crime. C'est l'opinion d'un homme dont l'expérience est une autorité en pareille matière : il existe, dit Vidocq, des familles dans lesquelles le crime se transmet de génération en génération, et qui ne paraissent exister que pour prouver la vérité du vieux proverbe : *bon chien chasse de race*. Très malheureusement cette opinion se fonde sur des faits positifs, et ces faits établissent d'une manière péremploire ce que l'induction des lois physiologiques de la génération indiquait à elle seule, la réalité de l'hérédité des tendances aux *crimes contre les personnes*, de l'hérédité des tendances aux *crimes contre les propriétés* [1]. »

Il est hors de doute que l'hérédité joue un rôle considérable dans la genèse des malfaiteurs ; elle fait tout au moins des *dégénérés moraux*, lorsque ce ne sont pas des dégénérés dans le sens absolu du mot ; mais pour faire un criminel (il est bien entendu que nous parlons ici de ceux-là seulement que j'appellerai *criminels-professionnels*), il faut encore deux facteurs : l'éducation et l'occasion. Or, dans le cas présent, qu'est-ce que l'éducation sinon une infiltration lente mais continuelle de tous les mauvais principes ? L'enfant vit au milieu du crime, il en profite, il voit son père rentrer heureux, son *travail* fini, il voit les ruses incessantes dont on use autour de lui pour dépister la police, il entend raconter les détails du crime ; il voit de quelle déférence on entoure ceux qui, avec une habileté consommée, perpètrent les plus épouvantables meurtres, il respire sans cesse cette atmosphère délétère dans laquelle le vice est honoré d'un véri-

---

1. Prosper Lucas. *Traité philosophique et physiologique de l'hérédité naturelle dans les états de santé et de maladie du système nerveux*, t. II, p. 480.

table culte et la vertu bafouée. Dites maintenant lequel de ces éléments entre pour la plus grande part dans la perversion de cette intelligence? Est-ce l'hérédité? Est-ce l'exemple que nous ne craignons pas d'appeler contagion.

Morel, qui le premier a étudié les dégénérescences, a appelé l'attention sur les effets pernicieux de l'alcool. Nombre d'aliénistes après lui ont vérifié et complété ses observations. L'alcool n'est pas seulement une cause de dégénérescence au sens psychopathique du mot, c'est surtout, en ce qui nous occupe, un merveilleux élément pour préparer admirablement le terrain où l'on ensemencera l'élément de la contagion. Je n'entends pas parler du crime commis sous l'influence de l'ivresse, mais bien de l'enfant né d'un alcoolique, ou conçu au moment de l'ivresse de l'un des générateurs, ou des deux parents. C'est cet enfant d'une nervosité spéciale, d'une apparence souvent caractéristique, que nous rencontrons dans ce que l'on considère comme le type du voyou parisien, qui sera organisé pour recevoir toutes les impulsions mauvaises que l'on voudra lui imprimer, pour recueillir toutes les idées malsaines et nocives qu'il entendra émettre autour de lui. Cet enfant, engendré dans l'ivresse, élevé par une famille de criminels, ne peut lui-même devenir qu'un criminel. Ce n'est pas là ce que Lombroso a voulu dire quand il a parlé du *criminel-né*, mais si ce type existe (je ne me place pas au point de vue anthropologique) c'est dans la description que j'en viens de faire.

Or nous objectera peut-être, pour démontrer que

l'influence de l'hérédité est plus considérable que celle de l'exemple contagieux, qu'une foule d'enfants, pour une faute légère, ont été retirés de bonne heure du contact de leurs parents et envoyés dans des maisons de correction, et qu'à leur sortie, presque tous ces enfants sont devenus des criminels. Nous répondrons deux choses : 1° Avant d'être éloignés de leurs familles, ces petits êtres ont passé de longues années avec leurs parents et ils ont eu le temps de se former : « Vous seriez surpris de l'intelligence d'un enfant de onze ans de Paris. Il vous en remontrerait sur beaucoup de choses. C'est par l'intelligence qu'il brille, mais c'est en même temps par le cœur qu'il pèche. Il pèche par le cœur, parce que, le plus souvent, il appartient à une mère dont il a sucé les vices avec le lait, à un père habile dans l'art de vivre avec le bien d'autrui, à une famille dont les vertus domestiques sont le concubinage et la prostitution. Dès qu'il peut marcher, il vague sur la voie publique, il contracte, dans l'habitude du larcin, l'habitude du vol et des actions coupables [1]. » 2° L'enfant, déjà pourvu de cette première éducation, entre dans une maison de correction, milieu encore plus favorable à la corruption complète que la famille telle que nous venons de la décrire. Nous le verrons plus loin.

Ils sont rares, ceux qui, élevés dans de telles conditions, ne sont pas devenus criminels. Il faut qu'ils aient été arrachés dès leur plus jeune âge à leur famille et élevés par des personnes qui ont réussi, à force de patience, de dévouement, de bons

---

1. Moreau Cristophe, in O. du Mesnil. *Annales d'hygiène et de médecine légale*, 1866, t. XXV, p. 268.

exemples, de vertus, à *stériliser* le terrain, jadis si bien préparé. Et encore ces résultats sont-ils exceptionnels. Mais ils sont plus rares encore ceux qui, élevés dans un tel milieu, sortent vertueux d'une maison de correction.

Nous allons maintenant rechercher par des exemples comment les criminels élèvent leurs enfants, et nous verrons que, quelquefois, l'intervention combinée de l'hérédité et de l'exemple ne suffit pas à rendre criminelles certaines natures exceptionnelles sans doute — qui, nées de parents assassins, élevées par eux, n'ont pas continué à marcher dans la voie si bien tracée par leurs ascendants. Il est presque inutile d'ajouter que ces cas sont encore plus rares que ceux auxquels nous avons fait allusion plus haut : un honnête homme sortant d'une famille perverse et d'une maison de correction.

L'impératrice, accompagnée d'Emile Olivier, se rend un jour à la petite Roquette. Elle interroge un jeune détenu, dont toute la famille était depuis longtemps habituée des prisons et des bagnes. — « Quel est ton père, lui dit-elle ? — Mon père, répond l'enfant, avec un ton d'orgueil et de conviction difficile à imaginer, mon père, c'est un forçat ! » Montrant bien par là qu'il partageait le genre humain en deux catégories : d'une part les assassins, d'autre part ceux que l'on doit tuer, voler, massacrer et qui, à leur tour, se défendent, mais plus puissants, oppriment les autres, c'est-à-dire les assassins, les voleurs. Il est de toute évidence que c'est à cette première catégorie que ces gens doivent être fiers d'appartenir.

Voici quelques exemples d'éducation criminelle
recueillis dans de récents procès : Celui-ci pourrait
également servir d'observation pour le *crime à
deux*. Il s'agit en effet d'une mère poussant son
fils, par ses conseils incessants, à tuer son père,
qui vit en concubinage avec la veuve Rimbaut.
Cette affaire est venue devant la Cour d'assises du
Var, au mois d'août 1876. Victorien Meille,
l'accusé, est âgé de vingt ans. Sa mère a quarante-
sept ans. « Depuis qu'il avait quitté la maison
paternelle, a-t-il dit, il avait été en butte aux obsessions de sa mère qui n'avait cessé de l'exciter
contre son père, en lui répétant que celui-ci ne
manquerait pas de les déshériter sa sœur et lui. »
« Il faut le tuer, lui disait-elle, afin qu'il ne fasse
pas de dispositions qui vous soient préjudiciables. »
Et comme il se refusait à écouter de semblables
conseils, la femme Meille de s'écrier alors dans un
langage des plus expressifs : « Eh quoi! est-il
possible que tu sois naïf à ce point? Comment
peux-tu voir d'un œil indifférent ce qui se passe?
Ne comprends-tu pas que ton père laissera tout
son bien à votre tante, soit par donation, soit par
une vente à fonds perdu? Vous pourriez avoir un
peu de bien, ta sœur et toi; et si vous le laissez
faire, vous n'aurez absolument rien. » Puis elle
ajoutait : « Oh! si je ne craignais pas de le man-
quer, je l'aurais déjà fait moi-même! » Dans une
autre circonstance, pendant l'été, la femme Meille
aurait même ajouté des instructions particulières
aux conseils criminels qu'elle donnait à son fils.
« Ton père a deux vaches, lui dit-elle; comme il
fait chaud durant cette saison, il les fait sortir le

soir, et il reste lui-même pour les garder ; prends donc le fusil de ton beau-frère et profite du moment pour guetter ton père et le tuer ! » Malheureusement, l'opiniâtreté de cette dernière devait finir par avoir raison de l'irrésolution de son fils, qui tue son père le 14 janvier.

« C'est en pleurant que Victorin Meille avoue son crime. Il maintient tout ce qu'il a dit à l'égard de sa mère et que relate l'acte d'accusation. Il regrette vivement son crime, qu'il n'aurait pas commis, assure-t-il, si sa mère ne l'y avait excité en lui faisant craindre de voir son père disposer de son bien au préjudice de ses enfants. »

La Cour d'assises de Versailles, au mois de mai 1892, condamne aux travaux forcés à perpétuité le vieux Fosse et son fils qui a étranglé une vieille femme réputée riche. Il a été établi aux débats que ce jeune homme de vingt ans avait succombé aux longues obsessions de son père, vieux vagabond couchant dans les carrières, qui vivait à ses dépens ; il ne lui avait pas laissé de trêve qu'il n'eût assassiné Mme Tissier ! Le jour du crime, le vieux Fosse avait fait boire son fils et l'avait amené jusqu'à la porte de sa victime. A l'audience, la lutte entre ce père et ce fils est assez empoignante, le fils accusant son père et le vieillard ripostant en le traitant de « menteur de première race ».

On se rappelle que la bande Berland commit à Courbevoie une quantité de vols et d'escroqueries avant d'assassiner une vieille rentière. Berland, fils d'une prostituée rurale, habitait la même chambre que sa mère et assistait à ses entrevues avec ses amants de passage. Il se défend très mol-

lement de l'inceste. La bande avait une maîtresse
commune, une fillette de moins de seize ans. La
mère Berland, qui fut l'instigatrice du crime, reçut
sa part du butin en disant : « Voilà qui est bien
travaillé. » Après l'exécution de son fils elle convient : « C'est peut-être moi qui l'ai conduit là[1] ! »

« Un brigand écossais fut, ainsi que sa femme et
ses enfants, condamné au bûcher pour avoir attiré
chez eux plusieurs personnes et s'en être nourris.
L'extrême jeunesse de la fille cadette l'exempta du
supplice. Mais à peine avait-elle atteint sa douzième
année que, s'étant rendue coupable du même crime,
elle subit comme eux la peine capitale. Pourquoi
témoignez-vous du dégoût, disait ce jeune monstre,
à ceux qui l'interrogeaient? si on savait combien
la chair humaine est bonne, chacun mangerait ses
enfants[2]. » Pendant le massacre des Dominicains
d'Arcueil, le 25 mai, à l'avenue d'Italie, Louis Boin,
dit Bobèche, tenait à la main son fils âgé de six
ans[3]. Il serait curieux de rechercher aujourd'hui
quels sont ceux des criminels qui, dans leur jeunesse, ont assisté ou pris part aux massacres de la
Commune. Malheureusement, si quelques-uns se
glorifient de ce passé, les magistrats pensent rarement à interroger dans ce sens les accusés. A Ivry,
au mois de février 1892, Boheins assassine la mère
Chipot, âgée de quatre-vingt-trois ans, en présence
de son fils âgé de neuf ans. Puis il lui dicte les ré
ponses qu'il doit faire si le magistrat l'interroge :

---

1. Assises de la Seine, juin 1891.
2. Boétius. *Histoire d'Ecosse*, cité par Marc. Article « Anthropologie » du *Dictionnaire des Sciences médicales*.
3. Max. du Camp. *Les Convulsions de Paris*, t. II, p. 48.

il a assisté à l'égorgement d'un porc, etc... Les époux Thomas et les frères Lebon brûlent toute vive leur vieille mère, la sorcière de Gièvres, le jour, en présence de leurs enfants (Cour d'assises de Blois, novembre 1886). La femme Leger et son fils Ernest, âgé de vingt ans, étranglent une voisine riche [1].

En 1890, la femme Enjalbert pousse son fils à tuer son père et livre sa fille âgée de onze ans à son fils et à son vieil amant [2].

Innombrables sont les familles dans lesquelles il y a plusieurs criminels. Nous en citons un certain nombre : Mandrin était issu d'une famille de paysans. Son grand-père s'était fixé à Romans au commencement du xviiie siècle. passant dans le pays pour juif converti, d'origine allemande. Un frère de Mandrin, ancien galérien, est pendu pour brigandage et fausse monnaie en 1744; un autre devient son successeur dans le commandement de sa bande, dont on trouve des traces en Suisse et dans le Valais jusqu'en 1757. Une sœur, sorte de virago, est renfermée en 1757 pour provocation au pillage de l'abbaye de la Grâce de Dieu en Bourgogne [3].

En 1889, Mme de Varney, voleuse de profession, est arrêtée; son père, voleur à l'étalage, la fait débuter à douze ans; à seize ans elle se marie avec un voleur, qui se fait prendre ; elle se remarie avec un très habile voleur. Son fils devient voleur; elle

---

1. Aubry. *Homicide commis par la femme*, p. 270.
2. *Arch. d'Anth. crim.* Aubry. *L'homicide par la femme*, 1891, p. 276, 281.
3. *Intermédiaire des chercheurs*, 626, 1893.

a un frère voleur. En 1892, on arrête une famille de
voleurs, les Levent, composée de la mère, deux fils
et deux filles; Reveillon, d'Angers, qui commit
un assassinat, dit le Dr Guépin [1], de Nantes, était
fils et petit-fils d'assassins. Sous Louis-Philippe,
les Fournier, père et fils, assassinent deux prêtres ;
les Lamy, père et fils, assassinent avec des tortures
inouïes un vieillard de quatre-vingt-deux ans, près
de Dampierre. De 1822 à 1857, la famille Villet
compte en descendance directe ou collatérale de
nombreux forçats ou suppliciés pour crimes divers.
En 1857, ils forment une bande de quatorze sujets
auxquels sont imputés soixante chefs d'accusation,
cinq assassinats, six incendies, quarante-neuf vols
qualifiés. Mais ce n'est là que la partie avérée. L'un
des bandits prétend que l'association a, depuis dix
ans, commis plus de mille vols sans parler du reste.
Le père Villet, le patriarche, est le directeur et le
banquier. Le fils est préposé aux incendies. Une
fille, à laquelle sont imputés deux infanticides, est la
maîtresse de Le Maire, dont la spécialité est de tuer [2].

En 1883, la femme Henry, de Saint-Brieuc, tue
et coupe en morceaux son mari ; deux ans après son
fils âgé de dix ans se suicide [3]. Gervais, qui, en 1876,
à Bois-Colombes, assassina la femme Bonnerue,
avait cinq enfants. Voici leur situation sociale
d'après l'acte d'accusation : « Gervais s'était marié
en 1851 ; sa femme mourut à Colombes le 12 octobre
1872, en lui laissant cinq enfants, dont deux en bas

1. In Hélène Jegado.
2. Je dois la plupart de ces documents et un grand nombre
d'autres que l'on trouvera dans le cours de cet ouvrage à l'obligeance du Dr Corre.
3. *Arch. d'Anth. crim.*, l. c., 1891. Aubry.

âge. Abandonnés à la direction d'un tel père, les deux fils aînés sont devenus des repris de justice et sa fille s'est livrée, sous les yeux du père, au libertinage le plus éhonté. »

« J'appellerai surtout l'attention sur Sbro..., qui est peut-être le type le plus classique de la folie morale : son grand-père avait commis un meurtre par jalousie; son père, condamné pour viol, avait tué une femme pour essayer un fusil. » A son tour il tue son père et son frère [1].

Le 29 mai 1845, à l'île Bourbon, Jean Philiber Merlo attend sur une route sa femme (il est marié depuis six jours et n'a rien à lui reprocher), il tue le frère par surprise, puis s'élance à la fois sur sa femme et sa mère, et les tue. Sa conduite dans ce meurtre resta une énigme même après les débats. Au cours de ceux-ci, il est établi : 1° que le père de Merlo, dans un accès de colère, a tiré un coup de fusil sur sa femme, en ce moment en couches; 2° que le frère de l'accusé s'est par jalousie brûlé la cervelle; 3° qu'un oncle de l'accusé est encore aujourd'hui frappé d'interdiction [2].

Le 16 novembre 1871, comparaissaient devant la Cour d'assises de la Seine-Inférieure, inculpés de vols à main armée et de plusieurs tentatives de meurtres, Louis Raisin, menuisier, âgé de cinquante-sept ans et ses deux fils, Louis et Pierre, également menuisiers, âgés de vingt-trois ans et de vingt-six ans; quinze attentats. Le père a déjà été condamné plusieurs fois pour vol [3].

1. Lombroso. *L'Homme criminel*, p. 572, 578.
2. Prosper Lucas. T. I, p. 505. Observation résumée.
3. *Gazette des Tribunaux*, p. 799, 1871.

Un clerc d'avoué à Alton tue sans raison une fillette de huit ans. « On trouva dans un pupitre un journal de ses actions soigneusement tenu et, à la dernière feuille, cette mention d'une encre encore fraîche : « Tué une petite fille, c'était bon et chaud. » Il avait tué l'enfant et coupé son corps en morceaux sans autre motif que de satisfaire une envie irrésistible qui s'était emparée soudain de son esprit. Il résulta des débats, où il n'y eut du reste qu'un semblant de défense, *qu'un proche parent de son père, affecté de manie homicide*, était enfermé et que son père lui-même avait eu une attaque de manie aiguë... Il fut condamné à mort, et, l'heure venue, on le pendit, au grand applaudissement de toute la presse [1]. » Sans doute ce malheureux, atteint de folie impulsive, était un héréditaire, mais n'est-il pas logique d'admettre que son *hérédité* aurait pu prendre une autre direction, moins nuisible à la société, s'il n'avait pas eu sous les yeux ce parent atteint de manie homicide ?

Voici la généalogie d'une famille de criminels :

Jean CHRÉTIEN.	Jean-Joseph.	Jean-François, voleur.
		Benoît.
		Claire, voleuse.
		Marie-Renée, voleuse.
		Marie-Rose, *id*.
		Victor, voleur.
		Victorine. { Fils Victor, assassin.
	Thomas . .	François, assassin.
		Martin, assassin. { Fils voleur.
	Pierre . . .	Jean-François, voleur, assassin [2].

1. Maudsley. *Le Crime et la Folie*, p. 153.
2. Despine. *Psychologie naturelle*. In Th. Ribot, *De l'hérédité*, p. 98.

Si l'éducation des enfants n'a pas été faite par les parents, ce qui semble douteux, elle a certainement été faite par les frères aînés ou les cousins. Il paraît étrange au premier abord que les dix membres de la troisième génération soient tous, excepté deux, voleurs ou assassins, alors que les parents de la seconde génération sont indemnes. Il est parfaitement permis de supposer que l'on n'a pas connu leurs crimes, et cela d'autant plus volontiers, que des deux seuls membres connus à la quatrième génération, l'un est voleur, l'autre assassin.

Je m'arrêterai un peu plus longtemps sur l'histoire de deux familles criminelles. J'ai connu très personnellement tous les membres de l'une d'elles, la famille X... Le grand-père aurait été, d'après la tradition répandue dans le pays, juge au tribunal révolutionnaire de... Il aurait été d'une cruauté extraordinaire. Le fait est inexact, il n'a eu aucune situation officielle, peut-être était-il pourvoyeur de la guillotine, mais ce n'est pas prouvé[1]. Il épousa, sous la Terreur, une jeune fille noble, à laquelle il aurait donné à choisir entre le mariage et la mort. Le père, employé d'une administration, était un parfait honnête homme, peut-être un peu trop... économe; on le disait très dur avec ses sept enfants. Ses trois filles ont droit à la considération de tous et on ne peut que les plaindre d'avoir eu des frères dont je vais parler sciemment L'une d'elle cependant épousa un ivrogne avec la pensée de... le convertir.

---

1. Une de ses collatérales aurait joué le rôle de Déesse Raison, à la même époque. Aucun document ne m'a permis de contrôler cette assertion.

L'aîné, X...1, n'a eu, je crois, rien à se reprocher,
pendant son enfance. Il était bon élève et il entra
assez facilement à Saint-Cyr, d'où il sortit dans la
cavalerie. A Saumur, il prit une maîtresse ; n'ayant
qu'une fortune modeste, il voulut se mettre sur le
même pied de dépenses et de luxe que ses camarades. Je crois que ses dettes furent payées une
première fois par son père. Puis il continua son
même train de vie et ne tarda pas à être mis en dis-
ponibilité. Ses dettes furent payées une seconde
fois et il resta longtemps sans en faire, parce que
les rôles étaient changés, sa maîtresse lui rappor-
tait. Devant cette situation, ses camarades l'obli-
gèrent à donner sa démission. A partir de ce moment, ce fut à Paris une vie d'expédients, empru-
tant, allant chez des compatriotes, souvent inconnus,
auxquels il racontait invariablement la même histoire. Mais il n'était pas fier et acceptait même la
pièce de quarante sous. Il a cependant inventé
une jolie escroquerie que je ne puis passer sous silence. Dans l'Annuaire, il prenait les noms des
officiers d'un régiment de cavalerie et, dans la
même matinée, les visitait tous ; cela se terminait,
suivant la richesse et la générosité du camarade,
par un *prêt* de quelques francs, ou de quelques
louis. La récolte de la matinée était fructueuse,
mais le tour ne pouvait se renouveler dans le même
régiment, car, au déjeuner, un de ces messieurs racontait avoir reçu la visite d'un ancien camarade,
dans la plus grande misère, etc. Bref, ils s'aper-
cevaient vite que tous avaient été la victime d'un
escroc. Le lendemain il inspectait un autre régiment. Il n'est pas venu à ma connaissance, ce qui

ne prouve rien, qu'il ait eu des démêlés avec la justice. Il s'est marié avec une jeune fille. Les renseignements que j'ai pu me procurer sur elle n'ont pas été puisés à une source assez sûre pour que je les consigne ici. Quoi qu'il en soit, pendant quelques années, les choses ont eu l'air de rentrer dans l'ordre.

Le deuxième fils, X... 2, engagé dans un régiment d'Afrique, y est mort il y a nombre d'années. Au collège, il s'est distingué par des vols d'argent assez importants, commis dans sa famille. Vers l'âge de dix ans, à la suite de je ne sais quelle réprimande de son père ou de son professeur, il s'échappa et on le retrouva dans une localité distante de cinq lieues.

Le troisième, X... 3, employé dans une administration quelconque, s'est marié, sans faire part de son mariage aux siens. A part cette union, au moins extraordinaire, je ne connais rien à lui reprocher que cette parole que je l'ai entendu moi-même prononcer. C'était au moment où les officiers du régiment de son frère venaient de l'obliger à donner sa démission, pour les motifs peu honorables que j'ai exposés : « Ce n'est pas sa faute, si mon frère a eu des histoires de femmes ennuyeuses, il est si joli garçon ! » Notons en passant que cette appréciation sur l'esthétique de son aîné était absolument erronée, et que celui-ci, qui pose également pour le beau, est fort laid.

J'arrive à X... 4, qui est beaucoup plus jeune que ses frères ; je ne sais rien de son enfance, si ce n'est un vol à son père pour acheter une montre et un fusil. Il s'engagea dans un régiment de cavalerie.

Son service fini, il alla passer quelque temps chez son
aîné qui, un jour rentrant à l'improviste, le trouva
aux genoux de sa femme. Colère du mari et renvoi
immédiat du jeune frère. Quelles explications eurent
lieu entre eux? Je n'en sais rien; toujours est-il
qu'il pria son frère de... prolonger son séjour. Le
lendemain, ils allèrent ensemble chasser les merles
dans le jardin. En rentrant, X... 1 passe le premier
(X... 4 étant immédiatement derrière lui) et tombe
raide mort d'un coup de fusil tiré presque à bout
portant et qui l'atteignit à la nuque. Il y eut une
descente du parquet et l'on conclut à un accident.
Tout est possible. A l'enterrement, X... 4 sanglotait
et pleurait à chaudes larmes. Depuis, la veuve et le
meurtrier *involontaire* ont souvent été vus l'un avec
l'autre, et ils ont même dû, m'a-t-on dit, habiter
ensemble. Ce n'est pas tout : X... 4 est arrêté à Paris
en 1892 et condamné pour vol à l'étalage. Un jour,
ayant tenté de revenir pour extorquer de l'argent à
son père, très âgé alors, infirme et n'ayant plus
toutes ses facultés, il fut empêché de mettre son
projet à exécution.

X... 1 a des enfants, on peut prévoir ce qu'ils
deviendront.

La famille de criminels la plus complète est celle
qui nous reste à étudier. Au mois de février 1882,
la population de Saint-Brieuc, si paisible ordinairement, était vivement émue par la mise en jugement d'une famille, qui, à elle seule, occupa non
seulement toute une session de Cour d'assises, mais
encore plusieurs séances de police correctionnelle.
Il s'agissait de juger : 1° Marie Kérangal, veuve
Perrot, épouse de Roussel, accusée d'avoir tué son

premier mari ; 2° Aimé Kérangal, son frère, accusé d'avoir tué le mari de sa maîtresse[1].

Au point de vue judiciaire, ces deux affaires n'offrent en elles-mêmes aucun intérêt : il s'agit de deux femmes, qui, ayant des amants, avec la complicité de ceux-ci, se débarrassent de leurs maris. Nous n'eussions jamais pensé à exhumer ces crimes des dossiers du greffe, si les assassins n'appartenaient à une famille dont tous les membres, ou sont devenus criminels, ou se sont distingués dans les arts[1].

C'est donc l'histoire de la famille, plutôt que l'histoire des crimes que nous allons aborder :

Les Kérangal avaient, si on en croit les traditions, occupé jadis un rang élevé dans la société, mais ils étaient bien déchus. Celui (D) qui a fait souche de la famille que nous avons à étudier, était encore dans une situation relativement élevée et possédait

1. La presse politique a mené grand bruit autour de ces deux affaires, et tous les grands journaux de Paris avaient envoyé leurs reporters à Saint-Brieuc. Les journaux illustrés firent moins de frais, ils firent paraître les portraits fantaisistes des assassins habillés en Bretons du Finistère. Cette idée n'est cependant pas à la hauteur de celle d'un rédacteur judiciaire d'une grande feuille parisienne, aujourd'hui très connu, mais alors à ses débuts; il raconte que la vieille Kérangal, en robe de soie décolletée, préside dans la salle des gardes du château à toutes les orgies; or, il s'agit d'une très modeste ferme et d'une paysanne, portant le même nom que celui d'une famille connue. Le rédacteur assistait cependant aux débats.
Vers la même époque, Charles Mérouvel a fait paraître un roman intitulé : *Les derniers Kérandal*. Paris, Dentu, 1883, 2 vol. Les faits que nous rapportons ici forment le fond de son œuvre, mais il y entremêle, il est inutile de le dire, une quantité d'inexactitudes.
2. M. le procureur de la République Perrussel a eu l'extrême obligeance d'autoriser nos recherches ; son commis-greffier, M. Leberre, nous a aidé ; nous les prions de vouloir bien agréer nos remerciements.

une petite fortune ; mais ses enfants, tous naturels, sont devenus paysans et se sont mariés avec des paysans.

Dans les lignes paternelle et collatérale, nous n'avons rien à dire ni d'Aimé-Marie-Joseph Kérangal (A)[1] (1774-1860), ni de son fils Émile-Servan (B) (1807-1836). Ils ne figurent sur notre arbre généalogique que pour établir la filiation de Louis-Charles (C) (1838-1878) qui, le lendemain de la mort de son oncle Aimé-Marie-René Kérangal (D), se suicide dans son jardin, d'un coup de pistolet. Les motifs de cet acte sont assez étranges : il se savait déshérité par son oncle, au profit des enfants naturels, mais reconnus de celui-ci. Pendant la nuit les enfants s'enivrent en veillant leur père. Le lendemain, après une légère discussion avec les héritiers, il sort et se tue. Son testament portait : « Qu'on n'accuse personne de ma mort, je me tue pour fuir les ennuis insupportables que m'a *crée* ma sottise et mon peu de défiance de la fourberie de certaines gens. »

D. Aimé-Marie-René Kérangal (1798-1878) ne semble pas avoir été un malhonnête homme, ou tout au moins, aucun grief criminel n'a été *officiellement* articulé contre lui ; mais il a passé toute sa vie en contact avec les criminels. Bien de sa personne, il était très original, grand amateur de combats de coqs[2], pour lesquels il revêtait un habit bleu à boutons d'or. Il jouissait d'une honnête fortune à

---

1. Les lettres majuscules correspondent à celles du tableau, p. 39.
2. Voir l'article très curieux publié dans le *Voltaire* du 21 février 1882 : L'interview de la femme du bourreau.

laquelle venaient s'ajouter ses appointements de percepteur des contributions directes. Grand coureur de femmes, ses maîtresses furent innombrables, et ses enfants aussi, ajoute la chronique, à telle enseigne que tous les enfants du quartier l'appelaient « papa ».

Nous ne retiendrons que deux de ses maîtresses, laissant de côté toutes ses autres conquêtes plus ou moins passagères. Notons que c'est en même temps qu'il était l'amant de ces deux femmes et que leurs relations ont duré nombre d'années. Nous reviendrons plus loin sur l'attrait d'une nature très spéciale qu'elles présentent toutes deux (E et F).

E. Mme Z..., veuve L... (1821-.....), femme du bourreau de Saint-Brieuc, fille du bourreau de Vannes. De cette liaison naquit une fille (R), morte tuberculeuse à vingt-quatre ans. L... vécut peu de temps après que sa femme fut devenue la maîtresse de Kérangal. A sa mort (1842), certains bruits ont couru, et on a supposé un crime ; mais ce ne furent là que des on-dit.

F. Florianne-Étiennette Lecomte (1787-1856) se marie en 1809 avec V... (Marc-Jean), perruquier, qui meurt en 1824. A ce moment, Kérangal était déjà l'amant de sa femme. Une dénonciation anonyme, faite au procureur du roi, à Rennes, amène une instruction. L'exhumation de V... est faite par le Dr Lemoine, assisté de MM. le Maout et Ferrary, pharmaciens [1]. Les experts concluent, avec des réserves, à l'empoisonnement par l'arsenic. A leur demande, une contre-expertise est faite par Vau-

---

1. V. Orfila. *Traité de médecine légale,* 4ᵉ édit., t. i, p. 603.

quelin qui conclut négativement. (Marsh n'a inventé son appareil qu'en 1836.) Une ordonnance de non-lieu fut rendue, mais l'opinion publique n'était pas d'accord avec la justice. D'ailleurs, la lecture des pièces de la procédure semble nettement indiquer la culpabilité de la femme Lecomte. Pendant l'enquête son amant trouva plus prudent de se retirer à Jersey. Nous allons voir cette impunité se continuer pendant plusieurs générations.

Du mariage de Florianne Lecomte, appelée communément Flore, naquirent plusieurs enfants. Les deux dont nous avons à nous occuper ne peuvent être fils adultérins de Kérangal (né en 1798) (G et H).

1° *G*. Zéphyrine, née en 1810, morte vers 1875. Elle vécut séparée de son mari X.... Querelleuse et processive, tout était pour elle occasion à chicane. Elle perdait d'ailleurs régulièrement ses procès, n'étant le plus souvent fondée ni en droit, ni en fait. Elle eut pour amant, entre autres, un orateur de grand talent, homme remarquablement doué, paraît-il, mais paresseux et insouciant, que la voix publique désigne comme le père des quatre enfants :

X... *a*. Sculpteur de talent et connu.

X... *b*. Musicien de talent et connu.

X... *c*. Officier.

X... *d*. Commerçant failli.

Ce dernier a lui-même deux enfants :

X... *d'*. Actrice, sortant du Conservatoire, mais ne semblant pas devoir s'élever au-dessus des concerts de salon.

X... *d"*. Compositeur, jeune encore.

2° *H*. Flore-Perrine-Marie (1814...), après avoir

été très connue sous le nom de belle Flore, dans un café de Paris où elle était caissière, ayant de nombreux amants, devint tenancière d'une maison de prostitution à Paris. Elle épouse Y et Y'. Elle a deux enfants, l'un architecte, l'autre aveugle et (?) atteint de paralysie de Parkinson.

Nous avons fini avec les enfants et petits-enfants de Flore Lecomte qui ne peuvent être rattachés à la souche Kérangal.

Kérangal eut de Flore Lecomte trois enfants qu'il reconnut en 1862. Il eût été intéressant de les suivre tous les trois ; malheureusement, pour l'un d'eux, si nous avons eu en mains ses actes de naissance et de reconnaissance, il nous a été impossible de découvrir son acte de décès, ou quelques particularités sur son existence [1].

I. Émilie Kérangal, enfant reconnue par Kérangal et la veuve Lecomte, trouvée le 27 mai 1831 sur le banc près la petite porte de l'hospice de Saint-Brieuc. Elle s'enivre avec sa belle-sœur en veillant le cadavre de son père. Elle se marie deux fois.

K. Sa fille Célestine, née en 1858, a une conduite qui ne laisse aucun doute sur son peu de moralité.

L. Sa petite-fille, Marie-Joseph-Célestine (1875-...), commence dès quinze ans à mener la vie, commet un vol dans sa famille et est véhémentement soupçonnée d'avoir mis le feu dans la maison pour cacher ce larcin. Elle est actuellement (1892) fille publique, quoique encore mineure.

M. Émile Kérangal, cultivateur, enfant reconnu par Kérangal et la veuve Lecomte (1827-1875). Il

---

1. Aussi ne l'avons-nous pas fait figurer sur le tableau généalogique.

tente de se suicider par égorgement. En 1851, il
épouse Marie-Françoise Ferchal (1831-1885). Il est
peu de vices que nous n'ayons à relever à l'actif de
cette femme ; elle a de nombreux amants : un jour
elle est surprise dans un champ se livrant successi-
vement à plusieurs personnes. Elle est condamnée
de ce chef à quinze mois de prison, 200 francs
d'amende et dix ans d'interdiction de ses droits
civils. Elle a des rapports incestueux avec son fils
aîné. Elle vole à diverses reprises, une fois au
moins, avec l'aide de sa fille. De plus, de graves
soupçons de complicité pèsent sur elle à propos
de la mort de son gendre Perrot. Ajoutons à cela
que souvent elle s'enivrait. Il est possible, probable
tout au moins, qu'elle ait commis encore d'autres
crimes, d'autres délits. Aussi sa fille, l'appelant à
diverses reprises, ainsi que cela a été relevé dans le
procès, *vieille chargée de crimes*, n'exprimait-elle
que la vérité d'une façon très pittoresque.

La « vieille chargée de crimes » a deux enfants,
Marie et Aimé Kérangal (N et P). Rien ne prouve
que le mari en soit le père ; cependant, on ne semble avoir jamais eu de doutes sur la régularité de
leur naissance[1].

a. N. Marie Kérangal, née en 1852, mariée en
1869 avec Perrot (1834-1879), cultivateur.

Le 4 février 1879 celle-ci raconte à différentes per-

---

1. Voici quelques renseignements sur les collatéraux de la
vieille chargée de crimes : son cousin issu de germain, G... F...,
soixante-sept ans, maraudeur de profession, condamné pour vol
et privé de ses droits électoraux, a trois enfants : 1° un fils de
quarante-huit ans, qui a été accusé d'incendie volontaire ; 2° une
fille de trente-sept ans, habitant l'étranger et ayant une mauvaise
conduite ; 3° un fils de trent-cinq ans, qui, après un vol de bois,
est parti pour Jersey.

A

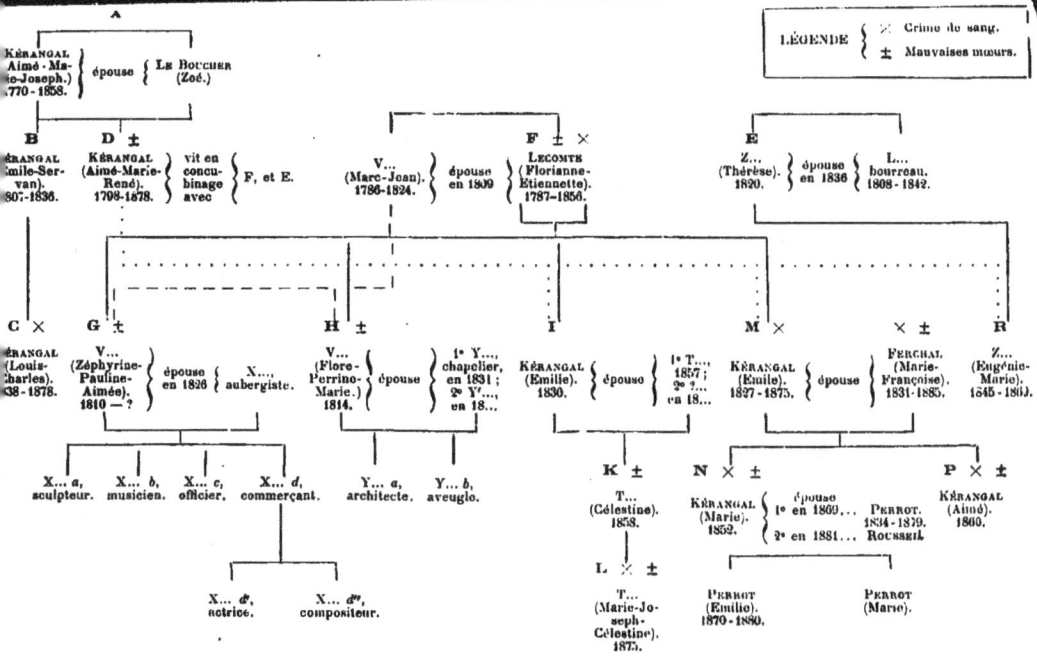

KÉRANGAL (Aimé-Marie-Joseph.) 1770-1858. } épouse { LE BOUCHER (Zoé.) }

B — KÉRANGAL (Émile-Servan). 1807-1836.

D ± — KÉRANGAL (Aimé-Marie-René). 1798-1878. vit en concubinage avec { F, et E. }

V... (Marc-Jean). 1786-1824. } épouse en 1809 { **F ± ×** LECOMTE (Florianne-Étiennette). 1787-1856. }

E — Z... (Thérèse). 1820. } épouse en 1836 { L... bourreau. 1808-1842.

C × — KÉRANGAL (Louis-Charles). 1838-1878.

G ± — V... (Zéphyrine-Pauline-Aimée). 1810—? } épouse en 1826 { X..., aubergiste.

H ± — V... (Flore-Perrine-Marie). 1814. } épouse { 1° Y..., chapelier, en 1831 ; 2° Y..., en 18...

I — KÉRANGAL (Émilie). 1836. } épouse { 1° T..., 1857 ; 2° ?... en 18...

M × — KÉRANGAL (Émile). 1827-1875. } épouse { FERCHAL (Marie-Françoise). 1831-1885. **× ±**

R — Z... (Eugénie-Marie). 1845-1803.

X... a, sculpteur. — X... b, musicien. — X... c, officier. — X... d, commerçant.

Y... a, architecte. — Y... b, aveugle.

K ± — T... (Célestine). 1858.

N × ± — KÉRANGAL (Marie). 1852. } épouse { 1° en 1869... PERROT. 1834-1879. 2° en 1881... ROUSSEIL

P × ± — KÉRANGAL (Aimé). 1860.

X... d', actrice. — X... d", compositeur.

L × ± — T... (Marie-Joseph-Célestine). 1875.

PERROT (Émilie). 1870-1880. — PERROT (Marie).

sonnes que son mari, âgé de quarante-cinq ans, après avoir essayé de l'étrangler pendant la nuit, s'est tué d'un coup de fusil. Une enquête sommaire faite par la gendarmerie confirme cette affirmation. Cependant des bruits circulent dans le pays, et au moment de la mort de Simon[1], assassiné également, ils prennent une plus grande consistance et une instruction est ouverte.

Elle démontre aussi clairement que possible les faits suivants :

1° Il est matériellement impossible que Marc Perrot se soit suicidé d'un coup de fusil.

2° D'après le récit de l'inculpée elle-même, personne n'a pu pénétrer dans la maison la nuit du crime. Son mari ayant tenté de l'étrangler, elle s'est évanouie au moment où celui-ci s'est tué et n'a rien entendu. Cette syncope est invraisemblable.

3° Sa mère, la veuve Kérangal, semblait, dès la première heure, aussi instruite que sa fille, plus peut-être, de plusieurs circonstances du crime.

4° A seize ans, elle était enceinte de son futur mari. Elle a eu des relations adultères avec nombre de personnes, principalement avec Bévillon, son complice présumé, et Roussel, qu'elle épouse en 1881.

5° Elle se montre très gaie après la mort de son mari, dès que les gendarmes ont constaté le suicide.

6° Sa fille, âgée de dix ans, meurt d'une angine couenneuse. Après l'avoir fait soigner au début de sa maladie, elle la laisse mourir sans soins et, huit

1. V. à la page suivante.

jours après le décès, on la voit joyeuse, chantant même.

7° En compagnie de sa mère, de sa belle-sœur, de son futur mari et de son frère, elle s'amuse à relever ses jupes et à se frapper les fesses.

8° Elle était réglée au moment du crime.

Malgré les preuves accumulées, le jury, par suite de diverses circonstances qu'il serait très curieux d'étudier à d'autres points de vue[1], a prononcé un acquittement scandaleux.

b. P. Le second enfant de la « vieille chargée de crimes » est Aimé Kérangal (1860), cultivateur.

Nous venons de voir à quel divertissement il se livrait avec sa sœur, et nous savons déjà qu'il entretenait des relations incestueuses avec sa mère, au su des domestiques de la ferme.

Mais ce n'est pas tout : il était en outre l'amant de la femme Simon, dont le mari, un ivrogne, ne les gênait guère.

Ils ont cependant essayé une première fois de le tuer en lui plongeant la tête dans un ruisseau. Une seconde tentative fut plus heureuse ; ils parvinrent à l'étrangler le 21 avril 1881, et le laissèrent au bord d'un fossé. voulant faire croire à une mort accidentelle. Kérangal fut condamné, mais la femme Simon fut scandaleusement acquittée. Ce sont ces deux affaires qui firent tant de bruit et furent jugées à la même session d'assises.

Notons que dans une branche alliée à Flore Lecomte (F), mais n'ayant aucun rapport avec la

---

1. Le procès a eu des dessous extraordinaires qui ne présentent aucun intérêt en ce qui nous occupe.

souche Kérangal, on trouve : 1° plusieurs commer-
çants faillis ; 2° une femme, mère de nombreux
enfants, qui, enceinte, part avec son dernier amant,
en emportant la caisse ; 3° un commerçant que
l'inconduite notoire de sa femme a préservé de la
faillite ; 4° un mari qui mange au loin les ressources
du ménage et qui vient essayer de vivre aux cro-
chets de sa femme, lorsqu'il ne possède plus rien.
Notons en dernier lieu qu'un certain Roussel
(1847-1886), frère du second mari de Marie Kérangal (N), s'est suicidé après avoir assassiné sa
femme, dont il était jaloux avec raison sans doute
(2 juin 1886).

Il est difficile, croyons-nous, de rencontrer une
famille dont presque tous les membres aient un ou
plusieurs crimes à se reprocher : vol, inceste,
prostitution, assassinat, incendie ; ceux qui ne
deviennent pas criminels se suicident. A côté de
cela, une branche (G), qui occupe une situation
élevée dans le monde des arts : tous hommes d'un
très réel et très grand talent. Lombroso verrait là
un argument à l'une de ses théories favorites. Nous
ne voulons pas rechercher ici pourquoi au milieu
de cette boue et de ce sang, quelques personnes ont
réussi, non seulement à échapper à la souillure et
à la contagion, mais encore à atteindre une haute
situation sociale [1], nous désirons seulement étudier
quelle part revient, dans la genèse de ces crimes, à
chacun de ces deux éléments : hérédité, impunité ;

---

1. Voir pour ces faits : J. Moreau (de Tours). *La psychologie
morbide dans ses rapports avec la philosophie de l'histoire*. Masson,
édit. Paris, 1859.

l'exemple n'intervenant que comme corollaire de
ces deux facteurs.

Aimé Kérangal (D), outre quelques bizarreries
de caractère, présente un goût extraordinaire dans
le choix de ses deux principales maîtresses :
1° Flore Lecomte (F) fut accusée d'avoir empoisonné son mari. Nous avons donné plus haut notre
opinion, nous ralliant à l'accusation. Mais que
Flore ait, ou n'ait pas tué son mari, n'est-il pas
étrange, alors qu'un si grave soupçon avait pesé
sur elle, qu'un homme d'un esprit pondéré et
normal, consente à être son amant, non pas seulement de passage, mais pendant de longues années,
ayant d'elle trois enfants, qu'il reconnaît plus tard?
Et cependant, la situation sociale n'est pas la
même : l'amant est riche, appartient à une bonne
famille; la femme est veuve, belle-sœur et belle-
fille de perruquiers. Il est vrai que Kérangal était
l'amant pendant la vie du mari; s'il est complice
du crime, il est tout naturel qu'il conserve sa
maîtresse; s'il est innocent, il devient étrange qu'il
continue ses relations avec une telle femme. Au
moment de l'instruction, il disparut quelques mois
et se retira à Jersey, ce qui laisserait supposer qu'il
n'avait pas la conscience absolument nette.

2° Le choix de sa seconde maîtresse n'implique-
t-il pas encore une aberration particulière? La
femme du bourreau de Saint-Brieuc, la fille du
bourreau de Vannes! C'était incontestablement une
fort belle femme; mais la répulsion pour l'exécuteur des hautes œuvres et tout ce qui le touche de
près ou de loin n'est-elle pas universelle? Nous
rappelons qu'il a couru des bruits au moment de la

mort du bourreau : s'il y a eu crime, Kérangal
était-il complice de celui-ci, comme du premier?
Il est permis de le supposer. Quelle que soit l'hypothèse que l'on admette, le fait suivant, que nous
tenons à mettre en lumière, subsiste dans toute sa
vigueur : si Kérangal n'était pas lui-même un vulgaire assassin, il avait un goût étrange pour les
femmes qui se débarrassent de leurs maris, ou tout
au moins ont la réputation de le faire.

Quoi qu'il en soit, la souche Kérangal ne nous
semble pas, par elle-même et seule, essentiellement
mauvaise. Si, au contraire, d'autres éléments criminels viennent s'y surajouter, elle devient déplorable.

En effet, son neveu (C) s'est suicidé : c'est le seul
attentat qui appartienne à la branche Kérangal,
pure de toute alliance nocive. D'autre part, il n'y a
rien à dire de l'enfant (R), morte à vingt-quatre ans,
il est vrai, qu'il a eue de la femme du bourreau.
A ses enfants, nés de Flore Lecomte (I et M), peu
de choses à reprocher, si ce n'est l'ivrognerie et la
tentative de suicide.

Flore Lecomte, au contraire, a de son mari une
première fille (G), mère d'hommes de talent, ayant
de nombreux amants, processive et d'une mauvaise
foi absolue; une seconde (H), qui, après avoir eu
trop de bonté d'âme pour refuser ses faveurs à ses
nombreux admirateurs, a fini par spéculer sur
celles des autres; elle vit aujourd'hui dans une
retraite dorée; sa troisième fille (I), reconnue par
Kérangal, s'enivre assez facilement : elle est mère
et grand'mère de femmes légères.

Il nous semble, dans cette génération, que la part

à attribuer à l'hérédité de Flore est plus grande que celle que l'on doit attribuer à Kérangal.

Ici, vient s'ajouter, pour la génération suivante, un élément éminemment nocif. Émile Kérangal (M), laboureur à Ploufragan, sur lequel nous n'avons pu recueillir que peu de renseignements, épouse Marie-Françoise Ferchal, la « vieille chargée de crimes ». Nous n'avons pu relever chez elle aucun antécédent de famille, mais nous avons quelques renseignements sur un de ses collatéraux, voleur et père de voleur, d'incendiaire, et de fille de mœurs légères. Il fallait que cette femme fût bien dépourvue de tout sens moral, pour qu'il y ait tant d'infamies à mettre sur son compte. Dans un tel milieu, sans même faire intervenir l'hérédité, par l'exemple seul, malgré l'honnêteté ambiante du pays, honnêteté manifeste, il serait bien étrange que ses enfants ne soient pas devenus des criminels.

Un autre élément, très important à notre sens, est pour beaucoup dans cette série de meurtres commis dans une même famille : c'est l'*impunité*.

Si cette funeste Lecomte, au lieu de jouir d'une ordonnance de non-lieu, due à l'insuffisance des procédés chimiques de l'époque, avait été condamnée, d'abord elle aurait moins procréé, ce qui serait un énorme avantage, qu'on oublie le plus souvent de faire entrer en ligne de compte lorsqu'il s'agit de répression ; en second lieu, son entourage et ses descendants, même avec un sens moral peu développé, auraient eu plus de respect et de crainte pour la justice. La « vieille chargée de crimes » aurait sans doute eu une conduite plus honnête et

n'aurait pas fait de ses enfants deux assassins.
Enfin, Aimé Kérangal (E) s'il n'avait pas vu sa
sœur pendant plus de deux ans bénéficier de l'impunité (les magistrats, sur la foi des rapports de la
gendarmerie, avaient admis le suicide), aurait-il,
lui aussi, commis le même crime ? Non, sans doute.
Croit-on qu'un acquittement scandaleux comme
celui de Marie Kérangal, veuve Perrot, ne soit pas
dans ce cas spécial, un des éléments les plus importants de ce que nous appelons la contagion du
meurtre ? Après le crime, la répression et non pas
la grâce[1] !

Nombre de parents vivent en concubinage, ce
qui n'est pas fait pour élever le sens moral des
enfants ; souvent la mère ne craint pas de se livrer
devant ses pauvres petits à la prostitution la plus
éhontée. Les garçons et les filles couchent dans le
même lit, cela n'a pas d'inconvénient ! Ils sont si
petits ; mais ils grandissent, sans qu'on y prenne

---

1. Au mois de mai 1893, passaient devant les assises des
Côtes-du-Nord, une famille de Plouha qui avait étranglé Le Guen,
leur mari, beau-frère, beau-père et oncle. Les jurés ont trouvé
à ce crime des circonstances atténuantes. (J'ai signalé à ce propos, à la Société de médecine légale, une particularité très
étrange que j'ai notée dans cet étranglement. *Comptes rendus*,
1893-1894.) Au mois de septembre de la même année, Briend et
sa belle-sœur (qui peut-être était sa maîtresse), étranglent leur
vieille mère. Ce crime a été commis à Ploufragan, non loin de
la ferme des Kérangal, le procédé employé a été celui de Plouha.
Il est indiscutable que, si l'on pouvait confesser les Briend, on
trouverait que les crimes des Kérangal et le crime de Plouha
ont été pour beaucoup dans la genèse de leur propre crime.
M. Perrussel, procureur de la République, l'a démontré en de-
mandant la tête de Briend. Les bons jurés, après la remarquable
plaidoirie de Me Louis Ollivier, ont cru devoir accorder des circonstances atténuantes. Et cependant, il suffisait d'entendre le
défenseur pour être persuadé qu'au fond, il était convaincu de
la culpabilité de son client !

garde, et un inceste est si vite consommé[1]. D'autres
fois, fréquemment hélas, c'est le père lui-même,
rentrant ivre, qui ne craint pas d'abuser de ses
enfants[2]. Vodable, cet ignoble Vodable, avait une
maîtresse mère d'une fillette, que ce misérable a
violée. Si elle avait survécu lui eût-il été possible de
devenir honnête? C'est bien peu probable. De temps
en temps la justice sévit contre quelques-uns de ces
forfaits, mais combien restent ignorés. Le neveu
de Vodable, souteneur, est arrêté en décembre 1892,
pour tentative de meurtre sur un passant inoffensif.

Beaucoup de pères de famille louent ou vendent
leurs enfants à des industriels qui en font de petits
vagabonds et de petits voleurs[3]. « L'hiver dernier,
par exemple, nous avons vu dissoudre devant le
tribunal correctionnel une bande d'une quinzaine
de petits garçons qu'un individu avait formée pour
voler aux étalages de « Pygmalion » et du bazar de
l'Hôtel-de-Ville. Il y a trois ans, nous avons entendu
condamner à treize mois de prison une femme qui
forçait sa fille à voler; celle-ci fut envoyée en correction jusqu'à vingt ans. Six mois plus tard, le père

1. La femme Baudoz (Doubs, oct. 1891) tue un enfant né de
relations incestueuses de son fils et sa fille quinze et quatorze
ans, etc.
2. Roussel (17 mai 1892, Nîmes) viole sa fille, âgée de quinze
ans. Barbier a violé ses sept filles âgées de moins de vingt et un
ans (Cour d'assises de l'Oise, juin 1888). Gautier (Seine, août 1892),
ses quatre filles. Laugrand viole sa fille, puis en fait sa maîtresse,
lorsqu'elle se marie il la tue (Saint-Omer, mars 1891). Marie
Dupont est la maîtresse de son père; elle tue deux enfants qu'elle
a de lui (Toulouse, juin 1892). La femme Bourgeois (Cour d'assises des Ardennes, nov. 1893, V. p. 203) et la femme Kérangal
(V. ci-dessus) sont les maîtresses de leurs fils : elles commettent
l'une et l'autre un meurtre, etc.
3. V. Georges Berry.

était condamné à la même peine de treize mois de
prison, tandis que sa seconde fille, âgée de onze ans,
subissait un sort analogue à celui de l'aînée. Tandis
que le père faisait le guet, la fille entrait dans les
maisons d'ouvriers et dévalisait les chambres inoc-
cupées. Aujourd'hui ces fillettes qui paraissaient
destinées à devenir des cambrioleuses habiles, sont
en liberté provisoire ; elles sont devenues d'honnêtes ouvrières grâce à une société de patronage [1]. »
Tomel et Rollet oublient d'ajouter que c'est surtout
grâce à leur admirable dévouement. Malheureusement bien peu nombreuses sont les criminelles que
l'on peut remettre dans la bonne voie. Il convient
de parler ici, sans en citer d'exemples, des parents
qui, de propos délibéré, élèvent leurs filles en vue
de la prostitution.

D'ailleurs, pour être convaincu des bienfaits de
l'éducation dans certaines familles, il suffit de lire
les statistiques criminelles : on voit combien sont
nombreux les jeunes criminels. Souvent leurs parents sont simplement voleurs ; eux, suivant la loi
du progrès, avancent d'un pas dans la voie criminelle et deviennent assassins.

« A Paris, écrit M. Reinach, plus de la moitié des
individus arrêtés ont moins de vingt et un ans. On
en compte : 12,721 sur 20,882 en 1879 et 14,061 sur
26,475 en 1880, et presque tous avaient commis des
fautes graves. En une seule année : 30 assassinats ;
39 homicides ; 3 parricides ; 2 empoisonnements ;
114 infanticides ; 4,212 coups et blessures ; 25 incendies ; 153 viols ; 80 attentats à la pudeur ; 458

---

1. Tomel et Rollet, p. 195.

vols qualifiés; 11,862 vols simples ont été commis
par des jeunes gens. Sur 4,347 accusés qui ont
passé aux assises eu 1879, on comptait 802 mineurs,
18 p. 100, dont 43 avaient moins de seize ans[1]. »

Voici l'âge de quelques criminels, dont les noms
sont encore présents à la mémoire de tous : Le
Maître, quinze ans; Ollivier, seize ans; Lailloy,
dix-huit ans; Menesclou, vingt ans; Doré, dix-
neuf ans; Berland, vingt ans; Deville, dix-huit ans;
Chotin, dix-huit ans, tous quatre de la bande Doré
et Berland; Joseph Lepage, seize ans et demi;
Mécrant, dix-neuf ans; Kaps, quatorze ans et demi;
Ribot, vingt et un ans; Pillet, dix-sept ans; Jean-
troux, dix-sept ans; Meerholz, dix-neuf ans. C'est
ce dernier individu, plus connu sous le nom de
Pacha de la Glacière, qui, malgré son jeune âge,
était déjà chef de bande. Il tatouait sur les bras de
ses maîtresses ces mots : J'aime le pacha de la
Glacière[2].

Cependant, malgré une hérédité incontestable,
malgré une éducation déplorable, certains individus ne se lancent pas dans le crime qu'ils voient
continuellement pratiquer autour d'eux, mais deviennent d'honnêtes gens, au moins relativement,
l'éducation étant quelquefois impuissante à main-
tenir dans le bien ou dans le mal certaines natures
exceptionnelles. Généralement il est facile de trouver la raison qui a fait dévier de la ligne droite tel
membre d'une famille essentiellement honnête. Il
est plus difficile de trouver la cause qui fait rentrer

1. Lombroso. *L'homme criminel*, p. 391.
2. V. *Arch. d'Anthr. crim.*, 1890, p. 147, 393, *les Jeunes Criminels parisiens*, par H. Joly.

dans le bien certains individus appartenant à un milieu corrompu. La contagion du crime n'atteint pas tout le monde indifféremment. Voici un exemple bien caractéristique de cette sélection, exemple qui nous montre que, pour être atteint, il faut être préparé par l'hérédité ou par tout autre facteur et que le contage seul ne suffit pas. « Le 13 novembre 1845, la cour d'assises de la Seine frappait de peines afflictives et infamantes trois membres sur cinq d'une famille de voleurs, la famille Robert. Cette affaire présentait une circonstance vraiment digne de remarque. Le père n'avait pas également trouvé chez tous ses enfants les dispositions qu'il aurait désirées, il lui avait fallu employer la contrainte à l'égard de sa femme et de ses deux derniers nés, jusqu'à la fin rebelles à ses ordres infâmes. L'aînée de ses filles au contraire s'était élancée, comme d'instinct, sur ses traces. Elle s'était montrée aussi ardente et tout aussi violente dans ses tentatives pour faire ployer la famille à ses odieux penchants. Mais chez une partie, le naturel manquait, ils tenaient de leur mère [1]. »

Nous ne soutiendrons pas, avec Helvétius, que tous les hommes naissent égaux et avec des aptitudes égales, et que l'éducation seule fait les différences, car il y a trop de preuves évidentes de la fausseté de ce paradoxe. Mais on peut affirmer, sans crainte d'être démenti, que deux individus, toutes choses égales d'ailleurs, deviennent ce qu'ils sont par leur éducation, par le milieu dans lequel ils vivent, par les *circumfusa;* l'un sera un honnête

<hr>

1. Moreau de Tours. *De l'homicide commis par les enfants*, p. 51.

nomme, l'autre un gredin; le premier un savant, le second un ignorant; celui-ci faisant le sacrifice de sa vie pour sauver ses semblables, celui-là un assassin.

D'après Ribot [1], « l'influence de l'éducation n'est jamais absolue et n'a d'action efficace que sur les natures moyennes », mais c'est là précisément ce que nous voulons démontrer. Les individus qui occupent les deux extrémités de l'échelle, les idiots et les hommes de génie, sont en infime minorité. La masse représente une série d'intelligences moyennes, qui se laissent influencer, qui, suivant la vieille comparaison, se laissent modeler, comme une cire molle, par l'éducation, c'est-à-dire par l'influence des parents, des maîtres, par l'exemple, par la vue de tout ce qui les entoure, les *circum-fusa*.

Mais n'oublions pas que, dans tous les cas, il faut tenir grand compte de l'hérédité, qui donnera un appoint des plus importants au rôle de l'éducation. Un héréditaire ayant toujours plus d'anomalies psychiques qu'un individu indemne de toute tare transmise par ses générateurs, se laissera plus facilement influencer par l'éducation vicieuse de la famille.

1. Th. Ribot. *L'hérédité psychologique*, 1882, p. 331.

CHAPITRE II

CONTAGION PAR LA VIE EN COMMUN
DES PRISONNIERS

Les individus que nous venons d'étudier encombrent les prisons. Malheureusement ils ne sont pas seuls. Ils se trouvent, eux criminels professionnels, en contact avec des criminels d'occasion, qu'il serait souvent facile de faire rentrer dans la bonne voie, si, par leur fréquentation, leurs conseils et leur influence les premiers n'achevaient de les perdre. La prison a-t-elle donc jamais répondu au double but que semblent se proposer toutes les législations : l'expiation d'une faute commise et l'amendement du coupable? Nous en doutons très fort. Quoi qu'il en soit, si jamais il a été atteint, certes, aujourd'hui il ne l'est plus, du moins dans une de ses parties : l'amendement. Lorsqu'un individu vient de commettre un crime, on l'éloigne de la société, pour un temps déterminé, ou même pour la vie. Cet éloignement même est pour beaucoup un appât : ennemis de tout travail, ils trou-

veront dans la prison le vivre et le couvert, et ils
savent comment s'y prendre pour y entrer [1]. D'autre
part, l'injuste répartition des peines — les travaux
forcés étant beaucoup plus doux que la prison —
fait qu'un certain nombre de criminels, pour lesquels le Code n'a pas de mystère, savent propor-
tionner leurs fautes au châtiment qu'ils désirent,
et c'est toujours par une aggravation de celles-ci [2].

Quant à l'amendement du coupable, c'est actuellement un mythe, la prison étant encore la meil-

1. « Les quatre chambres correctionnelles ont jugé depuis
quelques jours une véritable armée de loqueteux. Plusieurs centaines de pauvres diables ont défilé devant les juges, tous
atteints et convaincus du même délit : « faute d'argent. » C'est
la rentrée des vagabonds. Ils arrivent quand partent les hiron-
delles, et, pendant toute la froidure, ils resteront bien au chaud,
subissant avec allégresse les quatre ou cinq mois de prison
que le tribunal leur aura octroyés, et amassant un petit pécule
en se gardant bien de demander la libération conditionnelle. Ils
sortiront aux premiers beaux jours, dépenseront joyeusement
les petites économies de l'hiver, et se louant de-ci de-là dans
les fermes, ils passeront l'été au grand air, embauchés pour la
fenaison, pour la moisson, pour la vendange, avec de bons en-
tr'actes de flânerie et de liberté. Novembre venu, le dernier sou
de la vendange mangé, ils *rappliqueront* avec ensemble vers
l'asile hospitalier que leur offre le gouvernement, les plus honnêtes arrêtés pour avoir ostensiblement mendié sous les yeux
du sergent de ville ou pour avoir couché sur quelque banc du
boulevard; les moins délicats pour s'être offert, sans bourse
délier, un bon dîner aux dépens de quelque restaurateur naïf.
Et ainsi de suite, pendant des années : — Combien de condamnations de ce genre avez-vous subies? demandait hier M. le président Levrier à un des vétérans de ces sans-famille. — Au moins
quarante, mon président ! — Cette année, l'affluence des vagabonds
aux approches des mauvais jours nous fait présager un hiver
assez doux. Quand l'hiver doit être rude, ils le savent, et vont se
faire juger dans le Midi. » (*Figaro*, 15 nov. 1893). ALBERT BATAILLE.
2. V. Garofalo. *Criminologie*, p. 220, et sa description des épouvantables travaux des galériens, occupés à tricoter des bas :
« Que l'on compare la dureté de ce travail avec celui des ouvriers dans les usines ou des paysans sous les rayons brûlants
du soleil, et que l'on dise ensuite si la parole « travaux forcés »
n'est pas une amère ironie. »

leure école de crime que nous possédions[1]. Si un malheureux y entre pour une faute unique et accidentelle ; si, pour employer la comparaison habituelle, il a mis le doigt dans l'engrenage, tout son corps y passera : il sortira, sa peine terminée, affilié à quelque bande et ne cherchant que l'occasion de continuer ses crimes. Sans doute, il y a quelques exceptions, rares incontestablement. Jean Valjean existe beaucoup plus souvent dans l'imagination des poètes et des romanciers que dans la vie réelle, si tant est, même, qu'on l'y rencontre jamais.

Voyons, d'après les auteurs qui se sont occupés des prisons, comment les choses s'y passent. La partie la plus intéressante de ces citations sera évidemment l'opinion des criminels eux-mêmes. Voici d'abord Lacenaire : « Qu'adviendra-t-il du jeune homme poussé dans cette misérable société (celle des prisons) ? Pour la première fois, il entendra résonner à ses oreilles la langue barbare des Cartouche et des Poullailler, l'ignoble argot. Malheur à ce jeune homme s'il ne se met pas immédiatement à leur niveau, s'il n'adopte pas leurs principes et leur langage, on le déclarerait indigne de s'asseoir à côté des *amis !* ses réclamations ne seraient pas écoutées de ses gardiens eux-mêmes, qui inclinent toujours à protéger les chefs ; elles n'auraient d'autre résultat que d'exciter contre lui la colère du geôlier, qui est d'habitude un ancien forçat. Au milieu de ces hontes, de ce cynisme de

1. La Cour d'appel de Bourges a dit : « Chacune de nos prisons départementales est une école mutuelle de corruption, de vices et de crimes. Toutes pourraient dire la même chose. » H. Joly. *Le Combat contre le Crime*, p. 160.

gestes et de paroles, l'infortuné rougit du reste de pudeur et d'innocence qu'il avait en rentrant ; il regrette de n'avoir pas été aussi criminel que ses confrères ; il redoute leurs brocards, leur mépris ; car, même sur les bancs des galères, on connaît l'estime et le mépris, et cela explique pourquoi cer- | tains forçats s'y trouvent mieux qu'au sein de la société, où ils ne recueilleraient que le dédain[1]. Qui donc consentirait à vivre méprisé ? Ainsi le jeune homme qui prend exemple sur ces beaux mobiles..., en deux ou trois jours arrivera à parler leur langue, et alors, il ne sera plus un pauvre niais, alors, les amis pourront lui serrer la main, sans crainte de se compromettre. Remarquez bien que ce n'est encore là que gloriole de la part de ce pauvre garçon, qui rougit de passer pour un novice. Le changement s'est opéré dans la forme plutôt que dans le fond. Deux ou trois jours, tout au plus, passés dans ce cloaque, n'ont pu le pervertir entièrement, mais soyez tranquille, le premier pas est fait, il ne s'arrêtera pas à mi chemin[2]. »

« On sort de là, écrit Kaps, plus mauvais que quand on y entre[3]. » Dans toute réunion, la tendance à l'imitation existe ; dans les prisons, elle prend une puissance extraordinaire.

« C'est cette faculté (celle de l'imitation) qui

---

1. Emile Gautier se voyait entouré d'une certaine déférence à Sainte-Pélagie et à la Santé par les détenus de droit commun. Il s'imaginait naïvement qu'il devait ce respect à sa situation de condamné politique. Il apprit un jour par un co-détenu « c'est que j'étais celui qui *jouissait* de la plus forte condamnation ». E. Gautier. *Le Monde des prisons* (Arch. d'Anthrop. crim., 1888, p. 423).

2. *Autobiographie de Lacenaire*. In Lombroso. p. 307.

3. H. Joly. *Le Combat contre le Crime*, p. 262.

tend à équilibrer le milieu social dans toutes ses parties, à détruire l'originalité, à uniformiser les caractères d'une époque, d'un pays, d'une ville, d'un petit cercle d'amis, comme la diffusion, dans un milieu gazeux, tend à équilibrer la tension des gaz. Chaque homme est individuellement disposé à l'imitation, mais cette faculté atteint son maximum chez les hommes assemblés : les salles de spectacle et de réunions publiques, où le moindre battement des mains, le moindre sifflet suffisent à soulever la salle dans un sens ou dans l'autre, en donnent la preuve [1]. »

On peut voir l'influence qu'ont les grands criminels sur les autres dans une prison par les quelques faits que nous allons citer. Dans l'affaire Campi (mars 1884), le témoin Arnaud — *mouton* placé dans la cellule de l'accusé pour essayer de surprendre son secret — déclare que Campi avait tellement excité ses co-détenus, que l'un d'eux, plus que sexagénaire, s'était résolu à tuer, en sortant de prison, sa femme contre laquelle il avait des griefs. L'assassin Poncy a dit dans ses révélations : « Quand pour avoir de l'argent qui vous donne du pain, du vin, et tant d'autres choses, et cela sans travailler, il suffit de tuer un homme, il est bien aisé de le faire, *surtout si on vous apprend le métier* [2]. » Voilà un cynique aveu bien utile à retenir et à méditer.

« Il y a quelques mois, dit le Dr Merry-Delabort [3], l'esprit qui régnait dans le quartier des jeunes détenus de la prison de Rouen était excellent. A la

1. A. Bordier. *La Vie des Sociétés*, 1808, p. 76.
2. Lauvergne. *Les Forçats*, p. 53.
3. In Joly. *Le Combat contre le Crime*, p. 272.

même époque se trouvait dans cet établissement un jeune criminel qui avait eu son heure de célébrité, Gélinier, le chef de la bande dite des *Casquettes noires*. Sa conduite en cellule étant exemplaire, on crut pouvoir se relâcher de la sévérité que ses antécédents avaient jusque-là commandée; il fut versé dans le quartier correctionnel, et bientôt on put juger de l'influence qu'il avait rapidement su prendre sur ses nouveaux camarades, comme auparavant sur les membres de la bande qu'il dirigeait sans jamais se compromettre, il les excitait sournoisement à la mutinerie, de telle sorte que les moyens d'encouragement et de récompense, usités jusqu'alors avec succès, avaient perdu, sous cette action dissolvante, toute leur efficacité. On fut obligé de prendre des mesures en conséquence. »

Kaps est envoyé à treize ans à la Petite-Roquette, pour vol de récolte. « En quelques mois il y avait amassé près de 150 francs; au bout de vingt-quatre heures de liberté, il ne lui en restait rien, que le souvenir d'une orgie et un revolver neuf, avec lequel il devait bientôt commettre un assassinat [1]. » On sort de là plus mauvais qu'on y entre, écrivit-il lui-même [2]. « Un directeur de prison affirme que tenir trois femmes perdues emprisonnées ensemble, c'est, en dépit de la surveillance qu'on peut exercer, porter au cube leur dévergondage. Voilà sous forme humoristique l'application mathématique des lois de l'imitation [3]. »

« Entrez-vous (au Dépôt) dans l'espèce de cour

1. Joly. *Le Combat contre le Crime*, p. 279.
2. Joly. *Arch. d'Anth. crim.*, 1890, p. 173.
3. Tarde. *La Philosophie pénale*, 510.

où sont les femmes qu'on n'a pas pu séparer ; elles
se taisent toutes, elles baissent ou tournent la tête,
ce qui ne les empêche pas de vous dévorer de
leurs regards. A peine êtes-vous sorti que vous
entendez rouler le bruit canaille à travers lequel se
laissent deviner toutes les injures, tous les quoli-
bets et toutes les menaces. Faites attention à cette
explosion de sentiments haineux ou immoraux. Si,
plus tard, vous revoyez ces femmes sous le bonnet
de linge de la prison, elles vous paraîtront bien
apaisées. Mais, au fond, ces sentiments subsisteront,
parce que c'est au moment même où on aurait pu
les étouffer, qu'on leur a fait prendre racine dans
l'âme et pour la vie [1]. » Un des premiers hommes
s'étant occupé d'anthropologie criminelle, Lauvergne écrivait, en 1841, une histoire des forçats,
qu'il connaissait à fond, dans laquelle il nous initie
à leur vie, à leur ignominie et à leur... bonheur.
Cet ouvrage est tombé dans l'oubli le plus profond,
et c'est malheureux, car il contient une foule de
documents du plus haut intérêt.

« Voyez les suites de cette philanthropie délétère,
de celle qui souvent crée à plaisir des circonstances
atténuantes pour soustraire un meurtrier à mort.
Vous le confinez dans un bagne ; sa présence prouve
d'abord qu'on peut tuer sans perdre sa propre vie,
et, si c'est un bandit de haute renommée, il devient
pour les autres un centre, un moniteur, une domi-
nation. Pour les autres forçats de tout âge et à
divers temps d'expiation, vous avez créé un *forçat
modèle*, et lorsque ses adeptes quitteront leurs fers,

1. Joly. *Le Combat contre le Crime*, p. 162.

ils infecteront leurs pareils de ce qu'ils auront absorbé du membre à jamais gangrené que la loi a mis au milieu d'eux [1]. » « Celui qui a bien vu un bagne peut se flatter d'avoir rencontré un tableau du crime heureux [2]. » « Celui qui dit que la prison punit, comme il se trompe le pauvre diable [3] ! »

Voilà, décrite de main de maître, l'origine de toutes ces bandes, de toutes ces associations de malfaiteurs. Le point de départ, c'est la prison. Souvent, au dehors, il y a de nombreuses ramifications, et les communications sont fréquentes et faciles entre l'intérieur et l'extérieur : les visites, l'entrée des nouveaux criminels, la sortie de ceux qui ont fini leur temps, quelquefois, peut-être, la complicité des geôliers, sont les moyens de transmettre les ordres, les nouvelles, etc..... Les individus qui font partie de ces bandes se soustraient à la loi commune, mais ils érigent pour eux un code véritablement draconien. On se demande vraiment, si ce ne sont pas des insensés, qui refusent de se soumettre à la législation, pourtant fort douce, sous laquelle vivent la plupart des peuples, pour aller de gaieté de cœur et de pleine volonté, adopter des lois d'association pour lesquelles la mort est l'unique pénalité.

En voici un exemple, et pourtant il s'agit ici d'une bande relativement anodine, composée d'employés des grands magasins, qui se proposaient d'user de leur situation pour voler les marchandises qui leur étaient confiées, de les revendre à vil

1. Lauvergne. *Les Forçats*, p. 96.
2. *Id.*, p. 97.
3. Garofalo. *Criminologie*, p. 219. Chanson sicilienne.

prix. « Parmi les employés actuellement à Mazas,
se trouve un jeune homme de dix-huit ans, appartenant à une famille très honorable, et qui, le jour
où il est venu rejoindre ses complices au Dépôt,
témoignait, par d'abondantes larmes, de son profond repentir. Le malheureux raconta à M. Goron
qu'après avoir subi un premier entraînement, il
avait été forcé de continuer à voler, menacé par un
des principaux receleurs d'être dénoncé par lui s'il
s'avisait de vouloir redevenir honnête. — Et puis
tu sais, ajouta le misérable, en manière d'argument
final, le code de notre société est formel : La déser-
tion, c'est la mort. Avis. » (1887.)

« Les associations illicites sont un des phénomènes les plus importants du triste monde du
crime ; d'abord, parce qu'on voit se vérifier dans le
mal la grande puissance que donne l'association ;
en second lieu, parce que la réunion de ces âmes
perverses engendre un *véritable ferment malfai-
sant* qui, faisant pulluler à nouveau les vieilles tendances sauvages qui sont dans l'homme, les renforçant par une sorte de discipline, et par cette
variété du crime dont nous avons déjà parlé, fait
commettre des atrocités auxquelles répugneraient
la plupart des individus pris isolément. Le but des
associations de malfaiteurs est presque toujours de
s'approprier le bien d'autrui. Ils se réunissent en
grand nombre pour offrir une résistance plus grande
à l'action des lois ; on a vu se former des Sociétés
d'avorteuses, d'empoisonneurs, on en a souvent
observé qui tendaient au but le moins présumable,
depuis la pédérastie, qui donnait au vice les appa-
rences de la vertu la plus délicate, jusqu'à l'homi-

cide accompli sans aucun désir de lucre, pour le seul plaisir de voir couler le sang, comme dans la bande des meurtriers de Livourne; enfin, jusqu'au cannibalisme et au viol inspiré par le fanatisme religieux, comme chez les sectaires russes [1]. »

Ces bandes n'ont pas une existence éphémère [2], elles durent longtemps, et quand elles sont dispersées par la mort ou l'échafaud, les survivants n'ont que le choix d'une nouvelle association. Ces individus préparent leurs coups longtemps d'avance :

« La bande au père Mathieu se composait de douze jeunes filous de quinze à vingt ans. Ces individus déclarèrent avec un cynisme incroyable à M. Goron, qu'ils avaient de hautes vues pour l'avenir : « Quand nous serons revenus de la *Nou-* « *velle*, nous ferons un grand coup. La fortune ou « la place de la Roquette, voilà ce qu'il nous faut [3]. »

Malheureusement, quand ils n'atteignent pas le premier but qu'ils se proposent, ils ne font pas connaissance avec la place de la Roquette, mais on les envoie finir leurs jours dans notre plus belle colonie, la seule, peut-être, sans la présence des forçats, dont nous pourrions tirer quelque parti.

Une fois entrés dans l'association, ils ne peuvent plus en sortir. Nous avons plus haut, cité un

---

1. Lombroso. *L'Homme criminel*, p. 519.
2. Emile Laurent nous dit (*Les Habitués des prisons de Paris*, p. 539) qu'il n'existe plus à Paris de bandes permanentes, qu'elles se forment suivant les circonstances en vue d'un seul crime, qu'elles se dissolvent ensuite, pour se reformer à nouveau avec d'autres éléments. En d'autres termes, les bandes n'ont plus le caractère de stabilité qu'elles avaient autrefois et qu'elles ont encore dans certaines régions, mais, précisément à cause de cette variabilité protéiforme, elles sont plus dangereuses.
3. Moreau. *Le Monde des Prisons*, p. 24.

exemple de la peine qui attend le déserteur, mais le plus souvent il n'est pas besoin d'avoir recours à cette extrémité. Ils se lient eux-mêmes par des besoins d'argent sans cesse renaissants. « Sur 10 voleurs, 9 ont été séduits par d'autres plus âgés, qui leur offraient des fruits ou du pain s'ils étaient pauvres, des filles s'ils avaient de la fortune, puis leur faisaient contracter des dettes pour les lier indissolublement au crime [1]. »

Voici, d'ailleurs, les crimes de quelques-unes de ces bandes : « En 1843, on comptait en Sardaigne 864 bandits. De 1831 à 1840, il a été commis dans l'île : 2,468 meurtres; 527 vols à main armée; 296 incendies; 436 enlèvements [2]. »

Le 18 novembre 1871 comparaissaient devant la Cour d'assises de Potenza (Italie), 41 brigands accusés de 100 homicides, mutilations, viols, extorsions, violences et incendies, etc., etc. « La Camara se constituait partout où se trouvait un certain nombre de prisonniers ou d'anciens détenus. On formait de petits groupes indépendants les uns des autres, mais néanmoins soumis à une hiérarchie, qui subordonnait, par exemple, les centres des prisons de Naples à ceux de Castel Capuano [3]. »

Voici l'énumération de quelques-unes des bandes qui ont fait parler d'elles pendant ces dernières années à Paris : Bande de la Courneuve (1889); Catusse (1890); de Neuilly (1891); des Ternes, de Charonne, Crampon (1892).

---

1. Lombroso. *L'Homme criminel*, p. 370.
2. *Id.*, p. 499.
3. *Id.*, p. 524. Plus récemment, les tribunaux italiens ont eu à juger une nombreuse bande dont les exploits ont fait le plus grand bruit.

Il ne faut pas être surpris si l'on rencontre tant de récidivistes. Nous nous étonnerions plus volontiers de n'en pas trouver davantage[1]. Aujourd'hui la proportion s'élève à 52 0/0. Ces chiffres ne sont pas particuliers à la France : en Italie, où Bournet a fait les mêmes recherches, il arrive à des résultats absolument analogues.

Un des facteurs de la récidive, mais un des moindres, est évidemment la défiance bien compréhensible que nous avons pour les individus qui sortent de prison ou qui reviennent de la Nouvelle-Calédonie. Quelques-uns, malfaiteurs par occasion, cherchent, une fois rendus à la liberté, à trouver un travail honnête. S'ils présentent leur livret, on les remercie ; s'ils essayent de cacher leur identité, on ne tarde pas à savoir quels ils sont et on les renvoie brutalement. Il leur reste alors deux alternatives, ou bien mourir de faim, ou bien continuer à vivre aux dépens d'autrui. C'est ce qu'ils font presque toujours, s'affiliant à quelques-unes de ces sociétés dont ils ont appris l'existence sous les verrous, se servant des complices qu'ils y ont connus et surtout du cours de crimes qui y a été professé par les vétérans et les habiles. Ils continuent à voler, mais connaissant mieux leur métier, ils se font prendre moins facilement. Dans une de

---

1. M. Yvernès, directeur de la statistique au ministère de la justice, donne le nombre et la proportion des récidivistes pour les trente années qui vont de 1850 à 1880.

1851 à 1855	33 p. 100
1856 à 1860	36 —
1861 à 1865	38 —
1866 à 1870	41 —
1871 à 1875	47 —
1876 à 1880	48 —

leurs expéditions, alors qu'ils désiraient simplement voler, ils rencontrent le propriétaire : c'est un témoin dangereux qu'il est urgent de faire disparaître ; ou bien, le meurtre est prémédité : ils savent qu'ils rencontreront un vieillard sans défense. Le sang ne les effraie pas ; pour arriver jusqu'à l'argent, il leur faudra passer sur un cadavre, peu leur importe : tel Campi, tel Gamahut. Dans quel état sortent-ils de prison ? quelles idées ont-ils puisé dans le contact continuel de gens plus pervertis qu'eux ? quel effet a eu sur eux l'influence des grands criminels avec lesquels ils vivaient sous les verrous ? Que deviendront-ils dans l'avenir ? P. Despine [1] a bien étudié cet état mental particulier qu'il appelle d'une façon très pittoresque l'*idiotie morale*. Il est facile de déduire, de ce que nous venons d'exposer, qu'un criminel jeté en prison ne peut que perdre les bons sentiments qui persistaient en lui, haïr davantage la société et rester, à tous égards, irrémédiablement perdu [2].

Je constate ce fait indéniable après beaucoup d'auteurs, mais je ne chercherai point avec eux quel remède y apporter, je me contenterai de renvoyer aux savants qui se sont occupés de cette question et principalement au *Combat contre le Crime*, de Joly, que j'ai eu souvent occasion de citer ; je présenterai cependant, comme miennes, les opi-

---

1. P. Despine. *Etude sur l'étude psychologique des criminels* in Ann. médico-psychologiques, 1872, VIII, p. 321.
2. Innombrables sont les assassins, qui ont passé par la prison. Nous avons parlé de Kaps ; Baillet, l'un des assassins des presbytères du Nord (1891), etc. Il est rare qu'un *voleur-professionnel* soit vierge de prisons, quand il commet un meurtre.

nions de quelques personnes particulièrement compétentes.

« Le médecin ne soigne pas dans une même salle des individus atteints de différentes maladies contagieuses. Or ici (au bagne et en prison, pourrait-on ajouter) sont réunis les assassins, les voleurs, les impudiques et les faussaires, les récidivistes du crime et des égarés, qu'un instant de colère, un penchant malheureux, a poussés à commettre un attentat. Aussi, une fois au bagne, tout est bien fini pour le malheureux non dénué de tout bon sentiment. C'est l'enfer qui commence pour lui; l'air vicié qu'il respire l'imprègne peu à peu. Il lui faut devenir à l'occasion voleur, faussaire, impudique, meurtrier même, si les camarades commandent, ou bien gare ! La guerre est déclarée, et le récalcitrant, s'il ne tombe pas un jour ou l'autre frappé d'un coup de couteau, ne tarde point à succomber lentement, victime des mauvais traitements [1]. »

De même le Dr E. Laurent [2] demande la division de la prison en différents quartiers où les condamnés, après un examen sérieux seraient classés selon la nature des délits commis. Il insiste sur cette sélection. Émile Gautier conclut ainsi, sous une forme humoristique, mais qui n'en est pas moins très exacte.

« Le meilleur moyen de rendre la prison efficace, c'est encore d'y mettre le moins de monde possible. Peut-être n'est-il ici ni inutile, ni inopportun d'ajouter, en manière de conclusion, que j'ai eu

1. Legrand. *La Nouvelle-Calédonie.* Rev. scient., 1892, 2º sem., p. 466.
2. *Les Habitués des prisons de Paris*, p. 605.

le plaisir de me rencontrer sur ce terrain avec un
homme qui, au moins aussi bien que moi, sans
doute, connaît le monde des geôles, quoiqu'il ne
l'ait regardé que par l'autre bout de la lorgnette. Je
veux parler de l'honorable chef de la Sûreté de
Paris, M. Goron, lequel met une certaine coquet-
terie à tout faire pour épargner l'horreur et la honte
de la prison, parfois à la grande stupéfaction de ces
magistrats « vieux jeu » pour lesquels tout acquittement est un échec — à ceux de ses « clients »
dont l'âme trouble a laissé entrevoir à son œil
perspicace d'inquisiteur la plus faible lueur d'honnêteté, une ombre seulement de repentir [1]. »

Est-ce bien le lieu, dans un chapitre consacré aux
prisons, d'effleurer le danger de l'internat au point de
vue de la contagion ? Les universitaires, devant lesquels le hasard mettra ces lignes, me maudiront sans
doute ; je ne pouvais pas pourtant en parler dans le
chapitre de la *Contagion par la famille*, car ce n'est
pas le même mode de transmission. Dans un cas, ce
sont les parents qui pervertissent les enfants, et
dans les collèges (ils existent sans doute, mais ils
sont bien peu nombreux, les maîtres qui corrom-
pent leurs élèves), le contage a lieu, comme dans
les prisons de camarade à camarade. Nous en avons
tous connus de ces individus, brebis galeuses, souvent bien vus des professeurs, à cause de leurs
allures hypocrites, qui, en peu de temps, démora-
lisent une division tout entière, tantôt par l'indis-
cipline, tantôt par leurs mauvaises mœurs et les

1. E. Gautier. *Le Monde des Prisons*. Arch. d'Anthr. crim.,
1888, p. 563.

habitudes funestes qu'ils répandent. Je ne veux pas
dir ³ que, par cela même, tous ces jeunes gens soient
irrémédiablement perdus ¹, mais ils sont plus aptes
que d'autres. entraînés qu'ils sont, par l'excès du
plaisir illicite, à s'affranchir du joug de la famille, à
jouir d'une liberté prématurée, à devenir irréguliers
dans le travail, à se mettre en rapport, ayant besoin
d'argent, avec les brocanteurs et les receleurs qui
leur inculqueront les premiers rudiments du vol.
Le vol, on le sait, et nous l'avons montré par maint
exemple, est la première étape qui conduit au
meurtre.

1. V. les idées paradoxales émises par Lasègue sur l'onanisme
et la rareté de sa non-existence. *Etudes médicales*, t. II, p. 352.

CHAPITRE III

CONTAGION PAR LE SPECTACLE DES EXÉCUTIONS PUBLIQUES

Au sortir de la prison, les criminels qui ont achevé leur peine rentrent dans la vie commune, mais, comme nous l'avons fait voir, ils ne rompent pas pour cela avec leurs anciennes relations, ils mettent à exécution tous les projets d'association, tous les plans de vol qu'ils ont pu combiner à leur aise avec leurs compagnons de détention. En sortant, ils ne sont pas toujours jetés dans la rue, comme on se plaît à le dire : ils savent où aller, ils connaissent les maisons qui les accueilleront, leur feront fête même. On les entoure, on les presse de questions, on leur demande des nouvelles des uns et des autres... Toujours au premier rang des bagarres, là où il y a des coups à donner, ils ne craignent pas de jouer du couteau, souvent pour des motifs futiles. La vue du sang semble avoir pour eux un attrait tout spécial, aussi n'est-il pas étonnant de les voir se porter avec empressement aux exécutions capitales. Il y a dans ce spectacle double attrait : d'abord, ils vont satisfaire leur penchant inné pour la cruauté, puis ils vont voir comment saura mourir l'homme qui fut le plus souvent leur compagnon. L'aspect d'une place publique, un de ces jours lugubres, a été trop souvent décrit pour que nous essayons, d'imagination, de le décrire encore une fois. On sait que la majeure partie des assistants est composée de repris de justice, de souteneurs, de gens sans aveu, qui viennent assister à la fin de l'un des leurs. Les enfants et les adolescents s'y rendent en grand nombre. Croit-on que ces jeunes imaginations, viciées par leur entourage, dès leur plus jeune âge, trouvent là pour leur cerveau mal équilibré, pour leur sens moral dévoyé, si tant est même qu'il existe, un spectacle destiné à leur faire reprendre la voie droite? Penseront-ils que s'ils persévèrent dans leurs idées, telle est la fin ignominieuse qui les attend? N'y a-t-il pas là plutôt un attrait mauvais pour leur curiosité malsaine? Ne se familiarisent-ils pas ainsi avec la vue du sang humain? Lorsque l'occasion de tuer se présentera, à leur tour, ils seront moins effrayés, ils ne trembleront pas, ils savent ce que c'est.

Il ne faut pas croire que la vue d'une exécution agira de la même façon sur tout le monde. Ne sont impressionnés dans un mauvais sens que ceux, — nous ne saurions trop le répéter, — qui sont prédisposés au meurtre, que ces dégénérés, que ceux-là qui n'attendent qu'une occasion pour devenir criminels. Le même microbe ensemencé sur deux milieux de culture différents végétera ou périra même sur l'un, tandis que sur l'autre il se développera et se multipliera avec une vitalité et une abondance prodigieuse. La même idée, le même exemple

germeront différemment dans des esprits différents.
Voici quelques exemples à l'appui de ce que nous
avançons :

« On a beaucoup parlé [1] de l'influence des exécutions cap.tales sur le peuple ; voici un fait statistique qui donne quelque poids à cette opinion : sur
177 personnes condamnées à mort et interrogées
par un ministre protestant dans l'exercice de ses
fonctions, il n'en trouva que trois qui n'eussent pas
assisté à des exécutions [2]. » « Roberts, aumônier de
Bristol, rapporte que 161 condamnés sur 167 qu'il
avait conduits à l'échafaud, lui assurèrent avoir été
présents à des exécutions [3]. » « Un prêtre belge
ayant assisté 167 condamnés à mort, demandait à
chacun : Avez-vous vu une exécution? et 161 répon-
daient affirmativement [4]. » « J'ai vu mourir Campi,
disait Gamahut [5]. » Quand on voulut attacher Pon-
cet : « Ne vous gênez pas, je sais ce que c'est, j'en ai
vu arranger pas mal à Toulon, seulement là-bas, on
ne les traite pas si bien qu'ici. Ici, on arrive et ça y
est [6]. »

Quelque bizarre que semble le motif invoqué par
l'auteur de l'observation suivante pour expliquer
l'augmentation dans le chiffre des meurtres, nous
la donnons cependant pour faire voir combien est

1. Cette observation et les deux suivantes, quoique puisées à
des sources différentes, nous semblent ne se rapporter qu'à un
même fait, les chiffres étant presque identiques.
2. *Letters on social questions,* March, 9 th. 1846, in Ann. médico-
psych., 1852, IV, p. 107.
3. Brierre de Boismont. *Etude sur Mittermaier,* in Ann. méd.-
psych., 1868, XI, p. 346.
4. Moreau. *Le monde des prisons,* p. 132.
5. *Id.*
6. *Id., l. c.,* p. 136.

mauvaise sur le peuple l'influence de tout cet appareil théâtral dont on entoure les derniers moments
des criminels. Ne serait-il pas bien préférable de
renoncer à toute cette mise en scène et de faire disparaître obscurément dans la cour de la prison ou
même dans leur cachot, ces misérables qui sont
heureux, souvent du moins, de pouvoir encore une
fois se donner en spectacle à la populace ? « Dans le
milieu du siècle dernier (en Danemark), les criminels étaient accompagnés depuis leur prison jusqu'au lieu de l'exécution par les prêtres et par une
longue procession de fidèles, chantant des psaumes.
La triste cérémonie était terminée par un long ser-
mon adressé par le prêtre au condamné, qui était
immédiatement pendu. Le spectacle de tous les
soins pieux dont on environnait les criminels,
séduisait à un tel point l'imagination du peuple
qu'un grand nombre d'individus de cette classe
commirent des meurtres pour jouir de ces avantages, et le gouvernement se vit dans la nécessité
de restreindre le supplice de la pendaison, afin qu'il
cessât d'être l'objet de l'ambition populaire [1]. »
Quoi qu'il en soit, il subsiste un fait, c'est que sous
l'influence de la pompe donnée à ces exécutions, il
y eut une grande recrudescence dans le nombre des
meurtres commis. Mais nous avons peine à croire
que le peuple fut poussé au meurtre « pour jouir de
ces avantages ». Voici cependant trois faits dans
lesquels le meurtrier a été conduit au crime, par le
seul désir de finir sur l'échafaud : « Alfred Pierre,
âgé de vingt-deux ans, soldat au 42e régiment de

1. *Tableau des Etats Danois*, par J.-B. Catteau, 3 vol., 1802,
Paris. In Ann. méd.-psych., 1852, IV, p. 104.

ligne, est petit, bien constitué, mais sa physionomie dénote une intelligence peu développée. Son
père a été guillotiné à Paris, pour avoir assassiné
une femme et son enfant. Alfred Pierre trouve que
c'est une mort digne d'envie, sans doute parce que,
dans son esprit borné, il ne voit là qu'une fin qui
sort de l'ordinaire, et non l'expiation d'un crime ;
aussi répète-t-il souvent, *qu'il veut, comme son père,
mourir sur l'échafaud*. Au régiment, tous ses camarades le considèrent comme idiot, c'est l'expression
d'un témoin, et lui font endurer mille misères. Pour
arriver à ses fins, après une tentative de suicide, il
essaye de tuer son caporal [1]. »

« Etant à Ivry, mon père a entendu raconter le
fait suivant à M. le colonel Manselon : « Une nuit,
on arrête dans le fort un soldat de ligne qui venait
de faire une tentative d'assassinat sur la personne
d'un officier du régiment de lanciers caserné à Ivry.
— Cet homme s'était introduit furtivement chez
l'officier, et pendant qu'il dormait, il lui avait appli-
qué le canon de son fusil sur l'oreille. Il allait faire
feu, lorsque l'officier, réveillé par le contact du fer,
se dressa tout à coup sur son lit et détourna l'arme.
« Interrogé immédiatement après par le colonel, sa
réponse fut celle-ci : « A telle époque, j'assistai à
Vincennes avec mon régiment, à l'exécution d'un
camarade condamné à mort : j'en éprouvai une vive
émotion, et, à partir de ce moment, *j'eus l'idée de
me faire fusiller* et de mourir comme mon camarade.
« C'est insensé, dit le colonel, vous aviez d'autres
motifs pour tuer le lieutenant ?..... — Aucun abso-

1. *Ann. médico-psych.*, XX, p. 408.

lument. Etranger que je suis à son régiment, je ne le connais pas même de vue. J'ai pris la première personne qui me tombait sous la main[1]. »

Il est inutile de faire ressortir la frappante analogie qui existe entre ces deux observations. Dans un cas, un aliéné, ou tout au moins un individu sur la frontière de la folie, désirant finir sur l'échafaud ; dans l'autre, un individu poursuivi par l'idée fixe de se faire fusiller. Même ressemblance dans les moyens employés pour arriver à un même but : dans un cas, le meurtre d'une personne contre laquelle l'on peut avoir une très légère rancune, si même il y avait rancune ; dans l'autre, cette excuse ne peut même pas être alléguée, il s'agit en effet d'un inconnu. Enfin le point de départ est le même : une exécution. L'un sans doute en a entendu raconter maintes fois les détails par sa famille. Il y a certainement pensé souvent, — l'instruction le prouve, — et cette idée semble même être devenue son idée favorite. L'autre assiste à une exécution et depuis ce moment son esprit a une véritable obsession. Le fait suivant peut être comparé aux deux précédents. Wise, mousse à bord d'un navire de l'État, sans provocation aucune, précipite des falaises de Portland, d'une hauteur de deux cents pieds, un de ses camarades avec lequel il se promenait. Pendant que le malheureux lutte contre la mort (scène de Quasimodo de *Notre-Dame de Paris*, précipitation de Cl. Frollo), « Wise, à genoux, au bord de la falaise, riait à gorge déployée. Un constable mit en état d'arrestation le jeune meurtrier

---

[1]. P. More au de Tours. *Thèse inaug.*, p. 53.

qui convint n'avoir pas la moindre animosité contre
sa victime. Son horrible action n'avait été motivée
que par le désir qu'il avait d'être pendu [1] ».

« Un idiot, après avoir vu tuer un cochon, crut
pouvoir égorger un homme et l'égorgea [2]. » Des
enfants étaient rassemblés dans une écurie pour
voir tuer et flamber un porc ; l'opération terminée,
ils jouent, entre eux, au cochon brûlé, et l'un d'eux
consent à faire le cochon ; ses camarades le grillent
à un feu de paille [3]. Un jeune garçon de la Haute-
Loire, en 1888, voit un jour tuer un porc. Il répète
l'opération sur sa sœur au berceau [4]. En 1884, dans
l'Orne, un groupe d'enfants suit avec intérêt les manœuvres d'un chàtreur de porcs, puis, à leur tour,
ils commencent sur l'un d'eux la castration, qui
heureusement est interrompue à temps.

Ne doit-on pas imputer ces faits à la contagion
par le spectacle des exécutions ? Voici enfin une
observation qui a trait à un véritable aliéné : « Un
homme mélancolique assista au supplice d'un criminel. Ce spectacle lui causa une émotion si profonde qu'il fut saisi tout à coup du désir le plus
véhément de tuer, et, en même temps, il conservait
l'appréhension la plus vive de commettre un tel
crime. Il dépeignait son véritable état en pleurant
amèrement, et avec une confusion extrême. Il se
frappait la tête, se tordait les mains et criait à ses
amis de se sauver. Il les remerciait de la résistance
qu'ils lui opposaient [5]. »

1. *Figaro*. Correspondance anglaise, 25 nov. 1891.
2. Gall. *Fonctions du cerveau*, IV, p. 99.
3. *Id.*
4. Corre. *Crime et Suicide*, p. 216.
5. Gall. *Loc. cit.*

Le nombre des meurtres ou des tentatives de meurtres que l'on rencontre faits par les enfants, à la suite d'une lecture, d'un compte rendu d'une exécution, d'une histoire racontée sur le même sujet, est invraisemblable. En voici quelques-uns, pris entre mille, que nous pourrions citer : « Un de mes amis, dit Marc, faillit dans son enfance succomber au jeu du pendu. Une exécution capitale ayant eu lieu dans la ville de Metz, lui et plusieurs de ses camarades crurent devoir imiter ce triste exemple, qui avait produit sur eux une vive impression. Il fut choisi pour le patient, un second pour confesseur et deux autres se chargèrent du rôle d'exécuteurs. Ils le pendirent à la rampe d'un escalier, et ayant été troublés dans leur jeu, ils se sauvèrent en oubliant le pauvre pendu, que des personnes, survenues heureusement à temps, détachèrent et rappelèrent à la vie, déjà près de s'éteindre [1]. » Prosper Lucas cite l'exemple [2] d'un enfant de six à huit ans qui étouffa son plus jeune frère. Le père et la mère rentrant reconnaissent le crime, ainsi que l'auteur. L'enfant se jette dans leurs bras en pleurant et répond qu'il ne l'a fait que pour imiter le diable qu'il avait vu étrangler Polichinelle. Un fait absolument analogue s'est passé à Cagny, près d'Amiens, il y a quelques années, dans une famille d'ouvriers ; la mère, obligée de s'absenter, laissa ses trois enfants au logis. L'aîné, qui a sept ans, et le cadet qui en a quatre, voulurent s'amuser à « brûler Mardi-Gras », ainsi qu'ils l'avaient vu faire par les habitants, le jour du carnaval. Ils entraînent leur

1. Marc. *De la folie*, 1840, t. II, p. 408.
2. *Loc. cit.*, p. 23.

frère, âgé de dix-huit mois, dans une étable; ils le
couvrent de paille et, après avoir gambadé pendant
un quart d'heure, ils mettent le feu à cette paille.
L'enfant, atrocement brûlé, poussa des cris déchi-
rants; on accourut, mais il était trop tard; la petite
victime était morte. Le fait suivant nous est personnel. Deux enfants de quatre à six ans jouent au
pendu comme l'ami de Marc. Les parents eurent le
bonheur d'intervenir assez à temps pour prévenir
tout accident. A Brest, un enfant de l'école municipale, auquel on vient d'apprendre l'assassinat de
Henri IV par Ravaillac, dans une leçon d'histoire,
en a l'esprit troublé : il répète l'action sur un camarade pendant une récréation et le blesse au flanc
d'un coup de couteau[1].

Nous pouvons nous résumer en empruntant la
citation suivante à Corre :

« Les conditions d'une pondération cérébrale
manquent ou sont très affaiblies chez les imitatifs.
Cela est si vrai que la peine de mort, rendue tangible par le spectacle ou le récit pittoresque des
exécutions, devient pour leur cerveau un stimulant
à l'attentat. Les exécutions publiques ont le même
résultat que ces articles de la presse ou du roman,
que la représentation graphique d'un crime, dans
la contagion des actes antisociaux; chez plus d'un
adolescent, la curiosité mauvaise, qui l'a porté à
aller voir, féconde le germe latent d'une perversion
psychique, peu à peu transformée en idiosyncrasie
criminelle par la répétition de l'exemple et d'impressions suggestives sur un terrain de mieux en

1. *Petit Journal*, 18 mars 1893.

mieux préparé. Chez d'autres, déjà plus avancés dans la prédisposition, le hideux spectacle détermine d'emblée une explosion redoutable. Telle nature abrupte ou profondément viciée n'aperçoit dans la solennité du supplice qu'un appareil pompeux très propre à flatter la vanité d'un homme. Et pour mériter soi-même un aussi beau sort, on répète l'acte qui a valu sa récompense au condamné. Lemaire agit, dit-on, sous cette idée, dans l'admiration enthousiaste qu'il avait pour le boucher Avinain. « Il n'y a pas beaucoup d'années, rapporte Veillaud, dans ses *Mariages de fer*, qu'un jeune apprenti, qui s'était échappé de l'atelier pour aller voir guillotiner, revint tellement fanatisé de ce spectacle, qu'il répondit aux reproches de son patron sur son absence, en se jetant sur lui avec une arme tranchante et sans doute avec l'espoir d'assister pour son propre compte à la reprise d'une aussi splendide cérémonie[1] ! »

Après ces quelques exemples, on est en droit de s'étonner que les gouvernements non seulement donnent en spectacle les criminels dont ils se débarrassent[2], mais encore tolèrent certaines exhibitions mauvaises, sans contredit, pour l'individu isolé, mais surtout pouvant avoir les conséquences les plus funestes sur une masse, sur une foule. On sait, en effet, et nous étudions ce point ailleurs[3], que la foule ressent ses impressions beaucoup plus vivement que l'être isolé. En 1882, un crime à sen-

1. Corre. *Crime et Suicide*, p. 228.
2. Le Sénat vient d'adopter une loi qui sera probablement votée par la Chambre des députés, au sujet des exécutions capitales qui désormais auraient lieu dans la cour de la prison.
3. V. 3e partie, ch. I.

sation venait d'être commis au Pecq. Les journaux
reproduisirent tous les détails de l'affaire : le Musée
Grévin, à l'affût de toutes les actualités qui pas-
sionnent le public, représenta une partie de la scène
du crime. Dans un caveau glacial, éclairé par une
lumière verdâtre, blafarde, coulait une rivière, sur
laquelle surnageait un cadavre, dont la couleur
annonçait une décomposition avancée. Quoique
habitué aux spectacles de l'hôpital et de l'amphithéâtre, nous ne craignons pas d'avouer que nous
avons été péniblement impressionné en pénétrant
dans ce souterrain. Quelques jours après, A. Vala-
brègue, l'un de nos vaudevillistes les plus en vogue,
faisait représenter, sur la scène, le crime du Pecq
dans tous ses détails. Les noms seuls furent à peine
changés. La police se piqua d'une certaine pudeur,
elle interdit la représentation à Paris. La répétition
générale seule eut lieu aux Menus-Plaisirs, devant
une salle comble. L'impresario transporta alors à
Bruxelles ses acteurs et son matériel. Non seulement les Belges n'en furent pas effarouchés, mais
ils permirent à la troupe de faire d'excellentes
affaires.

Dans cet ordre d'idées, la France semble avoir
perdu cette retenue qu'elle avait, il y a quelques
années. Voici, en effet, ce que nous lisons dans un
numéro du *Petit Journal* du mois de septembre
1887 : « C'est à Toulouse, en pleine expérience de
mobilisation, que la chose a pris naissance. Depuis
samedi, chaque soir, le casino de cette ville donne,
sous le titre de : *L'Affaire Pranzini ou les Crimes de
la rue Montaigne*, une pantomime en six tableaux
qui fait accourir les spectateurs. Voici le texte de la

partie du programme du concert qui nous occupe : *L'Affaire Pranzini ou les Crimes de la rue Montaigne*, pantomime en six tableaux de MM. R... et Savary. Le rôle de Pranzini sera créé par M. Charles Corradi, celui de Marie Regnault, par Mlle Claire.

« Tableaux: 1er Au Soudan.— 2e A Paris.— 3e Le crime de la rue Montaigne. — 4e L'arrestation. — 5e La toilette du condamné à mort. — 6e La guillotine. Une large entaille rouge apparaît au cou de Marie Regnault en même temps que les mains de l'assassin se teignent de sang. Au bruit de la lutte, la camériste accourt et subit le même sort, puis, et c'est ce contre quoi je proteste le plus, arrive une fillette d'une huitaine d'années qu'il prend par les cheveux et égorge à son tour. Je doute beaucoup que cette malheureuse enfant se prête de bonne grâce à ce simulacre; quoi qu'il en soit, un tel rôle dans une telle pièce ne peut que troubler profondément ce petit être, et je ne comprends pas que l'autorité ait laissé subsister cet épisode, après avoir laissé représenter cette ignominie.... La guillotine se dresse sur la place au dernier tableau : une petite guillotine toute rouge. Quelques pâles voyous, des femmes de la dernière catégorie l'entourent; le patient est mis en position et le couperet tombe ainsi que la toile, tandis que l'orchestre qui, seul, parle pendant les six quarts d'heure que dure la pantomime, joue un air vif et égrillard.

« Tel est le compte rendu de cette pièce immonde... »

En août 1889, on joue au Château-d'Eau : « *Jack l'éventreur, Jack the riper* », disent les affiches, drame de MM. Xavier Bertrand et Louis Clairiau.

En 1892, un artiste dramatique, Charles Dalbreq-Moride, reçoit d'une fille quelconque un coup de couteau dont il guérit. « Une petite anecdote caractéristique touchant cette affaire : Un monsieur très chevelu, auteur incompris, nommé S..., est venu trouver Charles Moride avec le scénario compliqué d'un drame d'une noirceur d'encre portant le titre de : *Le Drame de la rue des Martyrs* et destiné, paraît-il, à l'un des théâtres du quartier. « Vous ne « me refuserez point d'user de votre nom pour mon « héros, supplia l'auteur, il est si sympathique!...» Puis, illuminé tout à coup : « Et même si vous vou-« liez jouer ce rôle, je me charge de l'engagement! « Pensez donc quel succès : l'assassiné joué par « l'assassiné lui-même, *ce serait si nature!* » Peu enthousiaste, le jeune artiste a refusé. Il a de trop tristes souvenirs de *la création* pour se prêter de gaieté de cœur à une *reprise* [1]. » A la même époque le chiffonnier Angot, celui qui a découvert les débris humains de la rue Botzaris, a été engagé par un impresario. Avec son fils, sa femme et son chien il retrace aux visiteurs la scène de la découverte [2].

Après l'un des crimes de Whitechapel, les propriétaires de la maison dans la cour de laquelle le corps de la victime a été trouvé, faisaient payer *one penny* aux personnes qui voulaient voir le lieu du crime (septembre 1888). En 1887 l'exécuteur des hautes œuvres en Angleterre a été destitué. Il parcourt depuis la Grande-Bretagne avec son instrument de supplice, et, devant le public, il fait le simulacre d'une pendaison. La victime est repré-

1. *Figaro*, 13 novembre 1892.
2. *Id.*, 16 novembre 1892.

sentée par une statue de cire : c'est le portrait d'une jeune femme, fort jolie, dont le procès et le supplice ont fait grand bruit dans ce pays. En 1888 (mars à décembre) James Bercey, le bourreau de la cité de Londres, fait dans les conférences publiques le récit de l'exécution du matin. Il a même projeté d'aller en Amérique, entre deux sessions criminelles, parler des meurtriers qui lui ont passé par les mains, et exhiber quelques souvenirs. Le même fait vient de se passer en Allemagne : Krauts, l'ancien bourreau, qui une première fois avait été engagé à l'Ostend theater de Berlin pour paraître en scène avec sa hache, s'étant vu interdire cette exhibition par la police, a monté une baraque foraine dans laquelle il montre au public le billot et la hache dont il s'est servi pour ses récentes exécutions, entre autres celle de Hœdel, auteur de l'attentat contre Guillaume Ier [1].

/Berry

Rappelons pour mémoire la curiosité malsaine des demi-mondaines, et même des mondaines, pour les procès célèbres de Cartouche, de Troppmann, et plus près de nous de Pranzini, etc... On sait que certains présidents ne craignaient pas de *composer leur salle*. A un moment donné même le scandale a été si grand que le garde des sceaux s'est vu contraint de mettre un terme à cette façon d'agir. Ce goût des affaires criminelles d'ailleurs n'est pas récent, car Mme de Sévigné raillait les « curieuses de supplices » dont elle faisait partie ; plus tard et dans un monde moins *select*, nous avons eu les lugubres tricoteuses.

1. *Figaro*, 16 juillet 1893.

AUBRY. 6

Ainsi, non contente d'autoriser les exécutions capitales en public, la police donne toute licence pour graver ces scènes lugubres dans l'esprit du public avec tout le réalisme possible, dans les exhibitions théâtrales. Quels sont les spectateurs habituels de ces productions malsaines? Sont-ce des esprits pondérés, des gens qui ne ressentiront aucune conséquence fâcheuse de ces scènes? Quelques-uns, peut-être, mais la grande majorité est formée sans aucun doute par ces esprits mal équilibrés, ces dégénérés qui sont attirés là, comme le fer est attiré par l'aimant. Maintenant l'idée est jetée dans leur esprit, elle va germer, ils s'y accoutumeront. Vienne une circonstance occasionnelle, ils la saisiront, quelque faible qu'elle soit; ils deviendront criminels, alors que peut-être, si leur esprit avait été moins bien préparé, il leur eût fallu, pour les jeter dans le crime, un choc plus considérable [1].

Veut-on savoir quelles sont les salutaires réflexions faites, en attendant les exécutions capi-

---

1. Nous ne voudrions pas voir conclure de ce qui précède, que nous sommes adversaires de la peine de mort : « Que Messieurs les assassins commencent! » a dit Alphonse Karr. » « Depuis l'arrivée de M. Jules Grévy à la Présidence, en 1879, un mouvement ascensionnel s'est manifesté. La doctrine de la clémence est jugée par ses œuvres. » (Bournet.) « Ne pourrait-on pas redire à S. M. le roi Humbert, à M. Jules Grévy, le mot hardi du duc de Montausier, à propos d'un criminel qui venait d'être roué après avoir commis vingt homicides, et que Louis XIV avait gracié après son premier forfait : « Cet homme n'a commis qu'un seul assassinat, le premier, et c'est vous qui, le laissant vivre, avez commis les dix-neuf autres! » (Bournet.) « Les crimes contre la vie des adultes, ceux contre lesquels les jurés se montrent en général sévères, diminuent notablement; ceux pour lesquels les jurés sont trop souvent d'une indulgence excessive, les infanticides et les attentats aux mœurs, augmentent constamment. » (Brouardel.)

tales, par la foule qui s'y presse? « Depuis plusieurs jours, certains de nos confrères annoncent que la triple exécution de Doré, Berland et de la mère de celui-ci aura lieu le lendemain matin. Aussi les curieux de ce terrible spectacle gratuit sont-ils nombreux dès minuit sur la place de la Roquette et dans les débits du voisinage. Pour charmer leurs loisirs, ils imaginent entre amis un petit jeu : on reproduit l'assassinat de la veuve Dessaigne. Pas un détail n'est oublié. On piétine — en douceur pour la galerie, qui se tord — sur le corps du copain qui fait la victime et pousse des hurlements à faire mourir de rire [1]. » A la même exécution, un spectateur a surpris ce dialogue: « Le fils Berland à mort! puisque c'est sa mère qui l'a poussé à ça... Est-ce qu'on va les tuer tous maintenant? — Et tout ça pour une vieille! »

A côté de la publicité des exécutions et des immondes représentations dont nous avons parlé, nous devons rapprocher les jeux de certains enfants. Nous venons de voir qu'en attendant l'exécution de Doré et Berland une bande d'individus s'amusaient à mimer le crime. Quelques enfants dans des quartiers populaires se livrent couramment à ce jeu. Dans une spirituelle chronique, Lucien Descaves [2] raconte qu'il n'a plus besoin de lire les faits divers, qu'il sait par les enfants de *ma rue* le crime du jour. De sa fenêtre il les voit répéter le drame qui vient de se commettre. Quelquefois même ils inventent et créent de toutes pièces un nouveau crime.

1. *Petit Journal*, 24 juillet 1891.
2. *Figaro*, 16 avril 1891.

Notons enfin ce fait bien connu, et se rapportant
à l'exécution, que les bouchers, habitués qu'ils sont
à répandre le sang, hésitent moins à commettre un
crime contre les personnes, que des individus appartenant à toute autre profession. On sait que,
parmi les criminels il y a un grand nombre de
bouchers. Manouvrier[1] explique un peu différemment ce fait : « Je n'en crois pas moins les garçons
bouchers plus susceptibles de se livrer à des voies
de fait sur leur prochain, que les rentiers, les
scribes et les ouvriers tailleurs, non qu'ils soient
plus méchants, mais parce qu'ils sont plus vigou-
reux, plus actifs musculairement, plus accoutu-
més aux images de luttes violentes, assez souvent
alcooliques, au moins à Paris. Dans telles conditions d'éducation, de milieu en général, l'idée de
tuer aura plus de chance d'être suivie de fait chez
eux que chez un homme à profession assise, comme
aussi l'idée de capturer un assassin ou un voleur. »

1. *La Genèse normale du crime, Bull. de la Soc. d'Anthrop.*,
1893, p. 432.

CHAPITRE IV

CONTAGION PAR LA PRESSE [1]

Tous les criminels que nous avons eu l'occasion d'examiner jusqu'ici ont été contagionnés directement par leur entourage, souvent même dès leur enfance. Mais il est un mode de contagion non moins redoutable, une contagion indirecte, une contagion à distance par un intermédiaire : la presse. Une foule d'individus puisent dans des lectures malsaines le germe de l'idée du crime, germe à l'état latent ne pouvant, bien entendu, prospérer que sur un terrain convenablement préparé, et pour éclater n'attendant que le moment propice : le récit d'un crime à sensation a servi de fil conducteur, l'explosion a suivi.

« Il est hors de doute que l'acte de violence, quel qu'il soit, est souvent suggéré par les récits pathétiques d'actes semblables lus dans les journaux. L'exemple est contagieux : l'idée s'empare de l'esprit faible ou abattu et devient une sorte de fatum contre lequel toute lutte est impossible [2]. »

1. V. Proal. *Le Crime et la Peine*. Alcan, 1892, p. 208 et suiv.
2. Maudsley. *Le Crime et la Folie*, p. 152.

Lorsqu'on parcourt les comptes rendus de la justice criminelle, on reste profondément surpris des études faites par les assassins — nous ne parlons pas ici des criminels d'occasion — des causes de leurs devanciers. Nous ne multiplierons pas les exemples à l'infini, nous en choisirons quelques-uns dans lesquels les accusés ont été fortement frappés par ces lectures. Il y a longtemps que Georget s'est occupé de cette question. « Jamais il n'est venu à ma connaissance autant de faits de monomanie homicide que depuis que les journaux répètent sans cesse les détails des dernières affaires où il a été question de cette maladie, et en particulier de celle d'Henriette Cornier. En peu de temps M. Esquirol a été consulté pour trois cas de ce genre. Un mari a subitement été pris du désir de tuer sa femme, quoiqu'il n'eût contre elle aucun sujet de mécontentement. Sa raison conservait encore assez d'empire lorsqu'il a consulté M. Esqui-rol, pour sentir la nécessité de rester éloigné de chez lui jusqu'à parfaite guérison [1]. »

Personnellement j'ai fait des recherches sur ce sujet et j'ai relevé, à propos de ce seul crime, au moins dix obsessions, plusieurs fois avec meurtre, citées dans des ouvrages contemporains, et il est bien évident que tout n'a pas été connu.

La femme Lombardi, de Genève, dans la nuit du 1er au 2 mai 1885, tue ses quatre enfants, puis tente de se suicider. — Dans son autobiographie elle prend, comme point de départ de tous ses malheurs, le jour où l'on a *condamné le nommé*

1. Georget. *Discussion médico-légale sur la folie*, p. 111.

Dimier qui a tué sa femme. Il n'y a aucun rapport
entre elle et cet individu. Plus tard l'idée de tuer
ses enfants lui vient « *comme une femme l'a fait, ce
qui était dans un journal* [1] ». Ce crime en a provoqué d'autres. « J'ai eu l'occasion d'en observer
moi-même, dit le professeur Ladame, un certain
nombre depuis le retentissant procès de la femme
Lombardi [2] ».

Voici un autre exemple : « Lucien Morisset, âgé
de vingt-trois ans, est clerc de notaire et céliba-
taire. Il commet, en septembre 1880, des vols au
préjudice de son patron, 5,000 francs environ. En
novembre il acheta un revolver. Le 17 juin, vers
9 h. 1/2 du soir, sur la levée de Saint-Pierre-des-
Corps, il dépasse un groupe de plusieurs personnes
sans leur parler. A peine l'a-t-il dépassé, il croit
entendre des ricanements et des cris, au milieu
desquels il distingua : « Enlevez-le ! » Il se détourne
et décharge sans rien dire du côté du groupe les six
coups de son revolver ; il blesse deux personnes et
continue son chemin. Plus loin il aperçoit un individu assis sur un banc, remarque qu'il est seul,
le dépasse de quatre à cinq pas, revient brusquement sur lui et presque à bout portant, il lui tire un
coup de pistolet. M. Dormier, la victime, succomba
très peu de temps après à l'Hôpital Général. » Tel
est le récit du crime ; voici maintenant des extraits
de sa très intéressante auto-biographie. Nous atti-
rons l'attention sur le premier paragraphe, où l'on
trouvera des déductions nouvelles et étranges sur
le crime, au point de vue de l'économie politique.

---

1. *Ladame.* Archives d'Anthropologie criminelle, 1886, p. 436.
2. *Id.* Congrès de Bruxelles, 1892.

« *Les conséquences du crime sont avantageuses à la société. Il y a, en effet, une certaine partie de la population — et c'est la plus nombreuse — qui n'achète les journaux que pour lire les faits divers. Que l'on supprime le crime, il n'y a plus d'acheteurs, conséquemment plus d'employés pour travailler le chiffon, etc...* »

« Morisset, dans ces derniers temps, s'était enthousiasmé à la lecture des mémoires de Lacenaire.

« Lacenaire, dit-il, est un homme splendide, une puissante individualité. Son œuvre conduit à des déductions énormes. J'avais comme lui de grands élans de sensibilité et je ne voyais jamais sans émotion un veau conduit à l'abattoir, ou un chien lancé dans la Loire. Comme Lacenaire, je détestais la société. J'étais plus fort politicien que Lacenaire, mais comme homme pratique, Lacenaire était bien plus fort que moi. Morisset descend un jour en lui-même et voici ce qu'il écrit : Finirai-je comme Lacenaire ? Quand j'interroge fortement ma conscience elle me répond : c'est possible. Poète, voleur, assassin, la gradation est singulière. Et je dis tout bas, bien bas : j'ai déjà fait la moitié du chemin. Ne serait-il pas stupide de repousser une carrière qui promet d'aussi beaux résultats ? Lorsqu'on remarque dans les écrits divers de Morisset la relation de prétendues aventures criminelles d'un sieur Alexandre Fitzmann, et que l'on rapproche, au moment de la comparution en justice, les réponses supposées de ce triste héros de roman des théories détestables soutenues par Morisset, on est en droit de se demander si, par anticipation, l'inculpé n'a pas voulu écrire sa propre histoire ? Et si, en cela,

Morisset a encore voulu imiter Lacenaire, son modèle, n'a-t-il pas songé, dans sa lente préméditation
des meurtres rêvés, à s'assurer une éclatante célébrité? Un homme qui a une si haute opinion de sa
propre valeur ne saurait finir piteusement comme
un malfaiteur vulgaire : il lui faut, en général, le
renom d'un coup éclatant, le fracas retentissant de
sanglantes aventures. Depuis qu'il a écrit *qu'il
estime beaucoup plus Troppmann que le charcutier*,
on peut facilement apprécier le cas qu'il fait de la
vie d'autrui.

« Conclusions : Aussi intelligent qu'orgueilleux
et ambitieux, Morisset a d'abord vécu d'illusions ;
puis, dans un moment de découragement, il a tenté,
à l'âge de dix-sept ans, de se faire mourir. Plus tard.
sous l'influence évidente de lectures détestables, il
s'est faussé le jugement et il s'est composé une
morale à son usage. Il est devenu de la sorte un
sujet d'une redoutable perversité. »

Nous avons cité de longs extraits de ce rapport [1],
trouvant qu'il était absolument typique et caractéristique. N'est-ce pas curieux de voir ce jeune
homme faisant de Lacenaire son auteur de chevet,
se comparant à lui, lui reconnaissant certaines
supériorités, mais pas toutes cependant, puisque
lui, Morisset, est plus fort théoricien? Son idéal c'est
ce grand criminel, il fait tout pour lui ressembler
et, au fond de sa conscience, il trouve qu'il a déjà
fait là moitié du chemin. Il n'a plus qu'à continuer.

---

1. *Annales d'hygiène et de médecine légale*, 1881, VI, p. 342,
par les Drs Danner et Legrand du Saulle. Ce rapport est à lire
d'un bout à l'autre. Nous regrettons de ne pouvoir, à cause de
son étendue, le reproduire *in extenso*.

il est en bonne voie et il serait stupide de repousser une carrière qui promet d'aussi beaux résultats, dit-il lui-même.

Voici encore un autre scélérat précoce. En 1881, F. Lemaître, quinze ans, vole son patron. Quand l'argent est dépensé, il entraîne un enfant chez lui, lui plonge un couteau dans le ventre et, « comme il criait, je lui ai coupé la gorge. *J'ai beaucoup lu de romans et dans l'un d'eux j'ai trouvé la description d'une scène pareille à celle que j'ai exécutée.* » Il explique son état mental : il voyait tout rouge, « cela m'a pris tout d'un coup, comme un étourdissement vous prend ». Quelle valeur doit-on attribuer à cette description? M. Legrand du Saulle la considère comme un roman destiné à faire songer au vertige épileptique dont il a été question dans l'affaire Menesclou, affaire dont Lemaître a lu les débats [1]. « J'ai suivi, écrit encore Lemaître, les drames judiciaires et Menesclou m'a empoigné. Je suis moins coupable que lui, n'ayant ni volé, ni dépecé une victime. Mon portrait doit être supérieur au sien, car il n'avait pas sa cravate, tandis que j'ai obtenu la faveur de conserver la mienne [2]. »

Lemaître lui aussi fait sa nourriture intellectuelle de ces mauvais romans de petits journaux. Cette lecture n'est pas improductive pour lui, puisque plus tard il reproduira traits pour traits une scène qui l'a impressionné. Mais ce n'est pas tout, il connaît l'affaire Menesclou : en simulant le vertige épileptique, il pourra être gracié, il espère éviter

---

1. *Ann. médico-psychol.*, 1883, X, p. 68.
2. Guy Tomel et H. Rollet, p. 204, d'après Macé.

l'échafaud. Car c'est la mort que redoutent le plus
ces êtres lâches, ces natures dégradées.

Le Maire tuait pour que son nom fût mis dans les
journaux. Voirbo[1], imitant le crime du boucher
Avinain, avait conservé avec soin tout ce que les
journaux en disaient. Le crime de Marchandon a
été suivi de très près par celui de Gamahut, et il
y avait entre eux une grande analogie. Le *Petit
Journal* fait observer que les quatre crimes qui ont
le plus passionné le public dans ces dix dernières
années, se sont commis dans un périmètre très
restreint : rue de Sèze, assassinat de Mme Cornet
par Marchandon; rue Caumartin, assassinat de
Marie Aguétant par Prado; avenue Montaigne,
Marie Regnault, et deux autres victimes sont tuées
par Pranzini; enfin rue Tronson-Ducoudray, Gouffé
est tué par Eyraud et Gabrielle Bompard.

Le 28 mars 1870, comparaissait devant la Cour
d'assises de la Seine, pour tentatives multiples
d'assassinat, un individu dont les antécédents sont
déplorables : outrages à la pudeur, ivrognerie, violences, brutalités. A un moment le président dit au
prévenu : « Vous lisiez les journaux, vous vous
complaisiez dans la lecture des débats de l'affaire
Troppmann. Les voleurs se montrent très avides de
toutes ces lectures (le *Chansonnier criminel*, etc.),
et celles-ci à leur tour engendrent, hélas! trop de voleurs[2] ». « Troppmann avoua à l'abbé Crozes que la
cause de sa profonde démoralisation était la lecture
des romans. A force de vivre dans ce monde imagi-
naire, il s'était pris d'une belle passion pour ces

1. Macé. *Mon premier crime.*
2. Lombroso. *L'Homme criminel*, p. 490.

héros du bagne qui se refont une honnêteté avec les
dépouilles de leurs victimes et meurent administrateur d'un bureau de bienfaisance [1]. » Joseph
Lepage (1889) voulait faire comme Pranzini et ne
rêvait que de coups de couteaux [2]. Thomas, âgé de
vingt-trois ans, garçon coiffeur, assassine le 16 juin
1890 à Bourges, Andrée Follichon, dont il était
amoureux, et qui venait d'épouser un rival plus
heureux ; c'était un grand lecteur de romans judiciaires, « le monde, un jour, parlera de moi, je
deviendrai célèbre [3] » !

Auguste Drevelle, âgé de seize ans, assassine son
patron pâtissier, rue de Charenton. Il ne parlait
que de crimes, de causes célèbres ; il avait acheté
l'album du musée Grévin représentant un assassin
depuis le jour du meurtre jusqu'au jour du châtiment, et il aspirait, lui aussi, proclamait-il, à devenir un criminel de marque, et dont les journaux
parleraient ; d'autant plus, se plaisait-il à répéter,
« qu'à seize ans on ne peut pas être guillotiné [4] ».
Tête d'Or avait dans son lit *la Vie de Cartouche* et
les Exploits de Mandrin [5].

Sophie Schneider n'a que douze ans. Elle passe
devant la deuxième chambre criminelle de Berlin,
accusée d'avoir volé des boucles d'oreille à une

1. Moreau. *Le Monde des Prisons*, p. 39.
2. Dr Paul Garnier.
3. La célébrité les poursuit tous : Le lendemain du jour où
Thivrier cria au Palais-Bourbon « Vive la Commune », Léon
Leroy salua, au Palais de l'Industrie, le président Carnot avec le
même cri, puis il demanda à un journaliste : « Eh bien ! à combien allez-vous tirer d'exemplaires avec cette histoire-là ? »
Figaro, 30 janvier 1894.
4. *Figaro*, 25 août 1892.
5. Macé. *Mon premier crime.*

petite fillette, âgée de trois ans, la nommée Marguerite Dietrich, et d'avoir causé sa mort en la précipitant d'une fenêtre dans la cour. Voici une partie de
son interrogatoire; j'y relève ce qui a trait aux
connaissances qu'avait cette enfant sur quelques
crimes : « Ils m'ont demandé si j'avais servi dans
une bande de brigands et si j'avais assisté à l'assassinat de Conrad. — Et qu'as-tu répondu? — Je
me suis mise à rire et j'ai dit que oui. — Connais-tu un Conrad? — Mais c'était l'homme qui a
tué sa femme et ses enfants. — Qu'était-ce Conrad? — Un assassin. — Qu'est-il devenu? — On lui
a coupé le cou. — As-tu connaissance d'un autre
meurtre? — Oui, je connais l'affaire de Pœpke; je
l'ai entendu raconter à ma tante. — Connais-tu
encore une autre affaire de ce genre? — Oui, l'affaire Schiffling. — Quel nom son meurtrier avait-il?
— Ma mère a dit qu'il s'appelait Frédéric. — Dis-
donc, n'as-tu pas lu quelquefois des histoires
de brigands ou des récits de ce genre? — Oui, j'ai
lu quelquefois dans un Album de filles, et j'ai lu
aussi les contes d'Anderssen, quelquefois les Feuilles
du dimanche, quelquefois aussi les prêches... [1] »

Rapprochons de cette observation la suivante que
nous empruntons à Marc. On verra la grande analogie qui existe entre ces deux petites filles, incontestablement névropathes l'une et l'autre. Dans
l'une, l'idée est suivie d'exécution. Dans l'autre,
heureusement, il n'y a eu que des menaces, mais
nous verrons comment elles ont été faites. « En
1825, le 16 décembre, est amenée par sa mère de-

1. *La Liberté*, 12 octobre 1886.

vant le commissaire de police une petite fille de huit
ans ayant menacé de tuer ses parents... Dès l'âge
de quatre ans, elle « s'amusait » continuellement
avec des petits garçons de dix à douze ans. Depuis
elle m'a dit, raconte sa mère, que ce qui la rendait
si tris · depuis qu'elle était avec moi, c'est qu'elle
n'aura   plus la même occasion; mais que, puisqu'elle n'avait plus de petits garçons, ce qu'elle
aimerait mieux, elle « s'amuserait toute seule »....
— Pourquoi désires-tu donc tant ma mort? Je ne
m'étonne pas que tu faisais tant de bruit quand
j'étais malade. Ma petite me répondit : — Oui,
maman, je le faisais exprès pour vous faire mourir. Quand j'ai vu que je ne réussissais pas, j'ai
dit que je vous ferais mourir moi-même..... Mais
comment ferais-tu pour me faire mourir? — Si
c'était dans un bois, je me cacherais dans un trou,
sous des feuilles, et, quand vous passeriez, je vous
ferais tomber par votre robe, et je vous enfoncerai
un poignard dans le cœur. — Comment, un poignard; est-ce que tu sais ce que c'est qu'un poignard? — Vous savez bien, maman, *qu'un monsieur avait laissé un livre chez nous dans lequel
il y avait qu'une femme dans un souterrain avait
enfoncé un poignard dans le cœur d'un homme.* —
Malgré mon épouvante d'entendre tant d'horreurs
de la part de mon enfant, je me rappelai que, peu
de temps auparavant, un locataire avait laissé un
roman dans ma loge, et qu'en le parcourant, *je lus
un passage où il était question d'une femme qui poi-
gnardait un homme.* La première fois que M*** la
questionna, elle regardait attentivement une épingle
précieuse qu'il avait à sa chemise; interrogée pour-

quoi, elle finit par dire qu'elle tuerait bien M*** pour
avoir son épingle. Lorsque ce malheureux enfant
fut égorgé par une cuisinière dans la rue de la
Pépinière (la fille H. Cornier), il y a un peu plus
d'un mois, on raconta cet événement : ma petite,
qui était présente, prit un air fort réfléchi; je lui
en demandai la cause, et elle finit par me dire
qu'elle pensait que si elle me tuait, il y aurait du
sang sur ses habits et qu'on le verrait; après quelques mots, elle me dit qu'elle se déshabillerait
entièrement et qu'elle cacherait ses vêtements.
Huit jours après, parlant sur le même sujet, elle
me dit qu'elle avait pensé à faire mourir, sans
qu'il y eût du sang, et que, dans la campagne,
on jetait de l'arsenic dans les champs de blé pour
faire mourir les poules, et que si elle en avait elle
me ferait mourir ainsi et son papa aussi [1]... »

Voilà les faits. Comment expliquer le mécanisme de l'influence de la presse sur la genèse du
crime? Je ne saurais mieux faire que de citer ce
que le Dr Paul Garnier disait au congrès de
Bruxelles (1892).

« Lorsqu'un crime analogue à ceux dont nous
nous occupons a été commis, lorsque la presse,
avec la précision et la brutalité des détails qui
sont comme un des indispensables besoins de
l'information moderne, en a propagé partout la
saisissante nouvelle, tous les esprit sont plus ou
moins frappés, et, au premier moment, c'est avec
une sorte de stupeur qu'on accueille l'annonce
d'un tel forfait.

1. Marc. *De la Folie*, t. I, p. 97 et suiv. V. l'observation *in extenso*.

« Cette émotion se calme cependant, et, après y
avoir accordé quelque attention, notre pensée est
reprise par le mouvement des affaires humaines.
Pour quelques-uns — pour un très petit nombre
heureusement — tout n'est pas aussi vite fini.
Ceux-ci vont *retenir* cette émotion, ou *être retenus*
par elle, comme on voudra. Le fait relaté les a
impressionnés fortement; leur esprit s'y arrête, s'y
appesantit. Il tente d'inutiles efforts pour en chasser l'importun souvenir.

« Si leur tranquillité est ainsi troublée, c'est
qu'à l'idée du crime commis par X... s'adjoint déjà
une crainte qui, très vague d'abord, peu à peu se
précise et se formule : « Ainsi c'est vrai, on peut
« tuer les êtres qui vous sont chers, tout en res-
« tant lucide, conscient, de ce qu'on a fait !...
« Mais alors cette force supérieure à la volonté,
« qui vous entraîne à un crime abominable, pour-
« rait s'exercer sur moi, qui suis lucide. Je peux
« devenir un meurtrier. Qui sait?... »

« Cet émoi, cette crainte, cette appréhension,
ce doute de soi-même, sont comme les amorces de
l'obsession. Mais j'ai hâte de le dire, ce n'est pas
le premier individu venu, qui peut le ressentir,
surtout à ce degré de perturbation morale; pour
cela, une prédisposition est indispensable, à savoir
l'état de réceptivité émotive, pathologique, que réa-
lise seule la dégénérescence mentale héréditaire...
« Dans l'espèce qui nous occupe, au lieu de
cette provocation objective, il y a le choc moral [1],

---

1. « Le récit détaillé d'un crime produit chez les prédisposés un
choc moral, qui les fait tomber du côté où ils penchaient. » (*Rev.
scientif.*, 2 déc. 1893.)

ressenti à la lecture des émouvants détails du crime. Le choc moral a été comme le coup de plantoir qui enfonce la graine et la fait germer. La crainte que l'on représente d'ordinaire comme le commencement de la sagesse est ici le commencement de la folie, toute part étant faite à la prédisposition [1]. »

L'influence néfaste de la presse ne se ferait-elle sentir que chez les dégénérés et dans la genèse des crimes, que l'on qualifie, je ne sais pourquoi, de politiques, mais qui n'en restent pas moins crimes, qu'il serait nécessaire de chercher un remède à cet état de choses, mais elle agit encore, nous l'avons vu, sur des individus parfaitement responsables.

« Quant à l'influence des livres ou des journaux, écrit Régis [2], elle est réelle, mais on ne doit pas lui accorder plus d'importance qu'elle n'en mérite.

« Les publications fanatiques ne peuvent agir que sur des esprits prédisposés, elles ne créent pas le délire mais elles lui servent d'aliment et le renforcent en lui imprimant une direction déterminée. »

Si Régis entend par là que *seule* la presse est incapable de *faire un criminel*, nous partageons à peu près son opinion, mais en affirmant qu'elle contribue énormément à sa genèse. A ce compte, alors, dira-t-on, presque tout le monde devrait devenir criminel! Non, sans doute : dans une épidémie de choléra, de fièvre typhoïde, les victimes sont nombreuses, mais, malgré la contagiosité indéniable,

---

1. Les actes du congrès n'ont donné qu'un extrait de cette communication. C'est à la gracieuseté de l'auteur que je dois le passage que j'ai reproduit.
2. *Les Régicides.*

AUBRY. 7

tous ne sont pas frappés : les robustes constitutions, les gens qui, par leur vie calme et tranquille,
exempte d'excès de toutes sortes, tout en étant
soumis aux mêmes influences extérieures, paient un
tribut bien moins lourd que les autres, parce qu'ils
ne sont pas prédisposés, qu'ils ne sont pas en état
de réceptivité.

De même, innombrables sont les criminalistes
magistrats ou médecins qui font de ces récits leur
pâture quotidienne, et rarement ils succombent,
parce que leur esprit pondéré leur permet de voir
ces choses de haut, et de n'en être pas frappés,
impressionnés. Innombrables aussi sont les gens
du peuple qui n'achètent le *Petit Journal* que pour
connaître le crime du jour dans ses plus petits
détails, et le plus souvent, ils restent absolument
honnêtes. Mais mettez ces descriptions non plus,
comme nous l'avons déjà dit, entre les mains de
l'un de ces toqués, mais dans les mains de l'un de
ces individus foncièrement mauvais, que se pas-
sera-t-il dans cette intelligence? L'idée semée par
hasard s'y consolidera d'autant plus qu'elle sera
renforcée tous les jours par les nouveaux récits de
crimes présentés avec un luxe de détails inouï.
Depuis quelques années même on a cru utile
d'ajouter le dessin, *l'enseignement de choses*, à
ces remarquables descriptions, de telle sorte qu'il
n'est même plus besoin, pour apprendre à commettre un crime, de se donner la peine de lire de
longs articles, un seul coup d'œil suffit, grâce au
Petit Journal et à l'*Intransigeant* (je ne cite que
deux des principaux) qui, chaque semaine, font
afficher dans tous les kiosques et boutiques une

gravure représentant le crime du jour. On ne peut dans la rue échapper à cette suggestion beaucoup plus dangereuse que celle des images pornographiques ; partout elle vous poursuit : la victime est étendue dans une mare de sang, bien rouge et bien large, et l'assassin achève son œuvre. Lorsqu'on est pénétré de la vue et des circonstances de ce crime, dont la gravure est répandue à profusion dans la France entière, vite l'éditeur reproduit le nouveau crime commis : il n'y a pas d'interruption, l'obsession ne chôme pas.

Voilà donc ce mauvais sujet repu de cette idée de meurtre, habitué pour ainsi dire à la vue du sang et à l'émotion du cadavre, connaissant par le menu la façon la plus facile de se débarrasser de son homme ; croyez-vous que vienne une occasion, ou un semblant d'occasion, il hésitera un seul instant à commettre un crime, *dit passionnel*, ou autre? Non sans doute, et franchement il faudrait que ce criminel ait trop de..... vertu, car il connaît également par les journaux l'indulgence proverbiale des jurés pour tout crime qu'on peut ranger sous cet étrange vocable : crime passionnel.

Est-ce seulement pour le « mauvais sujet », vierge encore de crimes, que cette lecture est dangereuse, en s'infiltrant dans son esprit, et en l'accoutumant peu à peu au crime? Nous croyons aussi que la lecture continuelle peut arriver seule à rendre criminels des individus à peu près normaux.

Le *professionnel*, lui aussi, n'a-t-il donc aucun bénéfice à retirer de la lecture des journaux? Il a tout à gagner, et ceux-ci lui sont énormément profitables : il apprend, lorsque ses camarades, ou la prison ne le lui ont pas déjà appris, quelles sont les armes de choix, comment il faut s'en servir, comment il faut rechercher une victime, l'aborder, éviter le bruit. Cette instruction lui est d'autant plus nécessaire que le criminel est rarement un inventif, il est presque toujours imitatif. Il apprend encore, et ceci a une importance capitale, comment déjouer les ruses de la police, comment s'échapper, comment nier. En un mot, il fait ou complète son éducation ; et son manuel, son bréviaire, est le journal.

Il est incontestable que le récit du crime tel qu'il est fait par la presse est dangereux [1]. Une quantité d'auteurs l'ont dit avant moi et il serait injuste de les oublier tous ici. Prosper Lucas et Legrand du Saulle, pour ne citer que ces deux noms, ont écrit et à maintes reprises, mieux que je n'ai pu le faire, tout ce que je viens de dire.

Parmi les vivants, je ne puis pas oublier mon cher maître, Paul Moreau de Tours, qui, dans sa thèse inaugurale, *la Contagion du suicide* (1875), et depuis dans nombres d'autres ouvrages importants, a fait voir l'influence délétère de la presse. C'est sous son inspiration et avec l'aide de ses conseils, que moi-même j'ai entrepris, voilà six ans, la première édition de *la Contagion du meurtre*. Je suis

---

1. M. Jules Vallès, dans son volume *les Réfractaires*, a un chapitre intitulé *Les victimes du livre*, où il montre la grande influence que peut avoir la littérature sur le développement des sentiments, et sur les actions des individus... « Quand un diabétique se fait une légère blessure — écrit M. Bourget — il meurt. Ce n'est pas cette blessure qui le tue. Elle a simplement manifesté un état général qu'un autre accident aurait rendu funeste. Les livres les plus dangereux agissent de même. » Sighele, *la Foule criminelle*. Alcan. 1892, p. 88, note. V. aussi *Le Disciple*.

heureux de lui témoigner ici toute ma gratitude et de réclamer pour lui une certaine priorité dans cette lutte contre le journalisme.

Mais que faire pour combattre le mal que la presse fait chaque jour, inconsciemment je l'espère? Je laisse absolument de côté, les mettant à part, les écrits anarchistes, car il m'est impossible d'admettre que l'on ne puisse les supprimer quand on voudra. Il faut avouer que, de temps à autre, un gérant est condamné à quelques mois de prison, lorsque son article a été beaucoup plus meurtrier ou incendiaire que de coutume. Nous verrons les résultats de la loi de décembre 1893.

Je veux simplement m'occuper de la reproduction par a presse du récit des crimes et des débats de Cours d'assises. Il restera, dira-t-on, les romans, les mémoires de Lacenaire et autres (et même les conversations)[1]. C'est vrai et c'est très fàcheux, mais il me semble qu'il est bien difficile de combattre cet ennemi. Il faut reconnaître qu'il est moins dangereux que le journal, parce qu'il coûte plus cher; parce que c'est un poison qui n'est pas à la portée

1. « Léon Valrof, au service de M. et Mᵐᵉ de X..., depuis un mois sert ses maîtres à table comme à l'ordinaire; le 13 mai 1892 au soir, pendant le dîner, M. de C..., frère de Mᵐᵉ de X..., raconte les détails d'un crime : il a assisté le jour même, en qualité de juré, à l'audience de la Cour d'assises de Nice, et il rend compte des débats. Valrof, tout en servant, paraît prendre une très vive attention à ce récit. A un moment même, il s'arrête, comme saisi par l'intérêt du fait dont il entend l'exposé. Puis le dîner terminé, il vaque à ses occupations ordinaires... » Mᵐᵉ de X... voit Valrof à la cuisine, qui salue d'un ton poli sa maîtresse. Il est à ce moment près de dix heures; à peine trois quarts d'heure plus tard, Mᵐᵉ de X..., dans son lit, est blessée par Valrof *. »

* Brouardel, Motet et Garnier. *Annales d'Hygiène*, juin 1893, p. 503.

de toutes les bourses : il n'a pas et ne peut pas avoir la même vulgarisation, il fait moins de mal. Si l'on trouvait un moyen de s'attaquer à ces romans, où le crime tient une si grande place, j'y souscrirais de grand cœur, mais je ne crois pas la chose faisable, pour le moment du moins.

Il en est tout autrement pour le journal. Il serait possible, je dirai même facile de l'empêcher d'être aussi nuisible. Et pour cela il y a deux moyens : l'un qui me semble peu pratique, et l'autre qui a déjà fait ses preuves.

Le premier serait une loi interdisant aux journaux, avec certaines réserves, le récit des crimes et des faits et gestes de l'assassin. Outre qu'il serait excessivement difficile d'obtenir cette loi des pouvoirs publics, si par un hasard que je n'ose espérer, nous arrivions à la faire promulguer en France, elle ne serait pas exécutoire en Suisse, en Belgique, en Allemagne, etc... Il faudrait une loi internationale.

Arrivons au second moyen. J'ai été dur pour les journalistes, je les ai accusés de tous les crimes, j'ai démontré, pièces en main, qu'ils ont une part de responsabilité dans la plupart des assassinats qui se sont commis. En cette grave accusation j'ai eu partiellement tort, je n'aurais pas dû tous les englober dans la même réprobation, j'aurais dû faire une exception pour les journalistes suisses, car je sais, M. Rastaud l'a dit à Marseille au Congrès des Sociétés savantes en 1889, qu'ils se sont entendus pour ne donner qu'un compte rendu sommaire des affaires criminelles. C'est de l'honnêteté professionnelle par excellence, et je suis heureux de leur

témoigner mon admiration, car ils sont les premiers
à avoir eu le courage d'agir ainsi. Il est vrai que,
M. Radcliffe, en 1833, fit fermer complètement les
colonnes du *Morning Herald* aux récits de crimes
et de folie. Je n'ose espérer que ce journal ait per-
sisté aussi longtemps dans cette bonne voie.

On a dit et répété sur tous les tons que la presse
guérissait le mal qu'elle faisait. Il serait d'abord
plus simple, a-t-on répondu, de commencer par ne
pas faire le mal, pour n'avoir pas à guérir. Je ne
crois pas que la première proposition soit exacte,
mais elle peut le devenir si on le veut. Les journalistes français, et je ne parle que d'eux, mais je crains
bien que les Italiens, Allemands, Anglais, etc...,
n'aient la même chose à dire des leurs, que les
journalistes français, dis-je, ne montrent pas, dans
le récit des affaires criminelles, la même discré-
tion que les Suisses : le crime est raconté dans
tous ses détails ; puis le criminel devient un personnage important, nous connaissons tous les incidents de sa vie, ses bons mots, ses menus, les
parties de cartes qu'il fait ; bref il est excessivement
intéressant et l'on ne saurait trop parler de ses
haut faits[1]. Que nous importe la victime, le désespoir de sa famille, augmenté encore par la douleur
de savoir que son mort infortuné est livré au scalpel
des médecins. Pauvre assassin ! A lui tout notre
intérêt, toutes nos préoccupations. Pourvu surtout

1. On se rappelle entre autres les récits circonstanciés sur
Gabrielle Bompard, ses toilettes, son trop fameux voyage à Lyon,
pendant lequel un reporter qui pouvait l'approcher, lui serrer la
main, se considérait comme grandement honoré, et s'en glori-
fiait dans son journal.

que lui, qui n'a pas craint de larder de coups de couteau sa victime, il ne soit pas autopsié! Rendez son cadavre à ses parents éplorés! Sa dernière prière a été pour demander qu'il ne soit pas conduit à l'École de médecine. Ne l'y conduisez pas, lui qui a si bien respecté la dernière volonté de sa victime, qui, soit dit entre nous, était fort peu intéressante : c'était un vieil avare, un coureur de filles; ma foi! il ne l'a pas volé, il n'a eu que ce qu'il méritait!

Les grands journaux français, je me plais à l'avouer, sont, dans leurs récits, relativement discrets. Je citerai principalement le *Figaro*, et son rédacteur Albert Bataille. Ils le sont cependant moins qu'ils ne le devraient, et je voudrais que, par quelque Congrès international de la Presse, par persuasion, les journalistes mettent leur grand talent au service de cette belle cause. Il faudrait qu'ils arrivassent à une formule analogue à celle-ci : « Le 28 octobre 1891, Mathias Hadelt (ou bien un individu encore inconnu) a tué le père Ildefonse, au monastère d'Aiguebelle. » Puis au moment des assises : « Mathias Hadelt, l'assassin du père Ildefonse, a été condamné à mort par la Cour d'assises de la Drôme (4 mai 1892). » Enfin ce procès-verbal de l'exécution : « Ce matin (5 juillet 1872), Mathias Hadelt a été exécuté dans la cour de la prison, en présence des membres du Tribunal et des représentants de la Presse. » Ce serait tout.

Il ne serait jamais plus longuement question ni du criminel, ni de son crime, ni de ses dernières paroles, ni du courage extraordinaire qu'il a montré au moment de l'exécution (courage bien plus intéressant et admirable que celui de la victime, qui est bien vite oubliée et dont on parle peu), ni les vers qu'il a écrits pour se distraire pendant sa réclusion, ni de ses interviews. Le silence, rien de plus. Si l'on arrivait à cette solution, qui se prépare peu à peu, tant par un travail latent de l'opinion que par certains congrès, entre autres le *Congrès international contre la littérature immorale et le danger de la publicité des faits criminels*, devant lequel j'ai eu l'honneur de développer ces idées [1], qui sont certainement celles de la grande masse du public, la lutte contre le crime serait entrée dans une voie nouvelle, et nous pourrions espérer voir diminuer le nombre des crimes si les journalistes avaient, eux aussi, le courage de faire une nouvelle nuit du 4 août et de renoncer spontanément à leur *Gazette des Tribunaux* (pour la partie criminelle). Ils verraient que leur tirage, qui est leur légitime fierté, ne baisserait pas, lorsqu'ils consacreraient leur talent à d'autres travaux.

Il est nécessaire de réagir vigoureusement, car, dans cette publicité, il y a une sorte, pour ne pas dire une véritable apothéose du crime. Comment un individu prédisposé résistera-t-il à l'obsession de voir ainsi son nom mis sur la scène? Comment n'aura-t-il pas la légitime ambition de mériter un semblable honneur? Le malheureux, aveuglé par des considérations, logiques pour lui, n'hésite plus : il a soif de renommée, la presse lui offre et lui indique le moyen de parvenir à la célébrité ; sous l'empire de cette idée fixe, dès que l'occasion se

1. Lausanne. Septembre 1893.

présente, quand elle n'est pas provoquée, le meurtre se commet. Avant même que la justice se soit emparée du meurtrier, il a déjà acquis une grande notoriété : c'est un premier pas, mais ce n'est pas tout. Suivons l'accusé dans sa prison : là, son plus grand souci est de « soigner son affaire » : il écrit, compose, fait des vers, dessine, et n'a même pas besoin de chercher un éditeur, qui, avant son incarcération, n'aurait seulement pas pris la peine de lire ses incohérentes élucubrations. Il est bien certain, en effet, que non seulement ses œuvres seront reproduites, mais encore que le public sera initié à ses moindres gestes, à la façon dont il s'habille, à la coupe de ses cheveux et de sa barbe, à son menu journalier, etc., bref, qu'une presse sans pudeur, toujours à l'affût de nouvelles à sensations, tiendra les lecteurs au courant de ses moindres gestes. La publicité en ces circonstances joue un rôle funeste : de nombreux exemples viennent chaque jour confirmer cette manière de voir : chacun le reconnaît, chacun blâme cette liberté insensée qui fait tant de ravages parmi certains individus, tout disposés à subir l'influence des mauvais exemples. Mais personne n'a le courage de réprimer un abus aussi nuisible, aussi malsain.

Malheureusement j'aurai encore à reparler de l'influence pernicieuse de la presse à propos des régicides, des explosions par la dynamite, crimes de droit commun, que l'on nous présente comme des crimes politiques, à propos du vitriolage, etc.

DEUXIÈME PARTIE

DE LA CONTAGION DU MEURTRE
DANS QUELQUES-UNS DE SES MODES SPECIAUX

CHAPITRE PREMIER

MEURTRES COMMIS A L'AIDE DU VITRIOL
ET DU REVOLVER

Nous arrivons maintenant à l'étude d'un certain genre de crimes dont la perpétration est sans conteste due à la contagion : une femme, pour satisfaire sa vengeance, jette du vitriol à son amant ; elle passe en Cour d'assises. Non seulement elle n'est pas condamnée, mais encore elle est presque félicitée par le tribunal. Le lendemain, les reporters de tous les journaux racontent longuement tous les détails du procès, décrivent les charmes de l'accusée, sa toilette, sa vie antérieure ; ils reproduisent quelques-unes de ses lettres ; plusieurs vont même jusqu'à donner à leurs abonnés le portrait de cette intéressante personne. En faut-il tant pour surexciter l'imagination d'une femme, souvent peu intelligente? Il est si facile de jeter du vitriol à quelqu'un ; on est sûre d'être acquittée et de faire parler de soi pendant quarante-huit heures ; la tentation est si forte que nous nous demandons comment il y a si peu de vitrioleuses. Ce n'est certes pas l'inconstance du jury qui les empêche de commettre ce crime, car il est bien rare que les citoyens, qui tiennent entre leurs mains le sort des accusées, ne se laissent pas émouvoir par les récits de l'avocat et ne renvoient indemne[1], celle dont ils font alors volontiers une victime de la société en général, et, en particulier, du malheureux qui vient d'être défiguré. Le compte rendu du procès est reproduit par tous les journaux, avec un luxe de détails surabondants. Une autre personne dans la même situation trouve le procédé commode, pratique, sûr : pourquoi alors ne pas l'employer? L'occasion se présente, et la même scène se reproduit dans ses moindres détails. C'est ainsi que l'on assiste chaque jour à des tentatives criminelles où le vitriol et le revolver jouent le principal rôle.

Historique du vitriolage. — Détruire une légende est peut-être une des choses les plus difficiles. J'ai déjà essayé de prouver que la trop célèbre veuve Gras n'a pas inventé le vitriolage. Nombre de savants continuent cependant à voir en elle la première personne ayant eu l'idée de se servir d'un liquide corrosif dans un but criminel. D'autres auteurs, obsédés par cette célébrité, croient qu'elle a seulement réédité ce procédé. Nous verrons tout à l'heure que ces deux affirmations sont aussi fausses l'une que l'autre. Il nous faut reprendre les choses de très haut. M. Corre m'a fait observer avec beaucoup de raison que le vitriolage n'est qu'une trans-

---

1. Quelquefois même ils font une collecte entre eux, comme dans un récent procès (Seine, janvier 1889). V. *Arch. d'Anthrop. crimin.*, 1891, p. 272.

formation et il m'écrit : « L'attentat par le vitriol ne me semble qu'une simple variété d'un genre, qui mériterait d'être appelé l'attentat par *défiguration*. Jadis, quand les mœurs étaient, je n'ose dire plus brutales, mais moins répugnantes aux attentats de sang, on coupait le nez et les oreilles, et la gracieuse Élisabeth de Russie trouva charmant ce moyen, sous une allure semi-légale, pour se venger de deux femmes de l'aristocratie, toutes deux réputées par leur extrême beauté. Quand les mœurs sont devenues plus lâches et les moyens plus perfectionnés, l'on en est venu aux acides. Actuellement d'ailleurs il semble que l'extrême facilité d'achat et de maniement du revolver [1] tende à substituer la vengeance par suppression à la vengeance par simple défiguration. Au fond ce sont bien des équivalents, comme on le fit remarquer en publiant une série d'anciennes causes, affaires de suppression d'amants ou de maris gênants, par les amants nouveaux ou maris en expectative, à propos de l'histoire de la veuve Gras. »

Actuellement encore en Italie, d'après Garofalo [2], les amants malheureux ou trahis défigurent le visage des jeunes filles qui ne veulent pas ou n'ont plus voulu d'eux. Une loi spéciale en 1844 fait presque disparaître ce crime, qui, en 1859, refleurit de plus belle avec l'institution de la Cour d'assises. Aujourd'hui, autour de Naples, il y a des villages entiers où seules les jeunes filles trop laides peuvent y échapper. « Je sais des villages, dit Tarde,

---

1. Et l'impunité qui en résulte si souvent.
2. *La Criminologie*, p. 205.

où l'idée du vitriol a fructifié et où les paysannes elles-mêmes s'essayent à son maniement[1]. »

Le 26 mai 1639[2], cinq cavaliers masqués jettent au visage de la duchesse de Chaulnes, une fiole pleine d'eau-forte (d'après Tallemant des Réaux, il s'agirait simplement d'encre[3]). Au commencement du siècle, en Écosse, on se servit si souvent du vitriol, que le Parlement fit une loi spéciale à propos de ce genre de crime « *qui est généralement connu* ».

D'après Devergie (1852), Overfield, en 1824, tue son fils; en 1829, un infirmier de Strasbourg essaye d'empoisonner sa femme; une femme (1830) tue son mari pendant son sommeil. Trois femmes tuent leurs enfants. Dans ces six cas le vitriol a été employé. Casper (1862), en parlant de quelques suicides ou empoisonnements involontaires par le vitriol, cite le fait de trois mères qui ont tué leurs enfants de cette façon, ni l'un ni l'autre ne parlent du vitriolage proprement dit.

D'après le professeur Brouardel, l'inventeur[4] ou

---

1. *Philosophie pénale*, p. 335.

2. On trouvera *in extenso* un grand nombre de ces faits antérieurs à 1887, dans la première édition de cet ouvrage, p. 93 et suiv.

3. On voulait « casser sur son visage » dont elle était fière « deux bouteilles de verre remplies d'encre... le verre coupe et l'encre entre dedans les coupures, cela ne s'en va jamais, » ajoute Tallemant des Réaux, comme s'il s'agissait d'un procédé déjà expérimenté.

4. J'ai posé la question de l'origine dans l'*Intermédiaire des chercheurs et curieux*. Personne n'y ayant répondu, le directeur m'a prié de vouloir bien exposer ce que je savais de la question, V. 20 août 1892, p. 177. J'ai posé la même question, grâce à l'obligeance du professeur Lacassagne, dans l'*Intermédiaire des médecins légistes*, des Archives de l'Anthropologie criminelle; je n'ai pas été plus heureux de ce côté.

plutôt le réinventeur du vitriolage serait... Alphonse Karr. Dans un roman que j'ai pu découvrir grâce à l'*Intermédiaire des chercheurs et curieux, la Pénélope Normande*, il raconte l'histoire d'un marin trompé par sa femme. Pour se venger, il oblige l'un des amants à blesser grièvement l'autre ; puis il se charge de celui-ci, qu'il tue dans un duel à l'américaine, où lui-même est mortellement atteint. Au moment de mourir il apprend que l'un des amants lui survivra, il ne veut pas lui laisser la beauté de sa femme et la défigure : « Il me serra contre lui en m'enfonçant ses ongles dans le dos, écrit sa femme à une amie, puis de l'autre main il m'appliqua sur le visage un mouchoir mouillé qui me brûla... » Dans tout ce massacre, la seule chose qui peine la coupable c'est de se voir couverte de hideuses cicatrices ; ce roman, du moins l'édition que j'ai entre les mains, a paru en 1855[1]. Ce serait ce roman, que le fonds en soit vrai (ce qui est très possible avec les habitudes d'Alphonse Karr), ou que ce soit une œuvre de pure imagination, ce serait ce roman, dis-je, qui serait le point de départ de cette nouvelle série ininterrompue de vitriolages à laquelle nous allons assister. A la même époque, en effet, une femme jette du vitriol sur le visage d'une autre femme[2].

Moins de dix ans après, Briand et Chaudé font

1. Paris. Alexandre Cadot. 2 vol., t. II, p. 386.
2. 23 avril 1855. In *Journal de chimie médicale*, nov. 1855. Cité par A. Roche : *Du vitriolage au point de vue historique et médico-légal*. Storck. 1893. Dans cette thèse fort intéressante cet auteur nous a emprunté un grand nombre des faits que nous citons ici et qui ont fait l'objet d'une communication au Congrès d'anthropologie criminelle de Bruxelles, 1892.

paraître leur *Traité de médecine légale* et ils parlent du vitriolage comme d'une chose absolument courante, mais ils ne citent aucun fait [1]. De même Legrand du Saulle (1876). Nous avons feuilleté un grand nombre de journaux de l'époque, et nous n'avons pu relever aucun fait antérieur à Briand et Chaudé; par contre, nous en avons trouvé un grand nombre d'antérieurs à Legrand du Saulle.

Émile Ollivier a écrit dans le *Figaro* du 15 juillet 1891, à propos de l'affaire Victor Noir (janvier 1869) : « Ma jeune femme recevait quotidiennement des lettres anonymes lui annonçant que si je mettais la main sur Rochefort, on me jetterait du vitriol au visage, ou on m'assassinerait. » Il a eu l'extrême amabilité de me compléter ce renseignement, me disant qu'il croyait qu'une seule lettre contenait la menace du vitriol. Vers la même époque, dans un de ses grands discours à la Chambre, le prince Napoléon parle de « paroles de vitriol ». En 1870 (sans date précise), Proal a instruit une affaire criminelle contre une jeune fille des environs d'Arles qui avait vitriolé son amant infidèle [2]. Le 4 février 1870, une femme de chambre de Bordeaux vitriole Bergès, son amant, qui l'a rendue mère et l'a abandonnée (*Gaz. des Trib.*); le 15 mars 1870 (*Gaz. des Trib.*), dans le département de la Seine, un individu, après avoir essayé d'acheter de l'acide prussique (c'était peu de temps après l'affaire

---

1. « C'est en général des acides nitriques et sulfurique (eau-forte et huile de vitriol du commerce, et particulièrement de ce dernier) que les femmes jalouses se servent pour se venger d'un amant infidèle ou d'une rivale préférée. » T. I, p. 493.

2. Proal. Le Crime et l'Imitation. *Correspondant*, 25 sept. 1891, p. 1073.

Troppmann), tente de tuer sa maîtresse en lui faisant boire du vitriol ; le 19 juin 1871, à Riom, le sieur Gravier est vitriolé par sa maîtresse qu'il a abandonnée ; le 14 juillet 1871 (Paris), la fille Monchanin vitriole l'amant qu'elle désire épouser ; le 11 octobre 1871, un Russe vitriole sa fiancée qui en épouse un autre.

Ces exemples suffisent pour montrer que la veuve Gras (1877) a eu d'innombrables prédécesseurs. Nous n'avons, il est vrai, cité aucun fait de 1872 à 1877, mais il en existe incontestablement un grand nombre. N'en existerait-il aucun, que, après une interruption de cinq ans, on ne peut considérer le crime de la veuve Gras comme une réinvention. En terminant ce rapide historique, rappelons que tout dernièrement le commandant Mattéi a inventé et présenté au ministère de la guerre un fusil à vitriol (*Illustration*, 1892, p. 458).

Il faut rapprocher de ce fait ce délit qui semble être né en 1891 [1] : l'aspersion des robes avec un liquide corrosif. Il n'y a là généralement aucune vengeance, mais une méchanceté bête et instinctivement destructive, que l'on peut comparer à l'iconoclastie moderne (statues mutilées, vitres brisées, etc.).

D'après une autre erreur courante, le vitriol serait l'apanage des maîtresses abandonnées, enceintes ou non. Il est exact que ce crime rentre le plus souvent dans ceux que l'on appelle à tort crimes passionnels [2], mais tous les prétextes sont bons pour s'en

---

1. D'après Roche, *Op. cit.*, p. 32. Le même fait se serait passé il y a quelques années à Aix en Provence.
2. Quel est le crime en effet, où une passion fait défaut ?

servir, et l'homme lui-même en use si souvent que nous ne lui consacrerons pas un paragraphe spécial.

Crimes dits passionnels. — Une jeune fille est séduite par un don Juan quelconque dont elle a un enfant : celui-ci, à la nouvelle de la grossesse de sa maîtresse, disparaît lâchement. Certes, il mérite une punition, mais ce n'est pas à sa maîtresse qu'il appartient de se faire justice elle-même, et ce droit lui appartient d'autant moins que depuis quelques années, les tribunaux condamnent très volontiers à des dommages et intérêts les pères qui abandonnent leurs enfants naturels. Rouzaud (Narbonne, février 1890) est vitriolé par sa maîtresse enceinte de lui, parce qu'il refuse de l'épouser. Thérèse Daniel (Cannes, janv. 1890) agit dans les mêmes circonstances de la même façon. Antoinette Mouren, âgée de treize ans (Marseille, nov. 1891), vitriole son amant qui l'abandonne pendant sa grossesse. Césarine Maurel (septembre 1890) vitriole la mère de son amant qui s'oppose à son mariage (elle en est enceinte).

Les choses cependant ne sont pas toujours autant à l'honneur de la jeune fille que nous venons de le voir : quelquefois elles ont derrière elle une ou plusieurs fautes ; souvent elles s'attaquent à celui de leurs amants qu'elles savent le plus riche. Bref, ces héroïnes, toujours fort intéressantes pour le jury, sont toujours des coupables et souvent des coquines. Voici, par exemple, la fille Salomé (Seine, déc. 1888) qui, au sortir de Saint-Lazare, vitriole son amant dont elle se dit grosse et qui l'a abandonnée ; ou Marie Quillon (Paris, déc. 1891) qui, après douze ans de rupture, brûle le cou de son amant qui vient de se marier, et dont elle a jadis fait la connaissance dans un bal public.

L'enfant est une excuse qui n'existe pas toujours. Marie Le Vasseur (Paris, mai 1889), Fanny Bury (Paris, déc. 1890), Marie D... (Paris, mars 1891), n'ont pas besoin de ce prétexte pour se venger d'amants qui avaient peut-être d'honnêtes raisons de rompre. Mais que dire d'Eulalie Mas (Paris, février 1892) et de Léontine B...., âgées l'une de vingt et un ans, alors que l'amant n'en a que dix-sept, et l'autre de trente et un ans, l'amant n'en ayant que vingt ?

Pour que certaines personnes se vengent avec le vitriol, point n'est besoin d'enfant, ni de séductions, il leur suffit qu'on leur ait promis le mariage : tel Casimir Borigi Sewiez (oct. 1871). Cette jeune fille dont parle Proal (v. *supra*) semble avoir été la fiancée et non la maîtresse de sa victime.

Tantôt, c'est une femme mariée, qui, apprenant qu'elle est trompée par son mari, défigure sa maîtresse. Mme Biasini (Seine, mars 1892) a recueilli chez elle une orpheline qui ne tarde pas à nouer des relations avec son mari. Elle se venge en la défigurant. La femme Faingaud, à Calais (septembre 1890) et la femme Carré, rue des Pyrénées (novembre 1887) agissent de même.

Dans certaines circonstances, la vengeance est double, il faut à la femme deux victimes : c'est ce que fait la femme Couffin, qui vitriole à la fois son mari et sa maîtresse qu'elle surprend en flagrant délit (juillet 1885).

Le crime échoue quelquefois, et le flacon d'acide

sulfurique est jeté sur des passants inoffensifs. Une
dame C... (août 1891) surprend son mari dans un
café avec sa rivale; elle essaye de les vitrioler,
mais C... saisit la bouteille, la jette au visage de sa
femme, qui est cruellement brûlée, non sans que de
nombreuses et graves éclaboussures rejaillissent
sur des voisins.

Les maris trouvent aussi que les corrosifs li-
quides sont d'un maniement facile et lorsqu'ils sont
trompés, ils ne craignent pas d'en user. Argouin
(Lot-et-Garonne, mars 1891) oblige sa femme à
donner rendez-vous à son amant : il lui jette en
plein visage un bol d'acide sulfurique, pendant que
celle-ci l'éclaire avec une lanterne.

Les amants abandonnés par leurs maîtresses se
vengent en les défigurant. Paul Morel (avril 1889,
Paris) jette du vitriol sur son ancienne maîtresse et
son nouvel amant. Léopold Wiall (septembre 1888),
Sallé (juillet 1890), se vengent de la même façon
de leurs maîtresses qui les ont quittés, parce
qu'elles étaient rouées de coups. Des faits de cette
nature ne se passent pas seulement dans la basse
classe et chez les célibataires, qui, n'étant pas
mariés, jouissent de toute leur liberté. Le comte
L. P... (Milan 1887), fort répandu dans la haute
société, vit avec sa femme et ses enfants. Apprenant que sa maîtresse le trompe, il pénètre chez
elle, à l'aide d'un stratagème, et lui jette à la figure
un flacon de vitriol. Les femmes mariées qui ont
un amant emploient le même procédé. Georgina
Lumini (Bordeaux, janvier 1892), épouse divorcée
abandonnée de son amant, et la femme Toinel
(Paris, janvier 1890), séparée de son mari, jalouse

des bonnes fortunes de son amant, les défigurent avec le corrosif habituel.

Deux jeunes filles sont amoureuses du même individu, celle qui l'emporte paie de sa beauté sa victoire. Henriette P..., voyant que sa rivale lui est préférée, se venge en l'aspergeant de vitriol (Paris, août 1888). Deux autres jeunes filles (Lot, mars 1890) aiment le même jeune homme, qui les met d'accord en en épousant une autre. L'une d'elles non seulement accepte ce dénouement, mais encore se moque de sa rivale, évincée comme elle. Celle-ci, irritée de son échec et de ces sarcasmes, défigure non pas l'épouse de son ancien amoureux, mais l'autre jeune fille dont il n'a pas voulu.

Peut-on appeler drame passionnel celui-ci : vertueuse jusque-là ou non, honnête fille ou femme de mœurs légères, qui, pour épouser dans un but de lucre ou même d'amour, une personne, lui jette du vitriol au visage pour qu'il ne puisse s'adresser, à cause de sa laideur, qu'à la misérable qui l'a mis dans cet état? Nous avons déjà parlé de cette jeune fille citée par Proal, qui répond au juge d'instruction : « Aujourd'hui, aucune fille ne voudra l'épouser, mais moi, je le veux, je l'aime, plus que jamais, je veux l'épouser, et je l'entourerai de tant de soins que je le rendrai encore heureux. »

La fille Monchanin (Paris, décembre 1871) jette du vitriol à la figure de son amant, espérant ainsi l'obliger à rester avec elle. C'est aussi le cas de la célèbre veuve Gras : lancée depuis vingt ans (elle avait quarante ans en 1877) dans le monde de la galanterie, elle voyait décroître sa clientèle et, partant, ses moyens d'existence. Elle s'adresse alors

en ces termes à son souteneur : « Mon petit homme,
il faut que je fasse une grosse fortune, pour que
nous puissions nous marier. Voici comment : je
connais un imbécile de vingt-quatre ans, qui est
vicomte et qui s'appelle René de la Roche. Nous
allons le défigurer. Quand il sera si laid que personne ne voudra de lui, je me ferai épouser. Il est
délicat et mourra vite. Et alors... » Ils combinèrent
un guet-apens dans lequel le souteneur exécuta le
principal rôle et vitriola l'infortuné de la Roche.

Voici Léontine Tenon (Paris, octobre 1890), qui
vitriole son amant, qui l'obligeait à descendre dans
la rue. Dans ce monde et dans cet ordre d'idées,
nous connaissons trois faits d'individus de cet
acabit commettant ce crime : Laurent (*Amour morbide*, p. 227) parle de l'un d'eux qui se venge de sa
maîtresse parce qu'elle s'est livrée gratuitement à
un de ses amis. Victor C... (Paris, mars 1890) défigure sa maîtresse qui refuse de continuer à l'entretenir. Paul S... (novembre 1891) enlève une jeune
fille, la jette dans la prostitution ; à force d'argent,
elle finit par se débarrasser de Paul S... qui, peu de
jours après, lui écrit pour lui demander de nouveaux subsides, la menaçant de vitriol, si elle ne
s'exécute pas par retour du courrier.

Voilà une série de crimes que le public et les
journaux classent dans les crimes passionnels.
Nous allons en examiner quelques-uns dans lequel
l'amour n'a rien à voir.

Crimes non passionnels. Discussions. — Avec
l'idée habituelle que l'on se fait du vitriolage, on
est étonné de voir certains ménages, réguliers ou
irréguliers, arrivés à la période de discussions, se

servir, au lieu d'injures ou de coups, du procédé plus grave, mais plus moderne, du vitriol.

La femme Klein (avril 1890) et la femme Bois (mars 1891), pour terminer une discussion, vitriolent leurs maris. Voici deux autres maris qui cherchent à rentrer en grâces auprès de leurs femmes dont ils vivent séparés (l'une d'elles, même, est en instance de divorce), et sur leur refus de réintégrer le domicile conjugal, ils leur jettent du vitriol à la figure (Paris, juin 1888, et Reims, septembre 1890).

La femme Cordier (juin 1890) intente contre son mari une instance en divorce. Prise de remords, elle fait des démarches auprès de lui pour reprendre la vie commune et, sur son refus, le vitriole.

Pourquoi les femmes illégitimes ne suivraient-elles pas l'exemple des femmes légitimes et ne mettraient-elles pas fin aux discussions par l'acide sulfurique? Elles ne s'en privent pas et nous allons donner quelques preuves à l'appui. Jeanne Girardet (juillet 1891), et Louise Mathieu (juillet 1892), celle-ci depuis six semaines seulement la maîtresse de Verdier, à la suite d'une discussion mettent l'une et l'autre en usage le vitriol. Le vilain rôle en pareil cas n'appartient pas toujours à la femme, car, à Béziers (septembre 1891), Martin, dans les mêmes circonstances, a barbouillé la figure de sa maîtresse. Nous relevons ici un raffinement de cruauté, car cet individu n'a pas voulu s'en remettre aux chances d'un bol de liquide souvent jeté au hasard; il a voulu plus de précision et s'est servi d'un blaireau pour commettre son crime.

Ce qui peut sembler étrange, c'est qu'à la suite d'une discussion entre hommes, l'un d'eux soit assez lâche pour employer ce moyen. C'est cependant ce que fit Verdier (octobre 1889) qui, au milieu d'une querelle, jeta du vitriol sur son beau-père.

Le fait semble plus naturel pour des discussions entre femmes et les exemples en sont nombreux. Voici une blanchisseuse, souvent en discussion avec ses co-locataires, qui, pour répondre aux observations que lui fait la concierge à ce sujet, la défigure avec de l'acide sulfurique (avril 1886). Dans d'autres circonstances, ce sont deux femmes, qui sont en querelles continuelles ; l'une d'elles finit par vitrioler son ennemie (mai 1886 et février 1892).

Nous venons de voir une concierge vitriolée ; en voici une autre qui, furieuse de ce que l'un de ses locataires tient sur elle des propos calomnieux, se trouve en droit de le défigurer.

Politique. — La politique et le vitriol ne semblent avoir que peu de connexion entre eux. Il en existe cependant, à l'état de simples menaces, car nous ne croyons pas qu'on en soit venu au fait. Il est vrai que, par ces temps de dynamite, le vitriol devient presque une vengeance à l'eau de rose. — Rappelons ce fait d'Emile Ollivier, menacé de se voir vitrioler, s'il poursuivait Rochefort. Tout récemment (juillet 1892), un anarchiste est condamné à un mois de prison, pour avoir, dans un journal, conseillé aux femmes publiques de vitrioler leurs amants de passage : « Jadis, durant la guerre de la succession d'Espagne, les courtisanes de Madrid, une nuit, attiraient la garnison autrichienne et, au matin, chacune avait égorgé son compagnon. Qu'en dites-vous, Parisiennes ? Seulement, cette fois, l'ennemi c'est le bourgeois ! Et, en attendant ce jour, que je souhaite proche, il y a déjà, à l'occasion, le couteau, le *vitriol*, et la dégringolade. »

Empoisonnements. — Une autre application du vitriol qui se fait plus rare aujourd'hui, mais dont nous trouvons de nombreuses observations dans les anciens traités de médecine légale, est l'empoisonnement. Il ne faudrait pas croire cependant que cet usage ait complètement disparu, car nous pouvons en citer un certain nombre de faits. Mathilde Gumulniska essaye de faire boire à son amant malade un bol de vitriol. Ne réussissant pas, elle lui verse le contenu sur le visage (juin 1885). Brossard essaye de faire boire une fiole d'acide sulfurique à sa maîtresse (mai 1886). Marguerite Martin (mars 1883) offre à son amant un verre contenant le liquide corrosif, et en portant un semblable à ses lèvres, lui dit : Buvons à nos amours. Voyant sa tentative en partie avortée, elle boit elle-même son verre. Clémentine Letinois (Nantes, juin 1892), après avoir jeté le vitriol à son amant, boit à son tour une fiole de ce liquide. Maille vitriole et larde de coups de tranchet sa fille puis se suicide avec de l'acide sulfurique (Lille, mai 1890). Nous avons cité à l'historique un certain nombre d'autres empoisonnements.

Suicide. — Nous venons de rapporter deux exemples assez curieux de suicide; ils sont consécutifs à d'autres tentatives criminelles. Les auteurs de médecine légale en donnent quelques autres.

Divers. — Il nous reste à citer quelques faits qui ne peuvent rentrer dans aucune des rubriques précédentes. Ce sont tout d'abord des motifs tellement futiles qu'il est permis de douter de la raison de ces criminels. Voici Emma Gouverneur (juin 1887) qui donne pour prétexte de son crime que son amant la délaisse trop.

La veuve Delmas (août 1886) part avec l'intention de vitrioler son amant ; elle est arrêtée en route par la concierge et c'est cette malheureuse qui recevra en plein visage le liquide caustique. Mme Lainier vitriole au Palais de Justice un individu qui vient de faire vendre ses biens par autorité de justice. Muno (septembre 1885), repris de justice, essaye de se marier avec une jeune fille ; il est reconnu à temps et éconduit. Pour se venger il emploie le vitriol.

Quelquefois bien entendu ce n'est pas l'acide sulfurique, dont on fait usage ; l'acide nitrique, chlorhydrique, etc... sont souvent employés au lieu et place du liquide habituel. Nous avons un fait où la teinture d'iode a remplacé le vitriol (mai 1892) : c'est une femme de quarante-deux ans, très jalouse, qui cherche querelle à son amant pour un motif futile et l'asperge de teinture d'iode. Dans une circonstance nous trouvons un boucher et sa sœur (avril 1892), victimes d'une série de vols, qui tendent un guet-apens, armés d'un revolver, et de vitriol dont ils se servent lorsque le voleur entre chez eux.

Le vitriol sert vraiment à tout, car nous voyons une femme qui, ne pouvant être payée des soins qu'elle a donnés à un chien, se venge sur la pauvre bête de l'avarice de sa maîtresse.

Manuel opératoire. — Y a-t-il quelque chose à signaler dans les procédés qu'emploient les vitrioleurs et vitrioleuses pour commettre leur crime?

Le plus souvent les choses se passent de la façon suivante : Le criminel attend sa victime dans un endroit où il sait qu'elle doit passer, tenant dans la main un bol contenant le liquide corrosif, et il le jette, sans crainte d'asperger les passants, sur sa victime. Souvent les femmes inexpérimentées, pour détourner les soupçons, portent leur vitriol dans leur boîte à lait : l'acide sulfurique attaquant rapidement le fer, ne tarde pas à tomber sur le jupon ou les jambes du porteur. Cette ignorance a dû sauver bien des gens de la défiguration, car souvent une tentative avortée fait réfléchir. Mais les choses ne se passent pas toujours aussi simplement, et nous avons à relever quelques procédés spéciaux.

Dans un mémoire paru en 1891 dans les *Archives d'Anthropologie criminelle*, nous avons rapporté un certain nombre de meurtres commis par des femmes qui, pour arriver à commettre leur crime, simulent un baiser. Il serait curieux que nous n'ayons aucun fait analogue à citer pour le vitriolage. Eugénie Arnaud (Lot-et-Garonne, mars 1889) donne un dernier rendez-vous à son amant et, au moment où l'entretien prend un caractère des plus intimes, elle lui jette au visage une cafetière remplie de vitriol. Nous n'avons jamais trouvé, disions-nous, le récit d'un meurtre commis dans ces circonstances particulièrement lâches par un homme. Il n'en est pas de même pour le vitriol : Beyer (octobre 1889), dont le casier judiciaire est très chargé, après avoir obligé sa maîtresse à se prostituer, essaye de rentrer avec elle, et au moment où elle s'avance vers lui pour lui donner le baiser qu'il réclame d'elle, elle l'inonde du liquide corrosif. Il paraîtrait que Beyer était un hystérique.

Pendant le sommeil. — Nombreux sont les cas où l'on a profité du sommeil pour défigurer sa victime. La femme Humphrey (1830), la fille Monchanin (février 1881), la fille Michel (août 1888), la fille Steller[1] (octobre 1889) profitent du sommeil de leur mari ou de leur amant pour les vitrioler. Nous trouvons ici encore un homme assez lâche pour agir de cette façon : — Maille, qui jette du vitriol sur la figure de sa fille endormie, la crible de neuf coups de tranchet, puis avale lui-même du vitriol (Lille, mai 1890).

Le vitriol par procuration. — Le vitriol est par excellence une arme de lâche ; les circonstances qui entourent le crime peuvent le faire encore plus lâche, c'est ce que nous venons de voir dans les deux paragraphes précédents. Mais faire agir en son lieu et place un intermédiaire, cela nous semble le comble de l'ignominie. Ce n'est pas autrement qu'a agi la célèbre veuve Gras (v. plus haut), et c'est sans doute ce procédé, ainsi que le but qu'elle se proposait, qui lui ont valu sa célébrité. Schneider (encore un homme !) prie un de ses amis de vitrioler son ancienne maîtresse (juin 1888). Une fille galante, Annette Faure (mai 1890), charge un hussard, ami de sa bonne, de vitrioler son amant, qui vient de rompre avec elle. Les deux femmes accompagnent le soldat en voiture jusqu'au lieu du crime, d'où elles surveillèrent l'attentat.

Nous pouvons nous résumer en disant : 1° l'usage

---

1. Cette dernière se jette ensuite dans la Seine.

criminel du vitriol n'est qu'une transformation d'un
crime que l'on pourrait appeler la défiguration ;
2° il remonte à l'an 1639, ou tout au moins au commencement du xix° siècle, et depuis ce moment il
ne semble pas y avoir eu d'interruption ; 3° c'est une
arme adoptée indifféremment par l'homme ou la
femme, plus fréquemment cependant par celle-ci :
4° le vitriol n'est pas l'apanage des crimes dits
passionnels, quoiqu'on l'y rencontre avec une certaine prédominance ; 5° dans tout ce qui a trait au
vitriolage, l'influence de la contagion est manifestement évidente.

Supposons un instant que cette première femme,
qui a remis à la mode le vitriol, n'ait pas eu cette
idée de génie de chercher à défigurer l'homme qui
l'abandonna lâchement, ce crime existerait-il aujourd'hui ? Il est possible qu'il ait été inventé par
une autre, mais nous pouvons supposer aussi, avec
autant de raison, qu'il serait resté dans l'oubli ; en
tous cas, ce qui est indéniable, ce délit ne serait né
que plus tard et nous aurions à compter un nombre
de victimes beaucoup moins considérable. Conti-
nuons nos hypothèses : voici une première vitrioleuse : elle est amenée à la barre du tribunal, les
jurés, gens intègres, qui n'ont aucune faute de
jeunesse à se reprocher, comprenant le danger de
ce nouveau délit pour la société, condamnent l'accusée pour tentative de meurtre, et la condamnent
au maximum de la peine. Si les choses s'étaient
passées ainsi, croit-on qu'aujourd'hui le vitriol
serait devenu un crime si banal, que les journaux
daignent à peine le mentionner, quand il n'y a pas
quelque circonstance extraordinaire qui pimente

un peu l'affaire ? Pour nous, nous ne le croyons
pas. Supposons enfin que la première vitrioleuse
ait été acquittée : mais aucune feuille publique
ne s'est occupée de l'affaire ; elle est restée confinée
dans le Palais, elle a été jugée à huis clos ; nous
n'avons pas été mis au courant de toutes les horreurs commises par les victimes, et de tous les
actes de vertu accomplis chaque jour par l'accusée.
Croit-on que, dans ce cas, aujourd'hui on vitriolerait
pour une querelle de concierges, pour se venger
d'une vente judiciaire ? Croit-on que la veuve Gras
aurait combiné cet admirable roman que nous avons
reproduit plus haut ? Pour nous, encore une fois,
nous ne le croyons pas. L'indulgence proverbiale du
jury et la grande publicité judiciaire, voilà incontestablement les deux éléments qui ont achevé de
préparer les esprits à l'idée du vitriol. La puissance
de l'imitation a été le premier germe que ces deux
facteurs ont puissamment fécondé.

Le revolver. — Les femmes ont l'esprit inventif,
elles ont un autre moyen de vengeance qui semble
appelé à jouir, lui aussi, d'une certaine vogue.
Nous voulons parler du *revolver.* Nous nous éten-
drons beaucoup moins longuement sur ce second
mode de crime que sur le premier. Il serait facile
de reconstituer complètement l'histoire des femmes
qui usent du revolver, comme nous venons de le
faire pour les vitrioleuses. Ces deux genres de
crimes présentant une grande analogie, nous nous
contenterons de rappeler deux procès qui ont eu un
grand retentissement dans toute la France et même
à l'étranger, et dans lesquels l'influence de la contagion est si évidente.

Il y a là plus qu'une série, plus qu'une simple coïncidence. Il est difficile de ne pas admettre que la seconde de ces causes ait été engendrée par la première. Il est très vraisemblable en effet que si Mme Clovis Hugues n'avait pas tué ce misérable qui la calomniait d'une façon si indigne, Mme Francey n'aurait pas osé tuer cet architecte, qui se croyait irrésistible, et qui affichait la prétention de devenir son amant.

Les débats de ces deux affaires sont trop connus pour que nous ayons besoin d'en rappeler aux lecteurs tous les détails. Contentons-nous d'en signaler les grandes lignes :

Mme Clovis Hugues était en butte aux calomnies de Mme Lenormand et de Morin, qui ne craignaient pas de raconter les choses les plus odieuses sur elle et sur son passé de jeune fille. Indignée, celle-ci tente à plusieurs reprises de se faire justice elle-même. Elle se décide cependant à appeler Morin, devant le tribunal, pour faux témoignages. Celui-ci, le 18 novembre 1884, est condamné à deux ans d'emprisonnement. Il en appelle. L'audience, qui devait avoir lieu le 27 novembre, est remise à quinzaine. En sortant de la salle, dans la salle des Pas-Perdus, Mme C. Hugues décharge six coups de revolver sur le sieur Morin, puis, sans difficultés, elle se laisse arrêter. Son visage et son attitude ne trahissaient aucune émotion. Le 7 décembre, Morin meurt à l'Hôtel-Dieu. On se rappelle le retentissement qu'eut cette affaire : pendant de longues semaines tous les journaux lui consacraient plusieurs colonnes. La vie de Mme Hugues est racontée dans tous ses détails, son portrait se voit partout. Aux assises elle est acquittée aux applaudissements de la foule et des journaux.

Quelques jours avant ce jugement, dans une ville de Bourgogne, une jeune femme disait à son mari : — « Si tu étais juré, que ferais-tu à Mme Clovis Hugues? — Je l'acquitterais haut la main et avec félicitations, répond le mari. Elle se met alors à sangloter. — Pourquoi pleures-tu, demande-t-il? — Ah! fit la jeune femme avec exaltation, ça me fait plaisir de voir que tu es un homme de cœur! C'est Mme Francey, qui parlait ainsi à son mari, le 21 décembre 1884 — qu'on rapproche les dates. — Poursuivie et exaspérée par les déclarations amoureuses de l'architecte Brisebard, elle le tue peu après d'un coup de revolver, devant la grille du collège d'Auxerre.

Croit-on que si on n'avait pas fait de la première une héroïne, si on ne l'avait pas élevée sur le pavois, si tous les journaux n'avaient pas retenti de cette malheureuse affaire, si les jurés, oubliant qu'un homme, quelque misérable qu'il fût, avait été tué, et qu'il est interdit par tous les Codes de se faire justice soi-même, n'avaient pas prononcé un verdict négatif, croit-on que la seconde aurait laissé son imagination s'exalter ainsi et n'aurait pas craint de se servir du revolver contre un homme, dont il lui était si facile de se débarrasser en laissant ce soin à la justice? Pour nous, cela ne fait pas l'ombre d'un doute, une grande partie de la responsabilité du meurtre de Brisebard incombe à la presse.

D'ailleurs Mme Francey n'avait pas fini avec les tribunaux. Elle était en droit, par ces deux acquittements, dont nous venons de parler, de croire qu'il est permis à un citoyen de se rendre justice. Peu de temps après son affaire, au mois de juillet 1886, Mme Francey a une discussion avec un industriel, à propos de fournitures, croyons-nous. Les choses ne se passant pas suivant ses vues, elle trouva tout naturel d'administrer une volée de coups à son interlocuteur. argument que l'autre rétorqua par une citation à comparaître en police correctionnelle cette fois. Elle fut condamnée à 50 francs d'amende. Il est probable qu'aux assises elle eût encore été acquittée. Il existe sans doute encore des gens pour trouver que les jurés qui agissent ainsi sont des « hommes de cœur » !

Mme G..., Espagnole d'origine, femme du sous-directeur français de la Compagnie des eaux du Caire, après une scène violente, tue Mlle G..., sœur du mari, et blesse grièvement celui-ci. Mme G... accusait sa belle-sœur d'entretenir la désunion dans son ménage et suspectait la fidélité de son mari (29 mai 1892). — C'est juste au lendemain de l'affaire Deacon (15 février), ce mari longtemps complaisant, tout à coup jaloux et assassinant l'amant de sa femme, surpris (?) en rendez-vous intime. A Paris, une dame Reymond (19 mai) s'en va carrément tuer, à coup de revolver, une amie qu'elle sait être la maîtresse de son mari. Nous n'avons point, comme dans les affaires Hugues et Francey, trouvé le fil conducteur qui relie entre elles ces trois affaires, mais il existe certainement. L'affaire Deacon, qui fit tant de bruit, a été comme le coup de fouet qui a provoqué les deux autres crimes. Innombrables sont les maîtresses abandonnées, les femmes ou les maris trompés, qui, sachant

qu'ils seront acquittés à coup sûr par les trop indulgents juges, tuent sans merci. Quelles que soient les
idées que l'on professe sur le *droit* que l'on a de se
venger soi-même dans les crimes dits passionnels,
on conviendra avec moi que, dans plusieurs des
faits que nous venons de citer, l'assassin avait peu
de chose à reprocher à sa victime et que le châtiment suprême n'était pas en rapport avec la gravité
de la faute. Il est vraiment malheureux — beaucoup
d'autres l'ont répété à satiété, nous-même nous
avons déjà eu l'occasion de l'écrire — que le jury
ne soit pas mieux pénétré de la mission qui lui
incombe, et qu'il prononce aussi fréquemment des
acquittements scandaleux.

CHAPITRE II

EMPOISONNEMENTS

Nous n'assistons plus de nos jours à ces véritables épidémies d'empoisonnements, qui, il y a à peine deux siècles, jetaient l'effroi et la terreur. A voir le peu de documents scientifiques qui nous ont été laissés sur ce point, on serait véritablement tenté de les tenir pour apocryphes. Pour avoir quelques renseignements à leur sujet, nous avons fait des recherches dans un grand nombre d'ouvrages médicaux qui les signalent sans y insister. Il nous était impossible de recourir aux Mémoires, qui, sur ce point, ne peuvent donner que des documents contestables. Nous avons été obligé d'avoir recours à Larousse [1], dont nous reproduisons l'article. Il est difficile, avec de tels documents, de faire la part de la réalité et de l'exagération inévitable : nous ne le tenterons pas. En citant cet auteur, nous voulons simplement faire constater qu'à certaines époques il y a eu de grandes recrudescences dans le crime d'empoisonnement. Si la science des Locustes

1. *Dictionnaire*, art. Empoisonnements.

modernes était parvenue à un haut degré, celle des chimistes n'était même pas embryonnaire. On n'avait aucune idée des recherches que l'on pouvait faire pour retrouver le poison dans un cadavre. Il est facile d'en conclure que, avec cette science d'un côté, cette ignorance de l'autre, beaucoup de personnes devaient être tentées de profiter d'un crime si facile à accomplir et si difficile à découvrir. Combien d'individus qui, dans d'autres temps, avec d'autres mœurs, alors que cette idée de poison ne courait pas dans l'air, n'auraient jamais osé se servir des *poudres à succession*, n'auraient jamais eu l'idée de faire disparaître un rival gênant. C'est qu'à ce moment les esprits étaient préparés, le milieu de culture était favorable ; et lorsque le germe a fait son apparition, il n'est pas étonnant qu'il ait proliféré avec une telle vigueur. Par contre, beaucoup de morts subites ou extraordinaires faisaient croire à un empoisonnement.

« C'est d'Italie que vint en France l'usage des empoisonnements ; avant Catherine de Médicis on en avait bien vu quelques cas isolés : Louis XI, recourant à ce moyen, qui s'accordait bien avec sa politique, avait empoisonné Agnès Sorel et abrégé les jours de son père, Charles VII, qui, par crainte du poison, se laissa mourir de faim. Montécuculli avait offert un breuvage empoisonné au dauphin, fils de François Iᵉʳ ; mais de Catherine de Médicis, date cette série d'empoisonnements qui marque si tristement les règnes des derniers Valois. Les Français, instruits par les Italiens, raffinèrent dans l'art de se venger de leurs ennemis et de se débarrasser de ceux qui les gênaient. On empoisonnait avec un bouquet, avec une paire de gants, avec une lettre, avec un flambeau même : le pape Clément VII avait été tué avec une bougie dont la mèche était empoisonnée. Quand les derniers Valois disparurent, leur exemple ne se perdit pas avec eux; Zamet, le confident, l'ami, le complaisant de Henri IV, empoisonna Mlle de Beaufort, au moment où le prince allait se décider à l'épouser. La seconde moitié du règne de Louis XIV est fertile en empoisonnements. Ce qui m'étonne d'abord, en ces sinistres drames, c'est que la plupart des individus qui s'y trouvent mêlés appartiennent à la noblesse, et parfois à la noblesse de cour. La justice du temps ne les a pas atteints, mais l'histoire possède assez de documents pour les juger. « Pourquoi ces crimes se montrent-ils dans les classes élevées et seulement pendant la seconde partie du grand règne? La cause en est facile à trouver : les nobles, attirés à Versailles par Louis XIV, dissipaient gaiement, aveuglément, leur patrimoine, et ils n'avaient guère pour le reconstituer que les dés et l'intrigue : ils jouaient ou mendiaient des places chez Louvois, chez Ponchartrain. Quand ces ressources manquaient, il fallait en trouver d'autres, et l'habitude du vice inspirait naturellement des projets criminels. De là cette épouvantable série d'empoisonnements qui remplit la dernière partie du règne de Louis le Grand. On commence à parler de la *poudre à succession*, lorsque la noblesse, depuis longtemps corrompue par la royauté, s'est ruinée au milieu de l'oisiveté dorée de Versailles.

« Dès 1670, le mal est arrivé à ce point qu'on en ressent les atteintes même dans la famille royale. Madame, belle-sœur de Louis XIV et fille de Charles Ier, roi d'Angleterre, se trouvait à Saint-Cloud par une brûlante soirée de juin; elle demande une tasse d'eau de chicorée, la boit, rougit, pâlit et s'affaisse. Elle était empoisonnée. Suivant Saint-Simon, le poison avait été envoyé d'Italie par le chevalier de Lorraine à Beauveau. La princesse palatine fait aussi venir d'Italie ce breuvage empoisonné : Madame ne pardonnait guère, dit-elle en ses mémoires. Elle voulait chasser le chevalier de Lorraine; elle le fit, en effet, mais il s'en est bien vite vengé. C'est d'Italie qu'il a envoyé ce poison par un gentilhomme provençal, nommé Morel. En ce temps-là il y avait des maisons d'aventures et d'accouchements clandestins. Les dames qui les tenaient avaient ajouté à leur industrie une branche nouvelle, l'empoisonnement des maris incommodes, des concurrents de places, de parents à succession. Leur commerce prospérait; elles avaient hôtels, laquais, carrosses. Vainement la rumeur populaire réclamait l'action de la justice, le parlement faisait la sourde oreille. Le procès de la Brinvilliers semble avoir été instruit pour faire la part du feu. « Si je parlais, dit la Brinvilliers dans un de ses interrogatoires, il y a la moitié des gens de la ville (et de condition) qui en sont, et que je perdrais;... mais je ne dirai rien. Des personnes du plus haut rang, et notamment la comtesse de Soissons, étaient fort inquiètes. Le procès et la mort de la célèbre empoisonneuse n'influa point sur les esprits et ne changea point les mœurs criminelles de cette société qu'on a tant vantée; cependant, la rumeur publique continua à s'entretenir de choses horribles et mystérieuses, et le parlement fut contraint d'agir. On mit la main sur la Voisin, la Vigouroux, la Fillarti, empoisonneuses habiles et opulentes, qui avaient pour clients les plus grands seigneurs et les plus hautes dames. On arrêta en même temps deux prêtres, Lesage et Guibourg, qui disaient la messe nuitamment suivant les rites du Sabbat. Dès les premiers interrogatoires, les juges eurent peur à leur tour, tant les secrets qu'on leur apprenait compromettaient de personnages élevés. Le comte de Clermont, appartenant à la maison de Bourbon, Olympe Mancini, comtesse de Soissons, cette nièce de Mazarin, qui faillit épouser le roi de France, bien d'autres encore n'étaient que des empoisonneurs. Louis XIV, effrayé, enleva l'affaire au parlement et en saisit une commission de gens dont il était sûr. Ceux des coupables qui appartenaient à la cour gagnèrent immédiatement la frontière.

« La chambre ardente (ainsi s'appelait la commission installée à l'arsenal) traita l'affaire comme un procès de sorcellerie; l'un de ses membres ayant réclamé à ce sujet, La Reynie, lieutenant de police, qui présidait, répondit : « J'ai mes ordres secrets. » C'est en conséquence de ces ordres qu'on brûla seulement quelques pauvres diables. Olympe Mancini alla porter ailleurs les talents qu'elle exerçait à Versailles; elle se réfugia à Madrid et devint l'amie de la reine d'Espagne, Henriette d'Orléans, femme de Charles II, qui ne tarda pas à mourir empoisonnée. On crut que la comtesse de Soissons commit ce crime pour servir la cause autrichienne, et préparer ainsi les hautes destinées du prince Eugène, son fils. A partir de ce temps les habitudes d'empoisonnement semblent se perdre parmi les grands seigneurs, ou tout au moins les soupçons qui se font jour ne deviennent pas des certitudes. Louvois, le ministre violent que détestait le grand roi, mourut presque subitement et sans aucune maladie qui pût faire prévoir sa fin prochaine. La soudaineté du mal et la rapidité de la mort firent croire à un empoisonnement. Saint-Simon assure qu'un serviteur de la maison Louvois fut arrêté, mais qu'on le relâcha par ordre du roi et qu'on brûla les minutes des premiers interrogatoires. Le souvenir de ces faits resta longtemps dans les esprits; puis tout à coup il se ravisa lorsqu'on vit s'éteindre la famille de Louis XIV. Le duc d'Orléans, qui aimait la chimie et l'étudiait avec le célèbre Humbert (ce dont le blâme Saint-Simon), fut accusé d'employer le poison pour se frayer un chemin au trône. Aux funérailles du duc de Bourgogne, il fut sur le point d'être mis en pièces par le peuple. Vainement, il demanda au roi d'être enfermé à la Bastille et jugé. Les accusations atteignirent aussi la duchesse de Berry, qu'on disait ennemie de la duchesse de Bourgogne, si brusquement emportée par la mort en même temps que son mari. Le duc d'Orléans fut plus ému des accusations dirigées contre sa fille, que de celles qui s'adressaient à lui-même. Sa conduite à l'égard de Louis XV, pendant la régence, la reconnaissante amitié qu'avait pour lui le jeune roi, purent seules bannir de l'esprit de ses contemporains le terrible soupçon qui avait plané sur lui. De nos jours, les meurtres par empoisonnement sont malheureusement trop nombreux. On a remarqué qu'à certaines époques ces crimes deviennent tellement fréquents, qu'on serait tenté de les considérer comme le résultat d'une sorte d'épidémie morale. »

Qu'on ne nous accuse pas d'accepter tous ces faits sans aucun esprit de critique. Ils ont été recueillis dans les mémoires du temps et malheureusement le contrôle médical fait le plus souvent défaut. Nous savons trop, par les nombreuses

autopsies que nous avons vu faire à la Morgue, par
nos maîtres, quelle créance on doit ajouter à la
plupart de ces soupçons d'assassinat, dans les cas
de mort subite. Que de fois, en effet, il s'agit d'hé-
morragies cérébrales, de néphrites! Qu'une personne de l'entourage ait quelque grief contre le
mort, qu'elle l'ait manifesté publiquement, vite on
l'accuse de n'être pas étrangère à cette *mort mystérieuse!* Le plus souvent l'autopsie fait bonne justice
de ces racontars. Mais quelque sévère que puisse
être l'examen, quelque peu de foi que l'on ajoute
à ces empoisonnements par les bougies, les gants
et autres procédés bizarres, quelle que soit la part
faite à l'exagération populaire, toujours portée à
voir crime, là où elle est surprise de rencontrer une
mort, là où le diagnostic médical lui fait défaut, on
est bien obligé d'admettre qu'il y a eu sous les
Valois, sous Louis XIV et sous Louis XV, une série
de crimes sur les personnes, accomplis à l'aide du
poison. Ces séries de crimes, semblables à une véritable épidémie, ont présenté une période d'envahissement, une période d'état, une période de déclin ;
les crimes ont été commis par des personnes d'une
même catégorie, dans des conditions identiques.
Ces épidémies nous sont venues d'Italie, la terre
classique de l'empoisonnement, où elles exerçaient
depuis des siècles leurs ravages. Il faut croire que,
dans la péninsule, le milieu de culture est plus
favorable à l'idée sournoise, astucieuse et lâche de
l'empoisonnement, car, après ces crises dont nous
avons sommairement raconté l'histoire en France,
ce crime a continué longtemps à s'épanouir dans
toute sa beauté au delà des Alpes, et on y parle

toujours du poison des Borgia. Au commencement du siècle, en France, on est étonné, en lisant les annales judiciaires, de la quantité relativement considérable d'empoisonnements. Ce genre de crimes devient tous les jours de plus en plus rare.

« L'empoisonnement, grâce aux progrès incessants de la science, n'est plus employé que par les ignorants. Quand on étudie, en effet, sa répartition géographique en France, on constate que ce crime, rare dans les départements où l'instruction est très répandue, comme dans les Ardennes (86e rang), le Nord (85e), la Seine (84e), le Pas-de-Calais (83e), le Rhône (82e), est très fréquent, au contraire, dans ceux où elle est peu développée; c'est ainsi qu'au point de vue du classement pour la période totale (1825-1880), la Lozère occupe le 1er rang, les Hautes-Alpes le 2e, le Gers le 3e. L'Isère, où il y a eu le plus d'empoisonnements, mais qui n'occupe cependant que le 11e rang, mérite une mention spéciale. C'est la patrie de Locuste, la grande empoisonneuse, qui fournit à Néron le poison qui foudroya Britannicus. Si la Vendée n'occupe que le 15e rang, le Morbihan le 29e, les Côtes-du-Nord le 59e, le Finistère le 81e, c'est que la Bretagne, où l'ignorance est encore si profonde [1], a une moyenne de moralité vraiment exceptionnelle. Là s'est conservé pur le sentiment de la vie de famille, pure aussi la croyance au but idéal de la vie [2] ».

Si l'on fait le relevé statistique de tous les em-

---

1. Nous reproduisons textuellement cette citation de notre excellent confrère et ami Bournet, mais sans pouvoir partager son opinion sur l'*ignorance si profonde* de la Bretagne.
2. Bournet. *De la Criminalité en France et en Italie*, p. 60.

poisonnements depuis 1825 jusqu'à 1880, on remarque que la courbe est lentement ascendante jusqu'en 1855, c'est-à-dire pendant trente ans, et que pendant les vingt-cinq dernières années la descente est beaucoup plus marquée. On doit en conclure que, grâce aux procédés nouveaux, grâce aux progrès de la science qui est parvenue à déceler les moindres traces de substances toxiques dans l'organisme, l'empoisonnement tend à disparaître en France[1]. On remarquera que la période descendante coïncide précisément avec l'époque où les découvertes en chimie ont pris un tel essor. Malheureusement, la criminalité générale ne suit pas la même courbe.

[1]. Empoisonnements en France :

1825 à 1830	150
1830 à 1835	145
1835 à 1840	221
1840 à 1845	250
1845 à 1850	259
1850 à 1855	294
1855 à 1860	281
1860 à 1865	181
1865 à 1870	165
1870 à 1875	99
1875 à 1880	78

(Lacassagne. *Précis de médecine judiciaire.*)

CHAPITRE III

L'INFANTICIDE, L'AVORTEMENT, LE LIBÉRICIDE [1]

Nous eussions voulu consacrer un long chapitre à la question si intéressante de l'infanticide. Mais ce crime se commet toujours dans des conditions particulières et si semblahles à elles-mêmes; il diffère, d'autre part, tellement du meurtre ordinaire, que nous avons cru bon, pour conserver plus d'unité à notre étude, de le laisser complètement de côté. Nous tenons cependant à le mentionner pour faire voir que c'est après réflexion, et non par oubli, que nous ne faisons qu'effleurer ce chapitre. Que l'on réfléchisse en effet un instant à la *pathogénie* de l'infanticide et l'on sera certainement de notre avis.

Cependant nous ne pouvons passer sous silence l'influence exercée par la mode du jour sur le *manuel opératoire*. A une époque, la mère applique

1. J'ai employé pour la première fois le terme *libéricide* dans un petit mémoire paru en 1891 dans les *Arch. d'Anth. crim.* Depuis, la plupart des auteurs l'ont adopté. Laurent seul (*Année criminelle*, 1891, p. 366) semble lui préférer *puéricide*, qui ndique le meurtre d'un enfant quelconque et non pas le meurtre de son propre enfant.

la main sur la bouche et le nez de l'enfant. Mais les journaux ayant révélé le danger de cette façon d'agir, on préfère aujourd'hui asphyxier l'enfant sous un oreiller ou un édredon, moyen bien supérieur et qui souvent ne laisse aucune prise à la sagacité du médecin légiste. A une autre époque, l'enfant périra le plus souvent par immersion dans les égouts, dans une fosse d'aisances, etc. La strangulation sera le mode à certains moments. Couper ses enfants en morceaux ou les faire brûler, jouira de la vogue à certaines époques [1].

Les infanticides [2] sont trop fréquents dans notre si admirable société, pour qu'il soit aisé au psychologue de suivre pas à pas la trace de la contagion comme nous l'avons fait pour d'autres crimes. Il est cependant avéré que, dans les ressorts où les jurys se montrent habituellement indulgents pour ce genre de crimes, il se renouvelle plus fréquemment qu'ailleurs. Si la *génération spontanée* de l'idée de l'infanticide existe, et cela est hors de tout conteste, je crois cependant que l'influence de la contagion est plus fréquente, surtout quand la justice n'a pas pu ou su intervenir. Les petites amies savent bien qu'une telle est grosse ou l'a été, qu'elle a tué son enfant, qu'on ne l'a pas poursuivie, ou bien qu'elle a été condamnée à une peine très légère, peut-être acquittée. « Pourquoi me gêner, si pareille chose m'arrive, et cela ne tardera peut-être

1. On en trouvera quelques exemples dans le chapitre suivant.
2. Je regrette vivement de n'avoir pas eu entre les mains, lors de la rédaction de cet ouvrage, la belle étude de Sighele (Lyon, Storck, 1893) sur *le crime à deux*. J'y aurais fait de fréquents et d'utiles emprunts. J'aurai plusieurs fois encore à exprimer ce regret.

pas? » Malheureusement je ne puis documenter mes affirmations : il s'agit, en effet, d'un microbe tellement banal, qui se rencontre partout, pour lequel presque tous les terrains de culture sont bons, qu'il m'est impossible de démontrer que, dans tel ou tel crime, l'idée en a été transmise par telle personne. Dans la tuberculose, il n'y a pas moyen, le plus souvent, de démontrer où le malade a pris le germe de la maladie.

L'avortement n'est, en réalité, autre chose qu'un *infanticide prématuré*, avec cette différence capitale qu'il y a toujours dans ce dernier cas deux coupables ; nous devons aussi en parler ici. Dans une autre partie de ce travail, nous signalons l'analogie qui existe entre *la folie à deux* et le *meurtre à deux*. On peut établir la même analogie avec l'avortement. Comment, en effet, se commet le plus habituellement ce crime? Une femme s'aperçoit, une première fois, que ses règles ne reviennent pas à la date présumée, que, suivant l'expression consacrée, elle a un retard. Elle n'y prend pas trop garde, mais si le même fait se reproduit le mois suivant et surtout le troisième mois, elle devient inquiète et se rend chez une sage-femme. Il se passe alors une petite scène, qui serait du plus haut comique, s'il ne s'agissait pas de la perpétration d'un crime. La sage-femme, ou quelquefois, hélas! le médecin, est vite convaincu qu'il a affaire à une grossesse, mais le mot n'est pas prononcé : « nous allons vous faire revenir vos règles » et on lui donne pour cela quelques substances réputées abortives. La patiente, qui se doute qu'elle est enceinte, et, qui au fond, sans peut-être avoir la franchise de se l'avouer à

elle-même, ne désire qu'une chose, être débarrassée
de son fœtus, se laisse très facilement convaincre
qu'il s'agit là d'une médication n'ayant d'autre but
que de faire revenir les choses à l'état normal. Le
mois suivant, ce qui arrive presque toujours, la
thérapeutique interne n'a pas réussi, la femme,
entraînée déjà par une première séance, ne met
aucun obstacle à une intervention plus directe et
plus sûre. Si une autre grossesse survient, le moyen
ayant réussi une première fois, il n'y a pas de raison
pour ne pas recommencer. Ne voit-on pas là une
femme hésitante, conservant encore quelques sentiments d'honnèteté, qui se laisse convaincre et
dominer par une matrone, experte dans l'art des
avortements, qui sait par une politique habile et
toute féminine dissiper les derniers scrupules de sa
cliente et en faire une criminelle? Souvent la
femme n'est pas hésitante, car c'est elle qui vient
trouver le médecin et, avec une inconscience ou un
cynisme rare, le prie de faire revenir ses règles. Si
on essaye d'expliquer à cette malheureuse ce qu'en
réalité elle vous demande, elle reste toute surprise
de votre refus de faire une chose si naturelle, car à
ce moment « l'enfant n'est pas encore formé, ce
n'est qu'une boule de sang ». On m'a fait au moins
vingt fois cette réponse dans des termes presque
identiques.

Voici des faits qui feront voir combien l'idée de
l'avortement criminel est contagieux. Beaucoup de
femmes gémissent sur leur grossesse, mais le plus
souvent elles n'auraient aucune idée criminelle, si
une amie ne venait avouer qu'une sage-femme, une
matrone, ou quelquefois un médecin, savait parfai-

tement et sans danger faire disparaître ce petit inconvénient. D'autres fois ce sont des rabatteuses,
ou des rabatteurs. Je me souviens avoir lu l'histoire d'un gardien de la paix à Paris qui servait de
rabatteur à sa maîtresse : en faisant ses rondes, il
flairait les bonnes qui pouvaient devenir des clientes
et peu à peu il arrivait à les amener à se mettre
entre les mains de l'avorteuse. Je crois que c'est
dans cette affaire que l'on se servait, comme mot
de passe, d'une carte coupée en deux. La police
les retrouva et sut ainsi le chiffre des *opérations*
faites. En 1876, il y eut une affaire analogue ; le
mot de passe était le même, peut-être est-ce dans
celle-ci que comparut le gardien de la paix. Voici
pour ces dernières années la liste des avortements,
faits en grand, dont on a le plus parlé. En janvier
1889 19 individus comparaissaient devant la Cour
d'assises d'Evreux. L'avorteur exerçait dans presque toute la Normandie. L'idée de faire les avortements lui était venue en visitant un musée d'anatomie. Même année à Moulins, 5 arrestations. En
1890-1891, l'affaire de la rue de Clichy, la femme
Thomas, *la mort aux gosses*, comparaît avec 56 accusées, dont plusieurs rabatteuses. Il y aurait eu
400 avortements. La même année, nous trouvons en
Angleterre une grosse affaire d'avortement. Pour
mémoire je rappelle l'affaire de Fouroux, maire de
Toulon, et de Mme de Jonquières (1890-1891), car
il ne semble y avoir eu là qu'un seul crime. En
1891, encore 10 avortements à Moulins, d'autres
à Lorient, à Béziers et à Avignon, avec la complicité du maire de Villeneuve-les-Avignon ; à Paris,
à peine l'affaire Thomas était-elle finie, qu'une

sage-femme faisait venir une collègue de Melun,
qui opérait, puis retournait en Seine-et-Marne.
Le lendemain ou quelques jours après, la sage-
femme de Paris était appelée pour une fausse
couche, qui semblait naturelle à tout le monde.
Enfin, pour couronnement, de Chirac, directeur du
Théâtre Réaliste, donne une représentation où l'on
mime, admirablement paraît-il, une scène d'avortement. L'influence de la contagion est tellement
évidente dans ces séries d'avortements faits par une
seule personne, surtout lorsque l'on fait intervenir
les rabatteurs, qu'il me semble inutile d'insister.

Souvent l'occasion de se faire avorter ne s'est pas
présentée, ou bien on ne l'a pas cherchée, l'enfant
arrive. On redoutait sa naissance, sa présence va
devenir une gêne constante. N'y aurait-il pas un
moyen, non compromettant, de s'en débarrasser?
L'infanticide est quelquefois dangereux : il y a tout
au moins la prison préventive, la honte de la comparution aux assises et le risque d'une condamnation. On a imaginé un moyen beaucoup plus simple
de se débarrasser de sa progéniture encombrante,
non seulement sans danger, mais encore, ce qui
est bien à considérer, avec un bon bénéfice pécu-
niaire. C'est ce que j'appellerai *l'exploitation industrielle du libéricide.* Cet ignoble moyen est en
pleine floraison dans la vertueuse Angleterre.
Julien Decrais [1], dans un article très documenté,
expose cette lamentable situation. Je ne puis mieux
faire que de lui emprunter sa description. Les

---

1. Julien Decrais. *Les Classes pauvres en Angleterre.* L'Enfance,
ses ennemis et ses protecteurs. *Revue des Deux Mondes,* 15 juin
1891, p. 894 et suiv.

Anglais devraient être un peu moins hypocrites,
parler moins de leur fameuse liberté individuelle
dont ils sont si fiers, et la mettre en pratique en
laissant à ces pauvres petits êtres le premier de
tous les biens, la vie.

« Il existe en Angleterre des gens dont c'est le
métier de trafiquer des jeunes existences. Associés
à des individus sans scrupules, paysans nécessiteux
ou fermiers ruinés établis à la campagne, ils
publient dans les journaux des grandes villes les
annonces du genre suivant : Un respectable ménage
prendrait un enfant à sa charge ; jolie maison, bien
située à proximité d'une des vallées les plus riantes
du comté de..... etc. ; suit l'adresse pour le prix et
les conditions. La formule varie à l'infini. Tantôt
c'est une veuve dont le mari est à l'hôpital et qui
cherche, dans la garde d'un nourrisson, un accroissement de ressources. D'autres fois il s'agit d'un
couple d'une prétendue stérilité et qui adopterait
avec joie le dernier né d'une famille trop nombreuse. Ces avis paraissent un peu partout dans la
presse des régions du Nord et du Sud, depuis Sun-
derland jusqu'à Eastbourne, et sous des noms différents, bien qu'ils émanent souvent de la même personne. Une prime est toujours exigée, 10, 20,
50 livres sterling, suivant le rang et la qualité des
parents. On est plus coulant, et pour cause, sur la
pension représentant les frais d'entretien et de
nourriture. La pourvoyeuse, c'est-à-dire la femme
qui a donné son adresse en ville, voit arriver chez
elle une clientèle de deux sortes : ou c'est une jeune
fille dont la faute a eu des conséquences, mais qui
est de bonne foi et que la pensée de se séparer de

son baby affole et déchire, ou bien c'est la femme
décidée à tout pour faire disparaître la trace vivante
d'intimités illégitimes. Rien n'égale le flair de la
matrone pour deviner du premier coup d'œil à
quelle espèce de pécheresse elle a affaire. Dans le
premier cas elle rassure la pauvre mère. Hélas! elle
aussi a aimé, il y a longtemps, et de cet amour très
ancien malheureusement n'est resté que le souvenir. Elle serait si heureuse d'avoir quelqu'un à
choyer; le petit sera bercé, gâté, adoré; on aura
pour lui des soins maternels; elle se répand en
témoignages de sympathie, en malédictions hypocrites à l'adresse du séducteur assez vil pour abandonner la créature qu'il a mise à mal; bref, la malheureuse est gagnée; on débat le montant de la
somme à verser immédiatement, l'enfant passe des
bras de celle qui l'a mis au monde entre les mains
de la mégère, et la mère s'en va, le mouchoir sur les
yeux, retournant vingt fois la tête, étouffant ses san-
glots dans l'escalier. A peine est-elle dehors, un télé-
gramme est lancé; le complice averti ira chercher
le nourrisson à la gare à l'heure désignée et
l'emmènera dans quelque affreux galetas où le
pauvre être trouvera de la compagnie. Quinze jours,
un mois après, une lettre bordée de noir et portant
le timbre d'un village éloigné, annonce avec force
lamentations que l'enfant a succombé à un rhume
ou à une méningite. Il est mort de faim tout simplement, mais la prime est encaissée, le tour est joué[1].

« Lorsqu'il s'agit d'une femme dissimulant sa

---

1. Dans ce premier cas, il n'y a point complicité des parents,
par conséquent point de libéricide proprement dit, il y a simplement exploitation industrielle du meurtre des enfants.

qualité sous le voile épais qui la couvre, mais conservant, malgré ces efforts, pour donner le change,
l'allure et le maintien d'une personne du monde,
la pourvoyeuse renonce à son attitude doucereuse,
jette le masque et laisse entendre à son interlocu-
trice qu'elle a pénétré son incognito, deviné sa
situation et les raisons qui l'ont conduite chez elle.
Dès lors, plus d'hésitation ni d'embarras; l'entretien se poursuit sur le ton le plus naturel et le plus
simple : 25 livres à la livraison, 25 au décès propose
la dame, et l'autre de répondre qu'elle ne peut pas,
qu'elle a des offres plus avantageuses; on finit
pourtant par se mettre d'accord et le marché se
conclut pour 80, 100, 200 livres sterling, suivant
le cas; il est entendu que, dans un délai de trois
mois au plus, le nouveau-né aura cessé de vivre....
« Cette créature[1] avait, en moins d'un an, expédié à des paysans de sa connaissance vingt-quatre
nourrissons qu'elle s'était engagée à soigner ou à
adopter... Un avis inséré dans deux journaux de
Londres avait suffi à procurer des pensionnaires à
un ménage. Seule l'adresse donnée était inexacte.
Que ce fût inconscience ou coquinerie, des voisins,
confortablement installés à quelque distance du
couple infanticide, avaient consenti à ce que leur
propre domicile fût indiqué dans l'annonce.

« En 1887, aux assises du Derbyshire, le juge
Wils, parlant des ravages que tant de manœuvres
criminelles exercent dans la population infantile,
déclarait qu'au cours des procédures entamées, il
avait constaté que la vie des enfants avait presque
toujours été assurée...

1. Une femme dont l'auteur vient de parler.

« Selon eux (les coroners N. E. et O. de la capitale et de province), l'accroissement inquiétant de
la mortalité infantile devait être attribué à l'assurance, et la situation resterait la même aussi longtemps que certains parents auraient un intérêt pé-
cuniaire à ce que leurs enfants disparaissent. « Le
« 23 mars, écrivait le Dr B. de Rotherham, une
« mère sortait de chez elle par une pluie battante
« et m'apportait un baby de onze mois à peine
« vêtu qui paraissait atteint de pneumonie. Je la
« renvoyais non sans l'avoir sévèrement répri-
« mandée de cette imprudence. Le lendemain le
« malade était mort. Onze jours après, la même
« femme amenait à mon cabinet un autre enfant,
« de trois ans celui-là, presque mourant et dont
« l'état d'affaiblissement général provenait évidem-
« ment d'un manque de soins. Il mourait à son
« tour dans la même journée. Il existait un con-
« trat d'assurance. » Un médecin de l'une des principales villes de la région de Middland disait récemment qu'il estimait à plusieurs centaines le nombre
d'enfants mourant de cette façon, rien que dans la
cité où il exerçait sa profession.

« Sur 216 enfants au-dessous de dix ans ayant,
en six mois, péri de mort violente, rien que dans le
quartier de Whitechapel, il n'y en a pas moins de
118 au décès desquels les parents avaient à gagner.
D'après les calculs de la Société nationale pour la
répression des actes de cruauté envers l'enfance,
fondée à Londres vers 1885, le nombre des victimes ne dépasse pas 1,000 par an (à Londres
seulement?). Dans une ville du Stafforshire une
société, qui exerçait depuis trente ans l'industrie

de l'assurance, ferme ses portes; la mortalité des enfants qui était de 156 p. 1000 tombe à 109. Une nouvelle compagnie arrive; le taux remonte à 170 p. 1000 et reste le même pendant sept ans; en 1883 il monte à 186 p. 1000, lorsque la moyenne pour toute l'Angleterre est 147 p. 1000. » Il ne me semble pas nécessaire d'essayer par des raisonnements de démontrer qu'il y a contagion du meurtre dans l'*exploitation industrielle du libéricide*, les faits par eux-mêmes parlent assez haut.

Je ne veux pas dire que toujours l'appât du gain soit la seule raison qui pousse au libéricide. Je me rappellerai toujours avoir vu à l'hôpital Saint-Louis une excellente nourrice, laisser son enfant mourir d'inanition[1]. D'autre part, dans les envois journaliers d'enfants en nourrice à la campagne, les parents n'ont-ils jamais l'arrière-pensée que l'enfant sera mal soigné et qu'il cessera bientôt d'être une gêne pour eux? Ils savent, ces parents, que dans leur voisinage beaucoup sont allés là-bas et ne sont jamais revenus. Malheureusement il est bien difficile de faire tomber sous la loi les crimes de ce genre, qui, à mon sens, sont plus graves et dénotent une nature plus foncièrement vicieuse qu'un meurtre vulgaire par strangulation ou coup de couteau.

En terminant signalons les sévices exercés sur les enfants, et qui ne sont qu'une forme atténuée du libéricide, ou aggravée, si les parents ont l'intention d'arriver à tuer lentement leur enfant. Notons que, depuis quelques années, les sévices sur

---

1. V. L'Homicide commis par la femme, in *Arch. d'Anth. crim.*, 1891, p. 376.

les enfants augmentent notablement. La presse les
enregistre avec soin et détail ; un fait isolé de mal-
traitement semble devenir un véritable foyer de
rayonnement [1].

1. Cf. Aubry. Du Libéricide. *Arch. d'Anth. crim.*, 1891, p. 370.
E. Dumas. *Du Libéricide ou meurtre des enfants mineurs par leurs
parents*, 1892. Storck. Libessart. *Etude critique sur les sévices
contre les enfants*, 1892. Storc

CHAPITRE IV

INCINÉRATION ET DÉPEÇAGE CRIMINEL

Il est tout naturel que les individus, qui viennent de commettre un assassinat, coupent en morceaux leur victime. Un membre est plus facile à faire disparaître qu'un corps intact. Il est vrai qu'en dispersant les fragments, il y a plus de chances pour que l'un d'eux tombe entre les mains de la police, mais, dans ce cas, le coupable croit avoir peu à craindre, car que de fois n'a-t il pas lu dans les journaux un entrefilet calqué sur celui-ci : — « Hier à trois heures, les gardiens de la paix de service ont trouvé un bras qui semble avoir appartenu à une femme. Le commissaire de police a dressé procès-verbal et ce lugubre débris a été envoyé à la Morgue aux fins d'autopsie. » Quelques jours après, une nouvelle note paraît, annonçant qu'un étudiant en médecine, malgré les règlements, avait volé un bras à Clamart ou à l'École pratique.

Le coupable a donc de bonnes raisons pour supposer que si, par hasard, on retrouve quelque membre, on l'attribuera à l'étourderie ou à l'indélicatesse d'un de nos jeunes confrères. Cependant ce crime a été relativement rare jusqu'à ces dernières années ; nous allons en citer quelques-uns : En 1876, Billoir coupe en morceaux sa maîtresse, la femme Le Manach. En 1877, à Marseille, la fille Maria Boyer et Louis Vitalis coupent en morceaux la veuve Boyer, les bras et les jambes étaient désarticulés, le tronc était vidé et soigneusement lavé, le visage était déchiqueté. En 1878, l'affaire de la rue Poliveau, où Lebiez et Barré coupent une femme en morceaux. En 1880, Menesclou dépèce une petite fille. En 1884, Mielle scie en deux le cadavre de Francis Lebon, à la hauteur des hanches, et fait une seconde section incomplète à la hauteur des malléoles. Le tronc est placé dans une malle, les membres sont jetés dans la Seine. En 1887, près de Toulouse, une fille-mère, après avoir étouffé son enfant, le coupe en morceaux et le donne à manger aux cochons. Nous renvoyons pour plus de détails à la belle monographie de Ravoux[1]. Mais la série la plus extraordinaire, qui nous dispense de citer toute autre, est celle des meurtres de Jack l'Eventreur. Les Anglais qui se piquent de supériorité en tout, tiennent certainement le record pour le dépeçage criminel, mais ils n'ont point réussi à mettre la main sur le mystérieux assassin, et leur admirable police a été obligée de classer l'affaire. S'agit-il, comme semble le croire la justice, d'un seul individu, ou bien de plusieurs criminels n'ayant aucun lien les uns avec les autres ? Cette seconde hypothèse, car nous ne saurons sans doute jamais la vérité, me semble infiniment plus probable. Car

1. *Du Dépeçage criminel au point de vue anthropologique et médico-judiciaire.* Storck, 1888.

s'il ne s'agit pas d'un aliéné (et je ne vois pas bien dans quelle catégorie le ranger), quelle vraisemblance qu'un même personnage revienne de loin en loin dans un même quartier, et y tue une prostituée qu'il éventre ensuite. Les crimes sont fréquents à Whitechapel, dans ce monde que la pudique Albion affecte d'ignorer [1]. On échange facilement des coups de couteau sous l'influence troublante du gin et du wisky, surtout si le petit règlement de comptes présente quelques difficultés. Les ivrognes ont des idées étranges : l'un d'eux a enlevé les organes génitaux d'une femme qu'il venait de tuer, d'autres l'ont imité; quelques autres ont simplement assassiné ces pauvres prostituées sans se soumettre au caprice de la mode [2].

Quoi qu'il en soit, voici la liste des exploits des Jack les Éventreurs — ou de Jack l'Éventreur : 1° 17 juillet 1887, Alice Mackenzie, quarante ans, a la gorge coupée, et l'abdomen est incisé jusqu'à l'estomac; 2° 3 avril 1888, Emma Smith est violée, tuée et volée par une bande d'hommes, parmi lesquels se serait trouvé Jack; 3° Martha Tabran,

---

1. Pour quiconque a passé une soirée à Londres cette affectation d'ignorance est du plus haut comique. J'ai visité presque toutes les capitales de l'Europe, et personne ne me démentira si je dis que, nulle part, on ne voit la prostitution s'étaler d'une façon plus ignominieuse qu'à Londres.

2. Les prostituées de toutes marques sont fréquemment assassinées; il suffit de rappeler ici : Marie Aguétant (1886); Marie Lacanal (1876), la belle parfumeuse (1876), Marie Regnault (1887, etc., etc., assassinées par des amants de passage. Les coups de couteau sont d'ailleurs fréquents chez les souteneurs. Il faudrait de longues pages pour analyser leurs crimes.

Je ne sache pas que le ministère de la justice dresse des statistiques de la qualité des personnes tuées criminellement. Il y aurait là, je crois, une indication, qui jetterait un jour nouveau sur certaines questions d'anthropologie criminelle.

le 7 août, reçoit trente-neuf coups de couteau ;
4° Ann Nichols, vers le 4 septembre a la tête séparée
du tronc et le ventre ouvert dans toute sa longueur ;
5° le 8 septembre, Annie Chapman a la tête à moitié
coupée, le ventre fendu, les intestins arrachés du
corps, le cœur et le foie placés sous sa tête comme
oreiller ; 6° Jane Mary Kelly, vingt-deux ans, a la
tête séparée du tronc, le nez et les oreilles coupés,
les seins arrachés ; 7° le 30 septembre, Eidowes est
assassinée et son cadavre est mutilé ; 8° à la même
date, Élisabeth Stride a la gorge coupée, mais pas
de mutilations ; 9° le 11 novembre, le foie et les
intestins d'une femme sont arrachés et déposés
sur la table, et les membres sont tailladés à coups
de couteau ; 10° le 26 décembre, une femme est
étranglée avec une corde ; 11° le 10 septembre 1889,
une femme a la tête et les bras coupés (on ne les a
plus retrouvés) ; elle présentait les mutilations
habituelles et était enveloppée dans un sac ; 12° en
février 1892, Frances Coleman, âgée de vingt-cinq
ans, a la gorge coupée. Ces douze femmes appartiennent à la plus abjecte prostitution et sur plusieurs cadavres on a constaté la disparition de
l'utérus et des ovaires. On a dit qu'un éditeur
américain avait besoin d'utérus, pour les donner
en prime aux acheteurs d'un livre spécial qu'il
allait publier[1]. Je ne parlerais pas de cette étrange
hypothèse, si un précédent peu connu ne lui don-

---

1. J'imagine que les possesseurs d'utérus auraient autant de
peine à trouver le placement du produit de leur crime, chez
l'éditeur américain, que les innombrables collectionneurs de
timbres-poste bleus, la congrégation ou l'industriel qui donne
1,000 francs en échange d'un million de timbres oblitérés !

nait une certaine vraisemblance. Vers 1830 [1], une
bande d'assassins, à la tête de laquelle se trouvaient
Burke et Hare, commit quatorze ou quinze assassinats successifs pour toucher les 200 francs que
payaient les professeurs d'anatomie pour chaque
sujet qu'on leur procurait. En même temps qu'à
Londres, et après, des crimes plus ou moins analogues se commettaient dans le monde entier. Quelques-uns sont à l'actif de Jack the Riper. A Brad-
fort, un enfant est dépecé en décembre 1888; les
membres et les oreilles sont placés près du tronc,
des bottines sont trouvées à la place des viscères.
En 1889, deux meurtres avec mutilations sont commis à Hambourg; de plus un garçon de recette est
coupé en morceaux et envoyé en Amérique.

Au mois de mars 1890 à Moscou, une sœur de
charité est coupée en morceaux et mise dans un
sac; à Berne, en décembre, apparition de Jack.
L'année 1891 n'est pas moins productive en dépe-
çages criminels. A Liverpool, un enfant est coupé
en morceaux et jeté dans les docks. A Bruxelles, en
juillet 1891, une enfant de treize mois est éventrée
dans un terrain vague; en octobre à Berlin, une
fille a le ventre ouvert; trois jours après, Vaubourg
tue et dépèce Boutry, rue de Charonne; en novembre
à Madrid, une femme est dépecée et mutilée; à Mel-
bourne (encore un exploit de Jack), on trouve sous
un plancher cimenté, cinq cadavres : une femme,
deux fillettes de douze et sept ans, dépecées et mutilées comme les victimes de l'Éventreur, en plus
un garçon de cinq ans et un autre d'un an. Au mois

1. Dr Janicot. Les assassinats de Londres et l'anatomie en Angleterre. In *Figaro*, 3 oct. 1888.

de juillet 1892, Mme Leblan est coupée en morceaux
et jetée dans la Meuse, à Tilly-sur-Meuse. En octobre,
une femme est coupée en morceaux, rue Botzaris.
Mais ce n'est pas encore tout, dans la même période
Corre a relevé d'autres crimes analogues : « A Sou-
thampton, essai de mutilation d'un enfant ; à Glascow,
tentative analogue sur une jeune fille ; aux États-
Unis, après l'éventration de quatre nègres (Birmin-
gham), mutilation d'une femme de couleur (Milville,
New-Jersey) ; à Honduras, éventration et mutilation
de la femme et de la servante du missionnaire
Hobson par un homme de couleur, sans parler des
fausses accusations d'hystériques qui se croient les
victimes désignées d'un émule inconnu de Jack...
l'introuvable [1]. »

Le professeur Lacassagne et son élève Ravoux
ont fait, en 1888, une étude très serrée et très intéressante à tous égards du dépeçage criminel [2]. Il est
curieux de rapprocher ce qu'était ce genre de crime,
au moment où ils ont fait cette belle monographie,
de ce qu'il est devenu depuis.

A grand'peine ils ont rassemblé quarante cas de dépeçage criminel de 1721 à 1888, puisés dans différents
auteurs. La liste de ces crimes, d'après leur propre
aveu, est fort incomplète et n'avait pas besoin de
l'être pour le but qu'ils se proposaient ; d'autre part,
leur critique ne pouvait porter que sur des observations précises. Ici nous n'avons pas besoin de la
même précision. Je tiens cependant à mettre en
regard deux séries : l'une qui prend comme point de

1. Corre. *Crime et Suicide*. Paris, 1891, p. 227.
2. *Loc. cit.* Je n'ai ici à m'occuper de cet ouvrage qu'au seul
point de vue statistique.

départ, le meurtre du boucher Avinain [1] (1867) et
qui s'arrête en 1888, soit douze ans, à l'affaire du bijoutier Vétard et qui comprend 24 affaires (en comp-
tant 3 infanticides); et l'autre qui va de 1887 à 1892
et qui comprend en six ans les 36 affaires que nous
venons d'énumérer. Il y a manifestement l'influence de la contagion [2] dans cette multiplication
extraordinaire d'une même espèce de crime dans
un temps aussi court.

A côté, et quelquefois comme conséquence du
dépeçage criminel, nous trouvons les cadavres trans-
portés par le chemin de fer et envoyés par l'assassin
à un destinataire inconnu. « Un jeune ouvrier assassine un bijoutier et enfouit sa victime dans une
caisse qu'il porte au chemin de fer. Six semaines se

---

1. L'ex-cent-garde Prévost, d'abord boucher (comme le dépe-
ceur Avinain), puis enfin gardien de la paix, assassine la fille
Blondin et le bijoutier Lenoble (Paris, 1879), il avait bien médité
son coup et s'était bien inspiré d'exemples antérieurs. La suggestion de l'assassinat suivi du dépeçage le hantait, ainsi qu'en
témoigne ce fait peu connu raconté par Macé dans son dernier
livre. « Ainsi, à l'occasion de la femme Le Manach, coupée en
morceaux par son amant Billoir, il aurait dit avant l'arrestation
de l'assassin : c'est un mariolle (malin), il la connaît à la roue
(il roule son monde). Puis couper la caboche à quelqu'un, c'est
du chocolat, du velours. Au moment du dépeçage de la vieille
laitière par Barré et Lebiez, Prévost discutait avec quelques-uns
de ses camarades de cet horible crime : « Quelle impression
« voulez-vous que ça me fasse, s'écria-t-il, tout à coup, de tailler
« dans la chair humaine. Pour moi ça ne me ferait pas plus d'effet
« que de débiter du mouton ou du veau. » (Macé. *Un Cent-garde*,
p. 100.)

2. Le professeur Lacassagne (p. 201) se demande si la série de quarante crimes analogues est due « à ce qu'on a appelé la contagion
du meurtre » ou simplement à la loi des séries. « Je n'admets pas
ces explications et je ne pense pas que le criminel soit comme
suggestionné par le procédé d'un assassin au point d'adopter sa
méthode sans la discuter. C'est bien là, il me semble, ce qu'on
veut dire par le mot contagion du meurtre. » Si on a bien voulu
me suivre jusqu'ici, on a vu que je donne au mot *contagion* un
sens beaucoup plus étendu, comprenant l'imitation, etc.

passent; la police fait rechercher le bijoutier, qu'elle
savait nanti de valeurs importantes; le meurtrier
mène joyeuse vie, et dépense en orgies des sommes
considérables. Tout à coup la justice intervient, le
procès se juge et le coupable est condamné à mort.
Les journaux exploitent cet événement; ils mesurent
la hauteur, la largeur et l'épaisseur de la caisse, et
ils en donnent le poids exact. Cela fit grand bruit,
il y a huit ou neuf ans; et depuis on a pu déjà retrouver une dizaine de cadavres ensevelis dans de
volumineux colis destinés à la *petite vitesse* [1]. » Plus
près de nous, nous avons la trop célèbre affaire de
Gouffé, assassiné par Eyraud et Gabrielle Bompard
« qui a son pendant presque immédiat à Copen-
hague (disparition du garçon de recette Meyer,
corps expédié dans une barrique de chaux aux États-
Unis [2]) ».

De même, le rapprochement entre les victimes
coupées en morceaux et l'incinération criminelle
peut d'autant moins être négligé que souvent ces
deux opérations se suivent : « Récemment, à peine
le public avait-il pu se remettre de la pénible impression produite par la triste affaire de Chinon,
que déjà l'on apprenait que, dans la Nièvre, une
jeune ouvrière venait de brûler le produit de ses
illicites amours. Je n'ose pas croire que ce sera là
une conséquence isolée d'un infanticide devenu trop
célèbre [3]. » Pel, en 1880, empoisonne sa première
femme, Eugénie Buffereau; en 1884, sa servante,
Élisa Bœhmer, qui était en même temps sa maî-

1. Legrand du Saulle. *La Folie devant les Tribunaux*, p. 538.
2. Corre. *Crime et Suicide*, p. 227.
3. Legrand du Saulle. *L. c.*, p. 539.

tresse. Il aurait également empoisonné sa mère. Le
corps d'Élisa fut coupé en morceaux et brûlé dans
un fourneau. Euphrasie Mercier est accusée d'avoir
tué et calciné, en avril 1887, Mlle Menetret. On se
rappelle tout le bruit qui se fit autour de cette
affaire, plus connue sous le nom de *Mystère de
Villemonble*. Le 29 juillet 1886, les époux Thomas
et les frères Lebon brûlent leur mère vivante (Loir-
et-Cher). La Cour d'assises d'Eure-et-Loir a jugé
vers 1887 un cantonnier de Chapelle-Royale, Julien Panais, accusé d'avoir brûlé sa femme après
avoir assommé la malheureuse d'un formidable
coup de poing, et répandu du pétrole sur ses vêtements. Pour dissimuler ce crime, Panais avait mis
le feu à son habitation, mais ses voisins accou-
rurent plus tôt qu'il ne l'avait pensé, éteignirent
l'incendie, et, à l'aspect de la femme étendue morte
sur le sol, horriblement brûlée et exhalant une forte
odeur de pétrole, ils n'eurent pas de peine à deviner ce qui s'était passé[1]. Au mois de mars 1892,
la femme Schlegel jette sur la chemise de son
mari de l'essence minérale, puis y met le feu. La
femme Vancauvelaert (Lille, mai 1892) enduit de
pétrole le lit de son amant et y met le feu pendant
son sommeil. Geffroy, à Courcelles (Somme, 1892),
essaie de faire flamber sa belle-mère en mettant le
feu à la ferme. A Madrid, Higinia Balaguer tue
Mme Borcino et met le feu à sa maison (1888).
Aurusse, près de Castillon-sur-Dordogne, assassine
trois personnes, puis incendie l'immeuble (1891).
Damelincourt assassine et brûle deux vieux ren-

---

1. *Le Temps*, 21 déc. 1886.

tiers (Oise, 1892). Même fait dans la Côte-d'Or, à la même époque. Enfin Le Terrec (Quimper, 1891), pour dissimuler son vol, incendie une maison dans laquelle se trouvaient quatre personnes qui périssent, puis se suicide dans sa prison, pendant qu'on juge son affaire. Il serait facile de relever un grand nombre d'affaires absolument semblables à celle-ci.

CHAPITRE V

SUICIDE

Il ne nous appartient pas de rechercher si le suicide est ou n'est pas l'équivalent du meurtre [1] et de discuter cette question de doctrine. Le suicide est par sa définition même le meurtre de soi-même, et à ce titre nous ne pouvons négliger ici son étude. D'autre part, c'est peut-être le genre de meurtre dans lequel la contagion est la plus évidente. Notre tâche sera singulièrement facilitée dans ce chapitre

---

1. Les suicidés sont des criminels modifiés par le milieu (Lacassagne. Congrès de Rome 1885; le crime et le suicide sont l'antagonisme l'un de l'autre (Ferri, Morselli, *id.*); Tarde (*Criminalité comparée*, p. 166) et Joly (*Le Crime*, p. 309) rejettent l'une et l'autre opinion, sans se prononcer bien nettement sur les rapports qui existent entre ces deux ordres de faits. Voici l'opinion de Corre (*Crime et Suicide*, p. 90, 93 et 101) :

« Entre les opérations psycho-motrices qui mènent au crime et au suicide, les rapports sont d'ailleurs très étroits; elles se confondent fréquemment dans l'aliénation ou aboutissent à des incitations transformées, qui substituent un acte à l'autre. Il semble que la caractéristique de certaines cérébralités, inaptes à se plier aux exigences de la vie collective, ou ne la comprenant qu'au profit de leurs spéculations se révèle dans une anomalie de tendances nuisibles à soi-même ou à autrui, selon des modalités très voisines de l'impulsivité. Le crime et le suicide augmentent parallèlement et éprouvent simultanément des recru-

par deux études, que nous avons déjà eu plusieurs fois l'occasion de citer, l'une : *la Contagion du Suicide*[1], par notre maître le Dr Paul Moreau de Tours ; l'autre : *Des Analogies entre le Suicide à deux et la Folie à deux*, par notre excellent ami et camarade d'études I. Chpolianski[2], qui vient d'être prématurément enlevé à la science. Nous leur ferons de fréquents emprunts[3]. Parmi les contagions psychiques, celle du suicide est peut-être celle qui de tout temps a été universellement adoptée. Dans les auteurs les plus anciens, en effet, on retrouve des descriptions de véritables épidémies. Legoyt en donne un curieux historique[4].

En Chine, 500 philosophes de l'école de Confucius, ne voulant pas survivre à la perte de leurs livres sacrés brûlés par ordre d'un empereur, se sont suicidés. Les Sagontins se suicident en masse pour échapper aux Romains prêts à s'emparer de leur ville (219 av. J.-C.). Les Phocéens tuent leurs

descences aux périodes heurtées de la politique et des crises économiques, comme aussi après les grandes guerres. Il en est exactement de même pour la folie.

« Je résumerai l'opinion vers laquelle j'incline dans une comparaison. Le suicide et le crime sont comme deux rivières qui prennent leur source sur deux plateaux d'incitabilité très voisins : la morbidité, la dégénérescence et la folie comblent fréquemment l'intervalle et confondent les sources ; dans les conditions ordinaires, chacun de ces courants descend sa pente et va se déverser séparément dans le grand fleuve antisocial ; mais tous deux conservent des anastomoses avant de disparaître en celui-ci : l'obstacle qui entrave l'un peut déterminer une sorte de crue chez l'autre. » V. aussi (*Les Criminels*, du même auteur, p. 201, note 1), deux faits établissant nettement la transition entre le meurtre et le suicide.

1. *Thèse inaug.*, Paris, Parent, 1875.
2. *Thèse inaug.*, Paris, L. Cerf, 1885.
3. Ici encore nous regrettons de n'avoir pu lire en temps utile le *Crime à deux*, de Sighele.
4. *Dict. Dechambre*, art. Suicide, p. 242.

femmes et leurs enfants, puis se frappent eux-
mêmes pour ne pas tomber aux mains des vain-
queurs. Les Numides donnent aussi la mort à leurs
femmes et à leurs enfants puis marchent sans
armes au-devant des Romains. Les habitants d'As-
tapa (Espagne), pendant la deuxième guerre puni-
que, se brûlèrent plutôt que de se rendre. A Capoue
les partisans d'Annibal préfèrent le suicide plutôt
que de se rendre à Scipion. Vers la fin de la République romaine, il se produit dans les classes élevées une sorte de dégoût de la vie, qui se traduit
par une véritable épidémie de suicide. Presque tous
les écrivains du temps disent que, sous l'Empire, la
mort volontaire ravagea, comme une véritable épidémie, toutes les classes de la population, sans
excepter les femmes. A la naissance du christia-
nisme, un grand nombre de néophytes provoquent
les bourreaux et vont s'offrir eux-mêmes au supplice. Persécutés avec une violence inouïe, les Juifs
paraissent avoir mis fin en grand nombre à leurs
jours vers la fin du xie siècle. Du xve au xvie siècle,
en Europe, la folie démoniaque conduit à la mort
volontaire un grand nombre de ses victimes. Le
Saut de Leucade, d'où se précipita Sapho, a vu un
grand nombre de suicidés par amour. Le misan-
thrope Timon fut obligé d'arracher un arbre où un
grand nombre d'Athéniens venaient se pendre.
Saint Augustin signale une quantité de suicides
parmi les Donatistes. Les auteurs parlent de nombreuses épidémies de suicides chez les Juifs, avant,
pendant et après le siège de Jérusalem.

En 1793, une épidémie de suicides éclate à Versailles sous l'influence de la terreur causée par

les nombreuses exécutions politiques [1]. En 1806 à
Rouen et en 1811 à Stuttgard [2], sous la double
action de chaleurs exceptionnelles et d'une forte
crise industrielle, on relève un grand nombre de
suicides. Dans la première de ces épidémies périssent soixante personnes. En 1772, quinze invalides
se pendent en quelques jours à un crochet dans un
passage obscur de leur hôtel. En 1805, au camp de
Boulogne, plusieurs soldats se tuèrent en peu de
temps dans la même guérite. En 1815, lord Castlereagh se jette dans le Vésuve ; il est imité par
plusieurs de ses compatriotes. A la même époque,
une épidémie dans un régiment anglais, à Malte, est
arrêtée par menace de la privation de sépulture
chrétienne. Vers la fin du dernier siècle le *Monument* dans la Cité, à Londres, voit se précipiter un
nombre tel de malheureux, que l'autorité municipale est obligée d'en entourer le sommet d'une
balustrade. Le même fait s'est produit à la colonne
de Juillet en 1843, plus tard à la colonne Vendôme,
aux tours de Notre-Dame et à l'Arc de Triomphe. Le
15 août 1876, l'alcade de Madrid suspendait, pour
la même raison, la circulation sur le viaduc de la
rue de Ségovie. A Paris, en 1862, une véritable
épidémie de suicides a éclaté parmi les jeunes détenus de la Petite-Roquette [3].

1. Cette épidémie n'a probablement jamais existé. On la trouve
rapportée dans *l'Hypochondrie et le Suicide* de Falret père, qui ne
cite pas ses documents. Il y aurait eu, d'après lui, 1,300 morts
volontaires. Le Dr Des Etangs (*Le Suicide politique en France.*
Paris, Masson 1860, p. 215) a relevé à la mairie de Versailles les
décès de cette année, et en trouve 1,144 de toute nature, dont
quelques suicides seulement.
2. Rapporté par Sydenham.
3. Voici la liste très incomplète des auteurs et des ouvrages qui

Esquirol[1] nous donne quelques autres documents :
dans la capitale de l'île de Céos, on ne voyait point
de vieillards, l'usage permettant la mort volontaire
à partir de soixante ans, c'était une honte de se
survivre à soi-même. Le vieillard se donnait la
mort au milieu des siens, revêtu d'un habit de fête.
Les anciens habitants des Canaries, pour honorer
les dieux, se jetaient dans un gouffre. A la fête du
Ticonal, au Bengale, d'après le Dr Deville qui y a
assisté, quatre à cinq cents Indiens se font écraser
sous les roues du char sacré[2].

Quelque longue que soit cette liste, elle est fort
incomplète. Paul Moreau de Tours nous donne
quelques autres faits[3] : « Il en est qui remontent à
la plus haute antiquité. Tel est l'exemple rapporté
par Plutarque des jeunes femmes et des filles de

---

ont eu le plus d'influence sur la propagation du suicide : Sho-
penhauer ; Mme de Stael ; *Manfred*, de Byron ; *Jacobo Ortis* de Ugo
Foscolo ; *René*, de Chateaubriand ; *Adolphe*, de Benjamin Cons-
tant ; *Chatterton*, d'Alfred de Vigny ; *Raphaël*, de Lamartine ; *Jacques*, de George Sand ; Gœthe qui, avec son *Werther* (1772), a
produit, d'après Mme de Staël, plus de suicides que toutes les
femmes, Donne Blount et Gildon ont fait l'apologie du suicide.

A propos de *Werther*, voici un singulier écho du *Figaro* du
18 février 1892. « M. Georges Kestner, né en 1805, s'est suicidé, à
Dresde, dans un accès de fièvre chaude. M. Georges Kestner, de
même que M. Kestner, représentant du peuple en 1848, était le
petit-fils de Charlotte Buff, la Charlotte du *Werther* de Gœthe.
M. Georges Kestner appartenait à une famille hanovrienne. Par
une étrange coïncidence, son suicide a eu lieu la veille du jour
où l'opéra de Massenet, *Werther*, a été joué à Vienne (famille Floquet, Ferry, Risler.)

1. Esquirol. *Des maladies mentales*, t. I, p. 530.
2. Nous ne faisons qu'indiquer ici les suicides en masse des
veuves et des adeptes de Brahma, montant sur le bûcher qui
consume les restes de leurs époux. Il s'agit là des faits créés par
un milieu trop différent du nôtre pour que nous puissions y
insister.
3. Paul Moreau de Tours. *La Contagion du suicide*, p. 31.

Milet. La guerre tenait les hommes éloignés : elles se pendaient à l'envi les unes des autres et se donnaient la mort jusque dans les bras de leurs gardes. Les magistrats n'arrêtèrent cette épidémie qu'en ordonnant que toutes celles qui se seraient pendues fussent exposées en public nues et la corde au cou. (Plutarque, *Traité des vertus des femmes*.) « Après l'invasion espagnole, les Péruviens et les Mexicains se tuèrent en si grand nombre, qu'au récit des historiens, il en périt plus par leur propre main que par le fer de l'ennemi. (Esquirol, *Dict. des Sciences médicales*, art. « Suicide »). « Dans les guerres du Milanais, ce peuple, impatient de tant de changements de fortune, prit telle résolution à la mort que j'ai ouï dire à mon père qu'il y vist tenir compte de bien vingt-cinq maistres de maisons, qui s'étaient bien défaits eux-mêmes en une semaine [1]. »

En 1697, Mansfeld a eu à subir une sérieuse épidémie. Il faut ajouter celle d'Étampes observée par Pinel. Mais ce n'est pas encore tout. Des Étangs, dans son livre si documenté, va nous exposer une série d'autres faits relatifs à la Révolution et à l'époque contemporaine.

Plusieurs prisonniers détenus à l'Abbaye se tuèrent avant les journées de Septembre, l'un d'eux dès le 22 août [2]. Au Luxembourg, les suicides se multipliaient en raison des exécutions [3]. Le 3 et le 4 nivôse de l'an II, il y eut plusieurs suicides, entre autres celui du marquis de la Fare [4]. Le girondin

---

1. Montaigne. *Essais.*
2. Des Estangs. *Op. cit.*, p. 64 d'après Jourgniac-Saint-Méard.
3. *Id.*, p. 66.
4. *Id.*, p. 68, d'après le *Journal de Port-Libre.*

Clavière se tue dans sa prison ; « son épouse apprend cet acte de désespoir et de vertu et s'empoisonne après avoir consolé ses enfants et mis ordre à ses affaires[1] ».

« J'ai vu, dit Riouffe, plus de dix femmes qui, n'osant prendre du poison, avaient crié : Vive le roi ! et chargeaient par ce moyen le tribunal révolutionnaire du soin de terminer leurs jours : les unes pour ne pas survivre à un époux, d'autres à un amant[2]. Le trait de la femme de Lavergne, commandant de Longwy, qui a crié : Vive le Roi ! pour périr avec son époux, nous a singulièrement attendri[3]. La citoyenne Costar n'ignorait pas que la femme Lavergne avait proféré dans la grande salle du palais le cri de vive le roi ! « Vous avez condamné « à mort Boyer-Brun, écrivit-elle au tribunal révo- « lutionnaire. A présent que je n'ai plus rien dans « le monde, puisque j'ai perdu mon ami, frappez, « terminez une vie qui m'est odieuse, que je ne « puis supporter sans horreur. « Vive le Roi ! Vive « le Roi ! » « Vive le Roi ! Le 28 mai 1794. » La signature Costar et le paraphe sont écrits avec du sang[4]. La femme du conventionnel Rabaut Saint-Étienne se tue après l'exécution de son mari[5]. Une femme nommée Bernard se tue devant Tallien qui avait fait exécuter son mari[6].

Rolland se tue en apprenant l'exécution de sa

---

1. Des Etangs, *Op. cit.*, p. 69, d'après *Mémoire d'un jeune détenu*, par Riouffe.
2. *Id.*, p. 119, d'après *Mémoire d'un jeune détenu*, p. 237.
3. *Id.*, p. 120. *Id.*
4. *Id.*, *op. cit.*, p. 120, d'après *Histoire parlem.*, t. XXXIV, p. 369.
5. *Id.*, 121.
6. *Id.*

femme[1]. Le comte de Fleury écrit à Fouquier-Tin-
ville : Tu as fait périr ma famille, tu peux me faire
subir le même sort[2]. A Nantes, une jeune fille,
répondant à l'appel pour sa maîtresse, un instant
éloignée, Mme de l'Épinay, est *fiancée* et noyée par
Carrier[3]. A Lyon, Badger se laisse condamner à
la place de son frère[4]. A Quiberon « les uns
s'avançaient dans la mer, au-devant des chaloupes
qu'on attendait ; d'autres se noyaient ou se brû-
laient la cervelle, ou se perçaient de leur épée[5]. »
Loizerolles, âgé de soixante-deux ans, se laisse condamner et exécuter à la place de son fils âgé de
vingt-deux ans[6].

La catastrophe du *Vengeur* fut un suicide en
masse[7]. Delaunay essaya de faire sauter la Bastille
le 14 juillet 1789[8]. En apprenant la mort de
Louis XVI, un perruquier royaliste s'est coupé la
gorge avec un rasoir[9], et une femme se jeta dans
la Seine[10]. Mme Augnié, femme de chambre de la
reine, belle-mère du maréchal Ney, se jeta par la
fenêtre[11]. Combs, le secrétaire de Mirabeau, tenta
de se suicider à la mort de celui-ci[12]. En 1792, une
femme de Stenay empoisonne quatre tonneaux de

---

1. Des Etangs, 122, d'après *Biographie des contemporains*,
Rabbe, etc.
2. *Id.*, p. 125, d'après *Hist. parlem.*, t. XXXIV, p. 316.
3. *Id.*, p. 130. *Les noyades de Nantes*, t. III, p. 294.
4. *Id.*, p. 131. *Les prisons de Lyon*, Delandine, t. IV, p. 135.
5. *Id.*, p 132. *Hist. de la Convention*, de Barante, t. VI. p. 48.
6. *Id.*, p. 135. *Histoire parlem.*, t. XXXV, p. 3.
7. *Id.*, p. 149, d'après Lamartine, *Hist. des Girond.*, t. VIII.
8. *Id.*, p. 60.
9. *Id.*, p. 163, d'après *Révolution de Paris*, CLXXXV.
10. *Id.*, p. 164, d'après Michelet.
11. *Id.*, p. 165.
12. *Id.*, p. 169.

vin destinés aux Autrichiens, et boit devant eux le premier verre. Quatre cents périrent[1]. Cent trente-deux Nantais furent envoyés par le tribunal révolutionnaire à Paris; en route plusieurs se suicidèrent[2].

En 1797, Babeuf et Darthé tentent de se suicider pour échapper au dernier supplice[3]. Le fils de l'un d'eux, Camille Babeuf, se suicide en 1815, en se précipitant de la colonne Vendôme[4]. « En Égypte » on voit des soldats, écrit le capitaine Boyer, qui, témoins des souffrances de leurs camarades, se brûlent la cervelle; d'autres se jettent avec arme et bagages dans le Nil pour y trouver la mort[5]. Dans l'association des Philadelphes, sous l'empire, sur 4 ou 5,000 adhérents connus, 10 ou 12 se suicident, et parmi eux Caton, Thémistocle et Cassius, qui portaient les noms d'illustres suicidés[6].

D'après Ph. de Ségur[7], les jeunes recrues s'appuyaient le front sur le canon de leur fusil et se faisaient sauter la cervelle au milieu du chemin. Au début de la Restauration, un grand nombre d'officiers « fatigués de la vie et ne pouvant oublier leur empereur » se suicidèrent[8]. Beaucoup de saint-simoniens, désespérant de voir la France et le monde entier régis par la nouvelle religion, se

---

1. Des Etangs, p. 187. *Souvenirs d'un demi-siècle.* Touchard-Lafosse, t. I, p. 225.
2. *Id.*, p. 191. *La Mairie, la Force et le Plessis. Col.* Nougaret, t. III, p. 216.
3. *Id.*, p. 249.
4. *Id.*, p. 364.
5. *Id.*, p. 253.
6. *Id.*, p. 301 et 304.
7. *Id.*, p. 336, *Hist. de Napoléon*, t. I, p. 168.
8. *Id.*, p. 357.

suicidèrent[1]. En février 1848, il y eut également une recrudescence de morts volontaires[2].

Nous avons donné avec quelques détails ces innombrables épidémies de suicides, pour bien faire sentir quelle est l'énorme influence des circonstances et surtout des événements politiques sur ce mode spécial de la contagion. Ils sont suffisamment groupés par eux-mêmes pour qu'il ne soit pas nécessaire de les accompagner de commentaires.

L'influence de l'exemple, peut-être de l'hérédité, est énorme. P. Moreau de Tours dans sa thèse en a cité quelques exemples. Une fille dont la sœur s'est noyée fait trois tentatives de suicide[3]. M... et ses deux enfants se suicident, l'un d'eux après une première tentative infructueuse[4]. Dans la famille N..., l'aïeul, le grand-père et le père se sont suicidés[5]. Sept frères, vivant au milieu de toutes les conditions de bonheur, considération, fortune, se suicident dans l'espace de trente à quarante ans[6]. Six frères se suicident ou tentent de se suicider[7]. Une tentative de suicide est faite par un frère à l'âge où sa sœur s'est suicidée. Au mois de février 1891, à Ménilmontant, une femme, inquiète de l'absence prolongée de sa fille, se pend ; au même moment celle-ci est en train de se jeter à la rivière. En 1890, cinq sœurs de dix-neuf à trente-deux ans, se suicident à Moscou[8].

1. Des Etangs. *L. c.*, p. 453.
2. *Id.*, p. 487.
3. *De la Contagion du suicide*, op. cit., p. 33.
4. *Id.*, d'après Falret père.
5. *Id.*, d'après Gall.
6. *Id.*, *Ann. méd.-psych.*, t. XII, p. 103.
7. *Id.*, d'après Esquirol.
8. *Ann. méd.-psych.*, 1890, 1er janvier, p. 520. V. plus loin, p. 185.

A Port-Vendres, en 1891, une jeune fille se pend
à la suite d'admonestations de son père. Celui-ci, en
apprenant ce malheur, va se pendre à son tour.
V... fils se jette sous un train à Douarnenez vers
le 1er janvier 1890. Le père de V... se noie à Saint-
Malo en novembre 1892. Mme G... se jette dans le
Rhône; sa sœur qu'on envoie à sa recherche, aper-
cevant ses vêtements flottants, s'y jette à son tour [1].

Un homme dont le père et le grand-père s'étaient
tués à l'âge de cinquante-trois ans, commence, à
l'âge de cinquante ans, à avoir des tentations de
suicide. Une femme de soixante-trois ans a des
idées de suicide; sa fille et sa petite-fille ont eu les
mêmes idées, celles-ci dès quinze ans; Deux frères
officiers se tuent; les deux sœurs ont des idées de
suicide. Sur six enfants d'un pendu, trois font des
tentatives de suicide [2]. Un individu prend un co-
pieux repas, puis à l'aide de son couteau trace trois
croix sur le mur et place à ces pieds une bouteille
d'eau bénite. Il se pend alors. Vingt-huit jours après,
son neveu, âgé de onze ans, après avoir tracé des
croix et placé une bouteille contenant de l'eau
bénite, se pend à son tour [3].

La très curieuse observation suivante est em-
pruntée au même auteur [4], et montre bien nettement quel degré peut atteindre, chez une prédis-
posée, l'obsession de l'hérédité au suicide.

Une femme de dix-neuf ans apprend qu'un individu qu'elle croit son oncle vient de se suicider.

1. Esquirol. *L. c.*, t. I, p. 535 et 580.
2. Nicoulau. *Ann. médico-psych.*, 1892, 1er sem., p. 195.
3. Chpolianski, p. 57. *Op. cit.*
4. *Id.*, p. 64, d'après *Ann. médico-psych.*, 1855.

Peu de temps après, celui qu'elle prend pour son père se suicide. Les idées de suicide, qui germaient déjà dans sa tête après le premier malheur, deviennent plus impérieuses et elle se jette dans la rivière : « Je dois donc mourir comme mon père et mon oncle, mon sang est donc corrompu. » Il se déclare alors un délire maniaque avec penchant au suicide. Puis cette jeune femme apprend que ceux qu'elle croyait ses parents ne le sont pas. Ses idées de suicide disparaissent et, quatorze ans après, elles n'avaient pas encore reparu, quoiqu'elle fût tombée dans la misère.

Certains auteurs prétendent que tous les suicidés sont des aliénés ou tout au moins des déséquilibrés. Comme toutes les opinions absolues, cette idée ne contient qu'une part de vérité, plus grande peut-être qu'on ne le croit généralement. Dans maints cas par conséquent, les enfants sont des hérédi-taires, des dégénérés ; l'idée du suicide de leur parent, dont ils ont sans cesse entendu parler, s'im-plantera facilement dans leur cerveau, et, une fois qu'elle y sera, elle n'en sortira plus. Telle est la genèse de l'hérédité du suicide, dans laquelle la prédisposition léguée par le générateur et l'idée contagieuse de son suicide ont une égale part.

A côté de cette catégorie de suicides, nous place-rons ceux qu'exécutent également les prédisposés, se trouvant, par exemple, dans un lieu où plusieurs suicides ont eu lieu, ou bien à propos d'un motif absolument futile ; ou bien encore, obéissant dans le choix du moyen, à l'influence contagieuse de la mode. Nous avons parlé du crochet de l'Hôtel des Invalides, de la guérite ; nous allons donner quel-

ques autres exemples plus récents et moins connus.
Dans les trois mois qui ont précédé le mois de septembre 1893, cinq femmes se sont assises à la même
table du café d'Harcourt (boulevard Saint-Michel)
pour s'empoisonner. Dans la même brasserie, il y
avait eu au mois d'avril précédent un suicide au
revolver. A Nancy, au mois de juin 1891, un jeune
homme appartenant à la haute noblesse du pays,
se pend à la villa des Roses chez une demi-mondaine,
pour laquelle s'était noyé, deux ans avant, un autre
de ses amants. Vers la fin de 1890, à Paris, un mari
abandonné par sa femme, âgée de quarante-cinq ans,
éprise d'un amoureux de dix-huit ans, va se jeter à
la Seine. La veuve réintègre alors le domicile conjugal avec son amant qui, peu de temps après, se
pend. En 1847[1], un enfant de onze ans se suicide;
quelques jours après un de ses camarades, âgé de
quatorze ans, qui avait assisté, comme enfant de
chœur, à l'enterrement du premier, se suicide au
même endroit. L'idée contagieuse du suicide est
renforcée par la vue du lieu où il vient d'y en avoir
un premier.

« Il y a peu d'années, je lisais dans un journal de
Lorient le cas de cinq individus, sans relations les
uns avec les autres, qui, dans une période de quelques mois, étaient venus se pendre au même poi-
rier aux abords de la ville. A Brest, où les suicides
ont été très fréquents depuis l'épidémie grippale
(1er semestre 1890), un jeune homme se jette, sans
aucun motif, du haut du pont National; au cours
du mois de mai, on enregistre trois ou quatre sui-

1. Moreau de Tours. *Op. cit.*, p. 37,

cides ou tentatives identiques. Au mois de juin, on découvre le cadavre d'un homme au fond d'une douve, à quelques pas de la principale entrée de la ville; cela occasionne une grande émotion dans le bas peuple; deux jours après, on relève presque au même endroit, un homme qui s'est précipité des remparts[1]. »

« Après l'affaire Chambige, en Algérie, nous avons eu à Lyon, celle de l'ex-lieutenant S... Après la tragédie Meierling (30 janvier 1889), une série de suicides, pour ainsi dire copiés sur les récits de la presse, s'est aussitôt déroulée en Allemagne et en Italie : les uns s'inspirent de la version du suicide isolé du malheureux prince Rodolphe (à Vienne, après avoir assisté au service funèbre, un officier se tire un coup de revolver au front devant son miroir; à Munich, un propriétaire, du nom de Baüer, se tue également d'un coup de revolver, après avoir écrit : « Puisque Rodolphe s'est tué, il faut que je me tue aussi... »); les autres s'inspirant de la version du suicide à deux (presque en même temps le baron C... s'asphyxie à Bologne, en compagnie de sa femme; à Munich, un garde forestier se tue avec sa maîtresse, sur les bords du lac de Starnberg, tout près de l'endroit où périt le roi Louis II). Ces événements se déroulent au mois de février; mais, en juillet de la même année, le dernier a comme un écho, dans le suicide du prêtre catholique Pentenrieder, qui se jette dans ce même lac de Starnberg, déjà si lugubrement légendaire[2]. »

Voici maintenant une série de suicides pour des

1. Corre. *Crime et Suicide*. Doin, p. 221.
2. *Id.*, p. 222.

motifs absolument futiles et dont la détermination
semble souvent subite, un véritable *ictus*.

Au mois de septembre 1892, à Paris, cinq jeunes
ouvriers sortent d'un débit; l'un d'eux, âgé de vingt
ans, emprunte le couteau de l'un de ses camarades :
« je parie que je me tue » et il s'enfonce le couteau
au-dessous du sein gauche. Deux mois avant à
Saint-Denis, le père Ergo et son fils rentrent chez
eux. Au moment de se coucher, le fils, âgé de
vingt ans, dit : — Tiens, je vais me tuer. — Tu ne
vas pas faire cette bêtise-là, s'écrie le père. — Si,
tiens, regarde. Et en même temps, il se traverse la
tempe d'une balle. Il y a quelques années, dix
enfants formèrent une société secrète. Un jour,
dans une séance mystérieuse, ils décidèrent d'en
finir avec la vie en se tuant les uns les autres. Le
dernier devait s'exécuter lui-même. A cet effet, ils
se rangèrent dans un champ de banlieue. Le numéro 2 tira un coup de revolver sur le numéro 1,
qui tomba raide mort; le numéro 3 tira sur le
2, qui, se tordant par terre, attira l'attention
des passants. Ce fut une cause célèbre en Angleterre [1]. Nous ne connaissons point le motif qui
poussa ces malheureux à cette tuerie réciproque,
mais il est probable qu'il n'était pas plus sérieux
que la plupart de ceux qu'on rencontre chez les enfants : ennui d'aller à l'école, réprimandes, etc... [2].

1. *Figaro*, 20 nov. 1889.
2.   *Suicides pour* 100,000 *habitants.*

1861-1865	4,661
1866-1870	4,990
1871-1875	5,276
1876-1880	6,259
1881-1885	7,339
1886-1890	8,226

Mais que dire de ce fait cité par le Dr Collineau[1]. Il existe ou existait à Crajova, en Roumanie, un club composé pour la plupart d'hommes dans la force de l'âge, à l'aise, instruits, intelligents, constitué dans le but exclusif d'organiser aux moindres frais, à loisir et de concert, le suicide de ses membres. D'après une autre information [2], les membres sont tenus de se suicider au fur et à mesure que leurs noms sortent de l'urne. Cinq cadets se sont déjà tués. Ici encore nous ignorons les mobiles, mais il serait bien extraordinaire que les dix-neuf membres du club aient tous eu des raisons sérieuses. Quelques-uns, peut-être, en avaient; ils ont entraîné les autres leur imposant leurs idées. Dans cette contagion, il y a eu quelque chose d'analogue au suicide à deux que nous étudierons tout à l'heure.

C'est ici que nous devons signaler simplement la *thanatophobie* ou crainte de la mort provoquant le suicide. Nicoulau en signale un singulier cas. Dans notre historique, nous en avons cité plusieurs, surtout à propos de la Révolution. Ils sont également fréquents en temps d'épidémie. Il y en eut un grand nombre au moment du choléra de 1832. L'influence directe de la contagion est évidente.

2, *de la page précédente.*

Suicide des enfants au-dessous de seize ans.

1871-1875	31
1876-1880	51
1881-1885	61
1886	62
1887	68
1888	65
1889	77
1890	80

1. *Arch de psychidtrie et d'hypnologie.*
2. *Ann. méd.-psych..* 1892, 1er sem. p. 506.

Nous avons dit que certains prédisposés au suicide, pour choisir leur genre de mort, obéissent aux idées du jour. Si, il n'y avait pas eu récemment plusieurs attentats à la dynamite, il est bien probable que, le 1er décembre 1891, Gourdoux, dans le Cantal, ne se serait pas fait sauter la tête avec une cartouche de dynamite. Nous trouvons cependant, antérieurement à ce fait, deux suicides analogues. Le 11 novembre et le 27 décembre 1887, à Chicago, l'anarchiste Lingg condamné à mort, et, à Carthagène, au théâtre, un spectateur s'introduisent l'un et l'autre dans la bouche une cartouche de dynamite [1]. A moins d'un an d'intervalle, un artilleur dalmate et un Français se suicident au moyen d'un canon en 1885 et 1886 [1]. En 1882, un ouvrier se suicide avec un petit canon d'enfant. Peu de temps après, un enfant qui avait entendu parler du fait se tue de la même façon [2]. En janvier 1893, c'est le tour d'un ouvrier du faubourg Saint-Antoine.

Les locomotives et les trains en marche sont fréquemment mis à contribution par les désespérés. Ces temps derniers, on a pu voir plusieurs individus, renonçant au charbon classique s'asphyxier à l'aide du gaz d'éclairage. L'un d'eux même pénètre avec une bougie allumée dans une pièce remplie de gaz d'éclairage (1874). Une autre mode consiste à s'enduire de pétrole et à y mettre le feu : à Toulouse le 10 octobre 1891, Lucie Dreyfus [2]; à Paris, le 31 mars 1892, Marie Gouritin ; le 15 mai, la nommée Durand [3], âgée de quarante ans, se tuent de cette façon. Nous re-

---

1. *Ann. médico-psych.*, 1892, 1er sem., p. 189.
2. P. Moreau de Tours. *Suicides étranges*, *Ann. méd.-psych.*, 1890.
3. *Ann. médico-psych.*, 2e sem., 1891, p. 504.

trouvons ces mêmes faits : le 7 juillet 1880, près de Sancerre ; en 1882 dans les Alpes-Maritimes ; en 1887 en Autriche[1] ; à Paris en mai 1891 ; ce sont, dans ces exemples du moins, le plus souvent des femmes.

Nous devons rapprocher de cette imitation contagieuse les séries de suicide. Nous distinguerons deux espèces de séries ressortissant l'une et l'autre à la contagion. Dans la première on remarque sur différents points du territoire des suicides qui, à première vue, ne semblent avoir aucune connexion entre eux ; mais qu'on les étudie de plus près, on verra qu'une cause politique, une révolution, un désastre financier (il y a eu une quantité de suicides au moment du krach Bontoux-Féder) en sont la cause occasionnelle et le lien. Plusieurs individus. n'ayant aucune relation entre eux, apprennent une nouvelle politique qui les épouvante ou les impressionne, un changement de régime qui brise leurs projets et leurs intrigues, la ruine d'une puissante compagnie qui devait enrichir les plus pauvres, leur cerveau déjà ébranlé, ne peut résister à ce nouveau choc et ils se tuent. Ils étaient prédisposés, ils présentaient un terrain admirablement préparé et la nouvelle qu'ils viennent d'apprendre a été le germe morbide, le contage, qui a pu avec la plus grande rapidité exercer ses ravages. Dans notre historique des épidémies de suicide nous avons donné trop d'exemples de ces suicides, pour qu'il soit utile d'y revenir[2]. L'autre série présente une

1. Moreau de Tours. *Les suicides étranges.*
2. Après la guerre de 1870 un grand nombre d'aliénés manifestent des idées de suicide ou tentent de se suicider. Moreau de Tours. *Contag. du suic.*, p. 47.

contagion plus manifeste, plus évidente[1]. Je fais allusion à ces suicides qui, en peu de temps, affligent une ville ou un quartier, ou bien encore une corporation. Le premier suicide jette l'idée dans un cerveau déjà préparé, qui peut-être même a été obsédé de l'idée du suicide. Ce nouveau virus insinué dans l'esprit n'atténue pas l'idée, mais au contraire la renforce, au point que bientôt elle se transforme en acte. « Dans les quartiers d'aliénés, au moindre bruit vrai ou faux qu'une tentative de suicide a eu lieu, on voit tout à coup cette idée surgir dans les têtes où elle ne s'était pas encore montrée et nécessiter un redoublement de surveillance, pour qu'un malheur ne soit pas suivi de plusieurs autres [2]. » Un commissaire de police d'une circonscription importante me disait [3] : « Il m'arrive souvent d'être appelé pour un cas de pendaison, quand je viens d'en constater un ou deux. Et des semaines s'écoulent sans que je sois demandé pour un cas semblable. » Voyons maintenant quelques exemples de série. Au mois d'août 1892, un soldat du 71e régiment d'infanterie se pend ; le 25 novembre, un soldat se jette sous une locomotive ; le 29, un troisième soldat se pend. En décembre 1889, trois soldats de la garnison de Nîmes se suicident, etc. Il est inutile de multiplier ces exemples.

Arrivons au *suicide à deux*. Ici la contagion est tellement manifeste qu'elle devient pour ainsi dire tangible. Cette étude est faite depuis longtemps,

1. Quelques pages plus haut, je viens d'en citer de nombreux exemples, me plaçant à un point de vue un peu différent.
2. Moreau de Tours. *Contag. du suicide*, p. 68.
3. Dr Henri Privé.

aussi n'y reviendrai-je pas. Tout le monde, depuis l'étude de Chpolianski, sait que; dans le suicide à deux, il entre deux éléments : un élément actif, un élément passif ; un individu plus intelligent qui impose ses idées à un individu qui l'est moins; en d'autres termes, suivant la très heureuse expression consacrée, il y a un *succube* et un *incube*. Le succube est le passif, celui qui, admirablement prédisposé, fait germer en lui l'idée pernicieuse que l'incube y dépose continuellement, incessamment, la renforçant chaque jour par sa présence et ses discours.

« Dans le suicide à deux, l'exemple et la suggestion délirante agissent avec une intensité d'autant plus vive, que la solidarité psychique est plus étroite entre les personnes. Presque toujours ce sont des amoureux très jeunes, au paroxysme de la passion, contrariés dans leurs désirs, obsédés par l'idée qu'ils ne doivent pas vivre séparés et depuis longtemps déjà soumis à une influence de rayonnement mutuel. L'homme a l'initiative du sinistre projet, la femme y accède et tous deux s'unissent avec joie dans la mort. D'autres fois, ce sont deux conjoints qui cherchent un suprême refuge contre la misère, ou des parents très proches, qui accusent, par la communauté de leur décision, celle d'une tare latente héréditaire : le suicide à deux offre de grandes analogies avec la folie à deux [1]. — Ces drames d'ordinaire font beaucoup de bruit, et ce bruit va ébranler des impulsivités similaires, chez des prédisposés plus ou moins éloignés [2]. »

1. Chpoliansk. distingue le suicide à deux, imposé, simultané et communiqué ou par imitations.
2. Corre. *Crime et Suicide*, p. 221.

Le premier exemple qne je donnerai est, je crois, unique. Souvent l'incube, surtout dans les drames dits passionnels, joue une ignoble comédie, promettant de se tuer, mais ayant soin, d'une façon ou d'une autre, de faire en sorte de ne pas mourir. Ici l'incube, qui est la mère, a assez d'influence sur ses enfants pour les conduire au suicide, sans même avoir besoin de le simuler pour son propre compte. Elle persuade à l'aîné, âgé de seize ans, de se suicider en compagnie de son frère et de sa sœur. Un bon dîner et 40 francs sont le prix de cette invraisemblable convention, qui a eu un commencement d'exécution : les enfants s'enferment avec un réchaud allumé; l'un d'eux est asphyxié, mais l'aîné ayant eu soin d'aller respirer à la fenêtre, et d'y conduire sa sœur, a pu, ainsi que celle-ci, être sauvé [1].

L'incube survit souvent. En voici quelques exemples : Le sergent-fourrier Corbet (vingt et un ans) et sa maîtresse Adèle Chopard (quinze ans, dix mois) essayent de se tuer avec un revolver; la fillette seule meurt [2]. Le cavalier Louis Roux et sa fiancée (quatorze ans et demi) se jettent à l'eau; le dénouement est le même [3]. Marie Saurel [4] et Charbonnier son amant se jettent à l'eau, où ils regrettent vite leur tentative. Ils parviennent à regagner le bord, où Charbonnier abandonne sa maîtresse, puis tranquillement il rentre se chauffer dans son

---

1. Paul Aubry. De l'Hom. crim. par la femme, *Arch. d'Anth. crim.*, 1891.
2. Conseil de guerre du Mans, janvier 1891.
3. Conseil de guerre de Marseille, avril 1889.
4. Tribunal correctionnel de Montélimar, février 1891.

lit, pendant que la jeune fille meurt sur la berge.
Notons que la mère de celle-ci apprenant sa disparition (avant de la savoir morte) se suicide.

Dans d'autres circonstances l'incube a suggéré
au succube une idée qu'il avait bien réellement.
A Rouen, au mois de septembre 1893, on retire de
la Seine deux cadavres enlacés, celui de Jules A...
(vingt-cinq ans), et celui d'une jeune fille de seize ans,
qu'il avait enlevée, n'ayant pu réussir à l'épouser.
Le mois précédent, on retire de l'Huisne, près du
Mans, enlacés et liés ensemble avec une ceinture
de cuir, les cadavres de Leroy (trente-six ans) et
Estelle Beaudoin (quatorze ans), sa maîtresse. Dans
tous ces faits, les hommes ont toujours eu le rôle
actif, rien que la comparaison des âges le fait
supposer. Ils l'ont d'ailleurs avoué lorsqu'il y a eu
survie. Ici c'est une femme, une mère, âgée de
quatre-vingts ans, qui entraîne au suicide son fils
de trente ans. La conduite de celui-ci laissait beaucoup à désirer, et il avait été remercié dans plusieurs emplois. Sa femme disparaît un jour du
domicile conjugal, lui laissant deux enfants qu'il
ne tarde pas à placer aux Enfants-Assistés. Sa
vieille mère, voyant qu'il continue à ne pas travailler, l'exhorte à se tuer. Celui-ci n'accepte
cette idée que lorsque sa mère lui offre de mourir
avec lui [1].

En janvier 1893, Dobler, âgé de vingt ans, s'asphyxie avec son ami (?) Regnier, à Paris. Louise
Guichard et Marie Simar, deux très jeunes filles,
habitent avec leurs parents. Marie s'empoisonne au

1. *Affaire Lancelin*, 15, rue Sainte-Marthe. Paris, 19 sept. 1890.

mois de mai 1888, pour ne plus causer de chagrin
à sa mère, et Louise tient à mourir avec elle. La
même année, au mois de juillet, un vieux ménage
irrégulier (soixante-huit et soixante-trois ans)
s'asphyxie par le charbon.

La famille Hayem, composée du père (quarante-
deux ans), de la mère (trente-cinq ans) et de six
enfants (quinze, treize, douze, dix, six et un an),
mourant de faim et harcelée par les créanciers,
s'asphyxie par le charbon (juillet 1890). La mère
seule survit. La presse a fait autour de cette lamentable affaire un bruit énorme, dont le résultat le
plus clair a été, ainsi que nous le ferons voir tout
à l'heure, de surexciter l'imagination de quelques
déséquilibrés, et de les pousser à leur tour au suicide. La genèse de ces suicides en masse est toujours la même : un actif et des passifs. Ici nous ne
savons qui du père ou de la mère nous devons accuser : les enfants se sont soumis. Ces suicides multiples de toute une famille ne sont malheureusement
pas aussi rares qu'on pourrait le croire. Avec la plus
grande facilité et sans peine nous en avons réuni
un certain nombre d'exemples. Des recherches sérieuses en feraient découvrir des quantités.

Richard Smith, en 1726, devenu pauvre et infirme,
avec le consentement de sa femme, tue son enfant
après l'avoir embrassé, ils s'embrassent et se pendent aux colonnes de leur lit. Ils prennent soin
d'écrire à un ami pour lui recommander leur chien
et leur chat [1]. Notons cette préoccupation des animaux que nous retrouverons. Un père, une mère

1. Esquirol, t. I, p. 572.

et leurs trois enfants se jettent dans la Mayenne
(septembre 1888). Peu de temps après l'affaire
Hayem et dans le même quartier (septembre), une
mère et sa fille de huit ans s'asphyxient. Bourquin,
de Besançon, trois mois après l'affaire Hayem,
s'asphyxie avec sa femme et son fils âgé de treize
ans. Mme Labbé (trente-cinq ans) tente de se suicider
avec ses cinq enfants (septembre 1892). A Amiens
(décembre 1892), six personnes de la même famille
s'asphyxient, deux des enfants sont sauvés. Mme Vol-
land, rue Pelleport (août 1893), tente de se tuer
avec ses trois enfants[1]. A côté de ces suicides multiples dans lesquels la misère joue évidemment un
rôle important en prédisposant toute une famille à
accepter, presque sans révolte, l'idée de la mort
volontaire, il convient de placer une autre catégorie
de suicides collectifs, dans lesquels intervient
comme facteur principal l'aliénation mentale, ou
tout au moins la dégénérescence. Je crois que ces
cas sont rares et que l'on aurait quelque peine à en
réunir beaucoup. Chpolianski, dans son chapitre sur
le suicide à plusieurs, n'en cite aucune observation.
Par contre, dans le cours de sa belle monographie,
il en cite seulement deux cas, qu'il a empruntés à
des auteurs, et que nous reproduisons. En 1852,
miss W.., qui à onze ans a déjà tenté de se suicider,
sort de Charenton malgré l'avis des médecins, après
l'intervention de l'ambassadeur d'Angleterre. Deux
mois après, elle avait pris un tel ascendant sur ses
deux sœurs qu'elle les décida à s'asphyxier avec

---

1. Suicide de la famille Caubet en janvier 1894 (le père 66 ans,
la mère 65 et la fille 23 ans).

elle[1]. A l'arrivée des Prussiens à Houdan, le maire se
pend ; le médecin, se figurant qu'il allait mourir de
faim[2], communique ses appréhensions à sa femme et
à son domestique et tous les trois s'asphyxient[3]. Les
trois demoiselles Cuvelier (cinquante à trente-cinq
ans) essaient de mettre le feu à l'immeuble qu'elles
occupaient et se tuent (septembre 1890); elles avaient
eu une certaine fortune, mais leur conduite n'avait
pas toujours été irréprochable ; leur mère était une
excentrique. Elles étaient presque réduites à la
misère. Avant de mettre leur funeste projet à exécution, elles avaient pris soin de tuer à coups de
revolver leur chien, leur chat et leur cheval. Deux
jours après, une dame conduit chez un vétérinaire,
ses deux petits chiens en le priant de les tuer, et
aussitôt se tire un coup de revolver dans la bouche.
Enfin à Moscou[4] (avril 1890), les cinq sœurs Dobro-
verof (trente-deux à dix-huit ans), également excen-
triques, recueillant et soignant chez elles tous les
chiens et chats errants, étaient dans une situation
précaire. Leur mère vient à mourir et elles sont
vivement frappées de cet événement : elles empoi-
sonnent avec de la strychnine leurs trois chiens et
leur dix-huit chats, puis s'asphyxient avec du charbon. Les journaux français, en parlant de ce fait,
avaient fait allusion à des poursuites qu'on devait

1. Moreau de Tours. *La Contagion du Suicide*, p. 65.
D'après Legrand du Saulle. *Le Délire des Persécutions*. Paris, 1871,
p. 274.
2. A rapprocher des observations déjà citées de *Thanatophobie
et suicide*.
3. Chpolianski. *Op. cit.*, p. 36. D'après Voisin, *Ann. méd.-
psych.*, 1873.
4. *Ann. méd.-psych.*, 1890, 1er sem., p. 520.

exercer contre elles, comme nihilistes ; cette information était erronée.

Il existe une grande analogie entre ces suicides
collectifs et certains *suicides partiels*, commis le
plus souvent sous l'influence d'idées religieuses
exagérées et d'un entraînement mystique spécial.
Ce n'est pas le lieu de faire ici l'historique de ces
sectes mutilantes, dont l'origine se perd dans la
nuit des temps. Je signale simplement ici les
Skoptzy[1], parce qu'il nous est plus facile de les
connaître et de les étudier que les adeptes d'Ori-
gène. Les Skoptzy cherchent à faire du prosélytisme ; les nouveaux adhérents sont donc des victimes de la contagion, et, à ce titre je ne pouvais
complètement les passer sous silence.

Certains suicides doubles revêtent un caractère
spécial de contagion instantanée, pour lesquels il
ne semble y avoir aucune préparation chez le sujet
passif. Quelques exemples expliqueront mieux notre
pensée : Mme Marécat (Fécamp, juin 1892) se pend
en laissant une lettre à l'adresse de son mari, le
priant de la revêtir de ses plus beaux habits. Son
mari accomplit ses dernières volontés, puis se brûle
la cervelle. Mme Chauvenet (Paris, août 1893), souvent querellée par son mari, se tue de deux coups
de revolver, au moment où celui-ci rentre. Voyant
ce spectacle, il se porte sept coups de couteau dans
la poitrine. Mme Dolbecq s'empoisonne ; peu de jours
après, son mari se pend (Paris, juillet 1892). Une

1. *Les Skoptzy*, par E. Teinturier. Publications du *Progrès médical*, 1877. Ils sont encore excessivement nombreux en Russie et l'on m'a souvent montré des cochers de *droiski* comme faisant partie de cette secte.

jeune Allemande, Mlle Weber, se jette du haut du
Parthénon (mars 1893); quelques heures après un
officier, considéré comme son amant, se suicide à
son tour. A la suite d'un accident, le fils Hécolard
est ramené mort chez ses parents. Peu de temps
après, le père se pend; puis quelques mois plus tard,
la mère s'asphyxie. Ici nous avons comme point de
départ, comme choc moral, une mort accidentelle,
ce qui est extraordinairement fréquent. Rappelons-
en un récent exemple qui a fait quelque bruit :
M. Le Veillé, député, meurt; immédiatement sa
femme se suicide. Donc l'exemple d'un suicide.
souvent même d'une mort naturelle, suffisent pour
faire naître dans certains cerveaux l'idée du suicide.
Si l'impression est vive, l'idée sera quelquefois
assez violente pour se transformer immédiatement
en acte, d'autres fois elle aura besoin d'être mûrie,
d'être ruminée, suivant l'expression de je ne sais
quel aliéniste, pour être assez puissante pour provoquer le suicide.

Par l'entraînement des choses, nous sommes
naturellement amenés à étudier le suicide provoqué, non plus par une mort naturelle ou volontaire, mais par une mort criminelle. Le suicide
étant la conclusion logique d'une quantité de
crimes, surtout des crimes dits passionnels, nous
laisserons de côté les faits dans lesquels il semble
qu'il y a eu consentement de la part de la victime : ce n'est pas en effet autre chose qu'un suicide à deux dans lequel le succube [1] n'ayant pas le
courage de se donner lui-même la mort, s'est remis

1. Sighele, dans le *Crime à deux*, a bien étudié cette question.
V. ma note p. 140.

de ce soin à l'incube. Il n'est pas de semaine que
nous n'apprenions par les journaux un nouveau
drame calqué sur celui-ci, qui a fait un certain bruit.
Au mois de novembre 1891, Marie Le Bœuf, insti-
tutrice, âgée de trente ans, tue son amant près de
Paris, puis se suicide. Il semble y avoir dans le
meurtre un appel au suicide, le sang appelle le
sang, c'est en quelque sorte le complément d'un
tout. Si cette méthode se généralisait, soit dit en
passant, ce serait la meilleure solution à la revi-
sion, toujours promise, du Code pénal. Pour une
fois la phrase stéréotypée des journaux tomberait
juste : le meurtrier s'est fait justice. Mais de grâce
que les journalistes s'en tiennent à la simple cons-
tatation sommaire des faits, sans appréciation.

Ces meurtres suivis de suicide sont plus rares chez
les enfants; il en existe cependant des exemples :
Le petit Siozade, rue de Bercy, âgé de huit ans,
grand lecteur de récits de crimes et de romans qui
l'affolaient, avait menacé son père de le tuer. Il
avait déjà essayé de mutiler son frère, de lui en-
foncer un clou dans le crâne, etc., enfin il plonge
un couteau dans le ventre de son frère âgé de six
ans, puis se coupe le cou (juillet 1888). Le petit misérable Wise [1], qui s'amuse à faire tomber d'une
falaise très élevée un de ses camarades qui ne le
provoquait aucunement, aurait commis son crime

[1]. V. plus haut p. 71. Il faut rapprocher, sans aucune intention
irrévérencieuse, ce crime commis par ce petit misérable pour se
faire pendre, des très légers délits, que commettaient les martyrs
dans leur fol héroïsme et, leur détachement de la terre, pour
aller retrouver au ciel celui par lequel ils désiraient la mort, et
suprême bien. Il faut le rapprocher aussi des royalistes criant :
« Vive le roi! » pour aller à l'échafaud. V. d'autres faits, p. 72.

à cause du désir qu'il avait d'être pendu. On trouvera racontée ailleurs [1] l'horrible drame qui s'est déroulé il y a quelques années à Saint-Brieuc, et dont j'ai pu réunir tous les éléments. Un professeur d'hydrographie, après avoir essayé de violer une jeune femme, égorge la sienne, ainsi que ses deux enfants, puis se pend. La domestique a échappé à ce massacre par suite de certaines circonstances.

Si la vue d'une mort, d'un suicide provoque un nouveau suicide, un meurtre qu'on a commis en provoque encore bien plus souvent, et cela immédiatement, le suicide étant rare en prison. Que l'on ne dise pas que ces suicides s'accomplissent pour éviter le déshonneur : souvent il n'y aura aucune poursuite, ou s'il y a poursuite, il y aura fatalement acquittement ; qu'on ne dise pas non plus que c'est pour éviter une mort ignominieuse : dans ce cas l'est-elle moins que celle de l'échafaud ! Il y a là un phénomène complexe que nous ne pouvons qu'indiquer ici, mais dans lequel la contagion du meurtre entre pour une bonne part.

---

1. Paul Aubry. *Observation d'uxoricide et de libéricide suivi de suicide du meurtrier. Arch. d'Anth. crim.*, 1892, p. 302. — V. aussi plus loin, p. 208.

CHAPITRE VI

DUELS

La question du duel ayant de tout temps préoccupé les moralistes et les psychologistes, on nous saura gré de nous montrer très bref. Au point de vue philosophique, le duel n'est autre chose qu'un homicide prémédité. Loin de moi la pensée de mettre sur le même pied le duelliste, même professionnel — espèce qui heureusement tend à disparaître — et le vulgaire souteneur qui *refroidit un pante*. Celui-ci, nous ne pouvons que le mépriser profondément, l'autre, tout en lui accordant, dans certains cas, des *circonstances atténuantes*, n'en est pas moins un assassin. Quelqu'un en effet est-il jamais allé sur le terrain, sans avoir au fond de lui-même l'intention de blesser, peut-être de tuer son adversaire, et lui-même de s'en tirer sain et sauf? Pour le criminologiste, comme pour le moraliste, comme pour le Code, l'intention vaut le fait. S'il n'a pas donné la mort ou blessé son adversaire, il le désirait [1], et le résultat obtenu l'a été par une

1. Le Code est bien clair : Art. 2. « Toute tentative de crime qui aura été manifestée par des actes extérieurs et suivie d'un

suite de circonstances indépendantes de sa volonté.
Qu'on ne nous dise pas que les adversaires se sont
rendus sur le terrain, bien persuadés qu'il y aurait
échange de balles sans résultat; dans ce cas c'est
une comédie, qui malheureusement se termine
quelquefois par mort d'homme; il y en a trop
d'exemples. Je ferai une seule exception, à propos d'un duel récent au pistolet : les adversaires
devaient tirer à tour de rôle; le second, excellent
tireur, n'étant pas atteint, tire en l'air; il y a là une
attitude réellement chevaleresque qu'on ne saurait
trop admirer, mais combien rare[1]! Le plus souvent
c'est à propos de motifs futiles qu'on a une affaire,
que les témoins dignes du beau rôle qui leur est
confié, devraient chercher à arranger. C'est ainsi
que beaucoup, je me plais à l'avouer, comprennent
leur mission; d'autres, au contraire, d'une façon
ou d'une autre, attisent les haines, s'occupent plus
de l'honneur (?) que leur attirera une affaire dans
laquelle ils auront comparu comme témoins, que
de l'intérêt bien entendu de leur client.

Dans le duel, je ne comprends ni l'attitude de la
magistrature, ni celle de la presse. On ne poursuit,
paraît-il, que lorsqu'il y a mort d'homme, et dans
ce cas on acquitte, si tout s'est passé selon les
règles : c'est la jurisprudence établie. On a même
vu, dans de récents procès en Cour d'assises, les

commencement d'exécution, si elle n'a été suspendue ou n'a
manqué son effet, que par des circonstances fortuites ou indépendantes de la volonté de l'auteur, est considérée comme le
crime même. » — Art. 297. « La préméditation consiste dans le
dessein formé *d'attenter* à la personne d'un individu déterminé... »

1. Je regrette de n'avoir pas pris note de ce fait, ce qui m'aurait procuré le plaisir de pouvoir citer l'un des noms.

présidents codifiant ces règles. Une comparution
en Cour d'assises pour duel, avec un acquittement,
équivaut avec l'attitude des juges à une approbation
publique et solennelle. Alors le fameux arsenal des
lois existantes doit être transformé en musée ré-
trospectif! Au point de vue de la répression de la
contagion des idées, de l'impression sur le public,
le parquet ferait mieux de fermer les yeux, que
d'agir comme il le fait. Quant à la presse, son rôle
est non moins néfaste. En imprimant les procès-
verbaux des duels, elle rend un détestable service
à la société. Que de gens sont heureux d'être
témoins, ou même duellistes, pour avoir le plaisir
de lire le lendemain matin dans leur feuille à la
mode, le procès-verbal signé de leur nom[1]! Il n'en
faut pas plus pour surexciter quelques déséquilibrés
et amener de nouveaux duels.

L'idée du duel est excessivement contagieuse, et
ce fait a été reconnu de tout temps, puisque tous
les historiens signalent les grandes épidémies de
duels. Nous ne ferons pas l'historique complet, nous
nous contenterons de noter au passage les époques
où l'on rencontre le plus de duels. On verra quelle
influence la mode et les événements politiques ont
sur cette coutume que nous a léguée la barbarie. On
remarquera que les duels deviennent de moins en
moins meurtriers. Dans ce cas il serait tout aussi
simple de s'en tenir au procès-verbal, l'honneur y
trouverait certainement autant de satisfaction qu'à
deux balles échangées sans résultat, ou à une

1. Cf. Sous une autre forme nous retrouvons le même sentiment chez le vulgaire criminel qui est heureux de voir son nom
imprimé dans le journal. — V. aussi p. 193.

écorchure. Le duel sans mort d'homme est illo-
gique, mais néanmoins constitue une véritable
tentative d'assassinat; avec mort il devient, sans
conteste, un assassinat.

Sous Charles IX (il nous semble inutile de
remonter plus haut), il y eut une quantité de duels.
Les motifs allégués étaient invraisemblables. Vers
1560, le seigneur de Gensac veut se battre contre
deux adversaires à la fois, et comme on lui en
demande la raison : « Ah! mon Dieu, je veux me
faire mettre dans les chroniques[1]. » Déjà! serions-
nous tentés de dire comme dans une opérette
célèbre, les criminels (crimineloïdes tout au moins)
aspiraient à voir leurs noms dans les journaux!
Bussy d'Amboise se battait pour les causes les plus
futiles. Il y eut un duel de six contre six à propos
d'une grave discussion sur une lettre de broderie,
l'un voyait un X, l'autre un Y. Sous Henri III,
les duels se multiplièrent à propos de filles perdues ou pour des rivalités mesquines. En 1578,
trois des mignons du roi se battirent pour des motifs
peu sérieux[2]. « La fureur des duels n'avait cessé
de s'accroître parmi les gentilshommes, depuis le
règne frivole et sanguinaire d'Henri III, qui, avide
comme les femmes d'émotions fébriles, ne donnait
guère sa faveur qu'à des duellistes. Le combat singulier était devenu comme une espèce de folie épidémique. On se battait pour les plus légers motifs,
ou même sans motifs, uniquement pour prouver sa
valeur et son adresse : on recherchait, ou même on
faisait naître les occasions. Quand la guerre eut

---

1. Larousse. *Duel.*
2. H. Martin, t. X, p. 564 à 567.

cessé d'occuper toutes ces têtes ardentes, les duels
se multiplièrent dans une proportion si effrayante,
qu'il en coûta la vie à deux mille gentilshommes
dans l'espace de quelques années. Le cri unanime
de l'Église et de la magistrature obligea enfin l'autorité royale à intervenir [1]. »

« Henri IV, tout en désirant arrêter une manie
qui privait l'État de tant de braves guerriers, ne
pouvait ni s'indigner bien franchement contre les
mœurs au milieu desquelles il avait été nourri, ni
se décider à envoyer à l'échafaud des gens dont il
prenait plaisir à entendre raconter les prouesses [2]. »
Il paraîtrait même qu'à un moment de son règne,
ne pouvant se battre lui-même, il se battit par procuration [3]. Il y eut un arrêt dans ces épidémies
meurtrières, sous l'influence des sévères prescrip-
tions de Richelieu (1626) et de l'exécution de
Montmorency-Bouteville (1628). Il y aurait eu
cependant à ce moment un grand nombre de duels
d'après Tallemant des Réaux et même des duels de
femmes d'après Guy Patin. Ils reprirent de plus
belle pendant la minorité de Louis XIV. 4,000 nobles
furent tués pendant les deux Frondes. Sous Louis XV,
Mmes de Nesle et de Polignac, rivales auprès du
duc de Richelieu, se battirent en duel. En 1790, il
se forma à la suite de Boyer le bataillon des *spa-
dassinicides*, qui considéraient comme personnelles
toutes querelles suscitées aux députés patriotes.
Pendant la Révolution et sous l'Empire, il y eut peu

1. H. Martin, t. XII, p. 41. D'après Larousse, de 1598 à 1608,
le duel coûta la vie à près de 8,000 gentilshommes, faisant ainsi
plus de victimes que les guerres civiles.
2. H. Martin, t. XII, p. 41.
3. Larousse. *Duel.*

de duels, la combativité et l'instinct sanguinaire
ayant de puissants dérivatifs. Sous la Restauration,
il y eut une grande recrudescence, facile à expliquer : il n'y avait pas de guerre possible, la plupart
des officiers en demi-solde ne cessaient de se battre,
la surexcitation politique aidant; c'est également
sous ce régime qu'eurent lieu, en France du moins,
les premiers duels parlementaires. Depuis, les
dynasties ont succédé aux dynasties, les républiques
aux empires, mais cette belle institution du duel
parlementaire fleurit comme à ses plus beaux jours,
nous le verrons tout à l'heure. Il ne faudrait pas
croire que, sous la Restauration, il n'y eut que des
duels ayant la divergence des idées politiques pour
point de départ, le roi ou l'empereur! Nous trouvons aussi les motifs les plus futiles à cette époque
où il y eut tant de rencontres. J'ai connu un vieux
gentilhomme, mort il y a peu d'années, qui eut un
grand nombre de duels, presque tous pour des raisons invraisemblables. Il avait la main malheureuse,
car ses adversaires restaient presque toujours sur
le carreau. Il prie un jour un jeune officier de commander devant lui. Celui-ci se trouble et balbutie,
à la grande fureur de notre gentilhomme, qui l'in-
vective de toutes les grossièretés de son répertoire.
Il lui arrache alors le fourreau de son épée, dans
lequel il se met à uriner, à la face de la compagnie.
Il y eut encore à cette occasion un duel, dans lequel
son malheureux adversaire perdit la vie. Une autre
fois, voyant sourire dans une réunion où il avait
prononcé un mot d'une façon bizarre, il provoqua
un des assistants en duel et le tua. Sous Louis-
Philippe il y eut quelques duels retentissants, entre

autres l'affaire Carrel-Girardin. En 1848 et sous
l'Empire, ils furent peu nombreux. Mais depuis 1870!
Je ne les ai pas tous relevés, je n'ai que les principaux de ces dernières années : de 1875 à 1890
on a compté 647 duels, sans parler des duels militaires[1]. Vers 1885, Mme Astié de Valsayre se bat sur
la frontière belge avec une jeune Américaine. En
1888, duel entre deux jeunes femmes de Bordeaux.
Le boulangisme a été cause d'un grand nombre de
duels ; on n'a pas oublié entre autres la rencontre
entre Floquet et Boulanger, les duels de Clémenceau,
de Cassagnac, Déroulède-Reinach (1888); Laur-
Thomson, Laur-Letellier (1889) et à cette époque
combien d'autres duels politiques! Déroulède-
Reinach (1890); Laguerre-Déroulède (1891); de
Morès-Dreyfus; en juillet 1891, 4 duels pour discussions parlementaire à Buda-Pesth; en juin 1892, les
3 duels Crémieux-Foa, contre Lamase, de Morès,
Mayer; à la même époque (20 mai 1892), les 4 duels
imaginaires de M. Roulez. Le 11 août 1892 à
Madrid, duel entre deux commerçantes, mort de
l'une d'elles. A Vienne, entre deux dames appartenant à la haute noblesse, un duel à propos d'une
discussion survenue au Comité de l'exposition de
Vienne. Dans le Texas, en novembre 1892, deux
officiers se battent en duel, l'un d'eux est tué. Son
fils, qui assistait à l'affaire, saisit un pistolet et tue
l'adversaire. Alors, témoins et spectateurs se ca-
nardent; un spectateur est tué, deux autres sont

---

1. Charles Teissier. *Du Duel au point de vue médico-légal*,
Lyon, 1890. Ce chiffre est évidemment au-dessous de la vérité.
Que de duels ignorés! J'ai eu connaissance d'un duel, vers 1878,
dans une chambre de la rue Pascal, à Paris.

grièvement blessés. Voilà un cas de contagion du meurtre par le duel. Pendant le seul mois de mai 1893, les journaux signalent quatre duels à Toulouse, Montreuil, Paris, Bordeaux.

On sait combien les duels sont fréquents chez les étudiants allemands et de quelle façon ils procèdent. La plupart du temps, le motif de ces rencontres est d'une futilité invraisemblable, mais il faut se battre pour obéir à la mode, et pour s'élever au-dessus de ses camarades. D'ailleurs une cicatrice n'enlaidit point un étudiant aux yeux d'une gretchen, elle le pare au contraire d'une auréole d'un prix inestimable. J'avoue que je prenais pour une légende les descriptions que l'on faisait des étudiants au visage couvert de balafres. Je n'ai passé que quelques heures à Heidelberg, et j'y ai rencontré autant, plus peut-être, d'étudiants avec d'énormes cicatrices, quelquefois très nombreuses, sur la figure, que de jeunes gens n'en ayant pas. Il est évident que je ne me suis pas trouvé là en présence d'une simple coïncidence. Le prince de Bismarck, étant étudiant, s'est battu soixante fois ; il ne porte, paraît-il, qu'une cicatrice visible.

Je rapprocherai de ces duels allemands une coutume qui a disparu de nos mœurs, depuis nombre d'années. Autrefois les brimades de Saint-Cyr, qui heureusement vont toujours en s'atténuant, et aujourd'hui ne sont plus qu'une tradition bien anodine, présentaient un caractère de vexation et de grossièreté, qui souvent, à bon droit, choquaient les victimes. Répondre, il n'y avait pas moyen, les anciens étant considérés comme les supérieurs des recrues ; accepter sans rien dire, ne convenait pas

davantage. On trouva un moyen terme bien extraordinaire : on attendait la sortie de l'école, c'est-à-
dire deux ans, et alors, comme il n'y avait plus de
différence de grade on se battait en duel. Il paraît
qu'une quantité d'affaires se réglaient ainsi. Quelques-uns, les plus agressifs, avaient toujours plusieurs duels sur les bras à leur sortie de l'école.
Que dire de cette longue patience, de cette attente
qui pouvait durer jusqu'à deux ans? La plupart du
temps, on avait certes oublié l'injure, mais l'honneur était engagé il fallait se battre !

On pourrait faire de même un historique du duel
à l'étranger, et cette histoire ne serait certes pas
plus belle que la nôtre, mais je n'ai pas eu en
mains les documents suffisants, je signalerai simplement une épidémie de duels sous George III,
roi d'Angleterre. Pour les duels aux colonies, on
trouvera quelques indications très curieuses dans
l'un des ouvrages si documentés de Corre, *le Crime
en pays créole* [1].

On a vu, par ce court exposé, que le duel, ou
assassinat longuement prémédité et exécuté de sang-
froid, obéit aux lois de la contagion, l'idée tombant
sur un milieu préparé, et ce milieu est préparé
par la mode, par les surexcitations politiques, et
par un état d'esprit que l'on rencontre à certaines
époques. Tous ne se battront pas, les prédisposés
seuls deviendront duellistes, et les grands prédisposés bretteurs.

1. Lyon. Storck, p. 169.

CHAPITRE VII

MEURTRE A DEUX — MEURTRE MULTIPLE

L'influence de la contagion est très facile à saisir, et très évidente dans les faits que nous allons étudier. La famille, la prison, le spectacle des exécutions, la presse préparent le terrain, ou font un milieu de culture favorable, dans lequel une idée malsaine peut germer et se développer à loisir. Quelquefois, nous l'avons vu, ces éléments interviennent isolément ou jettent eux-mêmes l'idée de meurtre. La contagion n'en existe pas moins, mais elle n'est pas visible, tangible pour ainsi dire, comme dans les exemples que nous allons mettre sous les yeux du lecteur. Dans le meurtre à deux en effet, sous l'une quelconque des formes que nous allons étudier, les choses se passent invariablement de la façon suivante que nous schématisons : A persuade à B de commettre un meurtre (que celui-ci soit seul à agir effectivement, ou qu'il le fasse de complicité avec le premier). En d'autres termes, la contagion s'effectue directement de A à B. L'un a médité un meurtre, il le fait commettre par un complice. Ici, comme partout, pour qu'il y ait contagion, il faut un terrain préparé, dans lequel vient germer une idée apportée de l'extérieur. A réussira à faire un meurtrier de B, mais il n'obtiendrait pas le même résultat avec C ou D, parce que ceux-ci sont réfractaires à l'idée. Pour employer un joli barbarisme du professeur M. Benedikt [1], qui sait si agréablement manier notre langue, il faut des *convainqueurs* et des *convaincus*.

Dans cette étude, nous trouverons encore, nous y ayant précédé, notre maître le Dr Paul Moreau de Tours [2], auquel nous ferons forcément de fréquents emprunts. Nous trouverons comme dans la folie à deux, comme dans le suicide à deux, l'incube et le succube. Quelquefois, il nous sera difficile d'analyser le rôle des deux criminels, mais on le trouverait toujours dans une instruction bien faite, avec une procédure complète. Le 25 juin 1890 [3], on jugea en Hongrie le procès de dix femmes, accusées d'avoir formé entre elles un complot pour se débarrasser de leurs maris par l'arsenic, dans le but de se livrer plus facilement à la débauche. L'instigatrice était morte pendant la détention. Dans les affaires Gilles et Abadie, Lebiez et Barré, on retrouverait facilement l'incube et le succube. A Berlin, au mois de janvier 1892, les époux Kroll tuent, avec de petites doses répétées d'arsenic, quatre de leurs enfants.

1. Congrès d'Anth. crim. de Bruxelles, 1893. Lorsque le professeur Benedikt s'est servi de ce terme, il l'a employé pour soutenir une autre idée que celle que je soutiens ici.

2. *Ann. médic.-psych.*, 1893, t. XVIII, p. 14.

3. *Id.*, p. 28. Le livre de Sighele nous aurait été d'une grande utilité pour cette partie de notre étude, nous y renvoyons avec le plus grand plaisir le lecteur qui voudrait se faire une idée complète du meurtre à deux

Louise Milcent (dix-sept ans) et Pauline Durand (vingt - deux ans) tentent de tuer l'amant de la première pour le voler[1]. La fille Ribos et Maffei combinent savamment un plan pour assassiner et voler un caissier. La femme donne un coup de rasoir au cou, l'amant l'achève avec son revolver (Trieste, 1888)[1]. Les époux Sorbon séquestrent, maltraitent et font mourir de privations et de coups un vieil oncle dont ils devaient hériter[1]. Deux femmes faisant avec le mari de l'une d'elles, grand buveur, ménage à trois, s'entendent pour se débarrasser de cet ivrogne[2].

En 1888, en Angleterre, deux jeunes gens, Gower et Dobell, jouent à pile ou face la vie d'un père de famille que l'un d'eux ne connaissait même pas. Schneider avait déjà volé, tué et violé quelques bonnes, lorsqu'il s'aperçoit qu'il a besoin d'un complice; il vivait séparé de sa femme, une coquine, qui ne valait pas mieux que lui; il va la chercher et à eux deux ils tentent des guet-apens, qui réussissent parfaitement; plusieurs bonnes furent ainsi assassinées (Vienne (Autriche), février 1892). Enfin, pour ne pas allonger indéfiniment cette liste, rappelons sommairement la trop célèbre affaire Gouffé (1889)[3]. Gabrielle Bompard, qui faisait vivre Eyraud du produit de son inconduite, attire dans un guet-apens l'infortuné huissier. Celle-ci profite de l'instant où il se penche vers elle pour lui passer au cou la fameuse cordelière et l'étrangler. Ici, contrairement à ce que

1. Aubry. *Arch. d'Anth. crim.*, 1890, p. 269, 270, 375.
2. Corre. *Id.*, 1890, p. 133. Le délit et le suicide à Brest.
3. Pour tous les détails, v. *Arch. d'Anth. crim.*, 1890, p. 642, Lacassagne.

nous verrons dans les autres exemples, Gabrielle.
qui était l'incube, a eu le rôle le plus actif, généralement le succube agissant sous son influence[1].

En effet, sans remonter aux sbires, aux bravi qui
faisaient de l'assassinat un métier fort lucratif, il
n'est pas rare de rencontrer, de nos jours, des personnes qui, n'ayant pas le courage de leur opinion,
et souvent n'osant pas se risquer, arrivent par persuasion à faire agir en leur lieu et place un individu qui commet le crime en leur nom. Fréquemment ce sont des femmes qui agissent ainsi, et presque toujours c'est leur amant ou celui qui doit le
devenir, le crime accompli, qui tue le mari ou tout
autre dont on tient à se débarrasser. Les exemples
en sont innombrables : Cédot, à l'instigation de la
femme Queyran, tue le mari (Le Puy, mai 1890)[2];
Chevalier, à la prière de Martine (Caen, février

---

1. Au congrès d'anthropologie de Bruxelles, on a longuement
discuté la question de savoir s'il était possible de suggérer hyp-
notiquement à un sujet de commettre un crime. Les expériences de laboratoire sont très concluantes à cet égard et ne
laissent aucun doute. En est-il de même dans la réalité? Cela ne
semble pas. En tout cas les orateurs qui soutenaient cette thèse,
se sont longuement étendus sur la suggestion thérapeutique, qui
n'était pas en discussion, mais n'ont pu apporter aucun fait
prouvant qu'un crime ait jamais été commis dans ces conditions.
On a bien essayé d'insinuer que la trop célèbre Gabrielle Bompard avait été hypnotisée par Eyraud. Un savant éminent,
M. Motet, qui mieux que personne connaissait le fait, a répondu :
« Dans cette affaire, la question d'hypnotisme, la question de
suggestion criminelle n'a jamais existé. » (Actes des Congrès,
p. 321.)

La tentative d'assassinat dont vient d'être victime le Dr Gille
de la Tourette, sous l'influence de la suggestion hypnotique,
a-t-on dit tout d'abord, a été fait par une persécutée que « ses
parents, ses amis, ses compatriotes ne cessaient d'hypnotiser ».
Chez cette persécutée, l'hypnotisme a remplacé les jésuites, les
francs-maçons, l'électricité (décembre 1893).

2. Aubry. Homicide commis par la femme, p. 282.

1889) [1]; Corbet, aux instances de la femme Sorel (Caen, août 1887); l'amant de la femme Aveline [2], à la demande de celle-ci (Caen, 1884) [1]; Mauclair, pour être le préféré de la femme Bellanger, qui cependant avait nombre d'amants (Tours, 1888) [1], tous tuent le mari, souvent à l'affût. Anna Beausoleil (Dordogne, 1888), deux mois après son mariage, fait tuer son mari, atteint de phtisie très avancée, dont elle hérite. Elle se donnera en récompense [1]. Vuillerot, pour 100 francs qu'il reçoit de la femme Laifour, tue son mari (Dijon, décembre 1893); Barbot, l'amant de Mme Barthelet, tue le mari avec le revolver de celle-ci (Le Mans, décembre 1891); Baujan, un repris de justice, tue une rivale de sa maîtresse (Saint-Ouen, novembre 1892) : tout ce personnel appartenait au plus vilain monde. La femme Savignac fait assommer son mari par son amant Mathieu (Loiret, avril 1889, affaire des sourds-muets). Mocomble, pour une somme d'argent et pour des promesses plus intimes, débarrasse la femme Hauguier de son mari (Somme, mai 1893). Victorin Meille, dont nous avons déjà parlé, tue son père à l'instigation de sa mère [3]; le fils Fosse finit par obéir aux longues obsessions de son père et tue une vieille voisine [3]; la mère Berland pousse son fils au meurtre [3]; la femme Enjalbert fait tuer son mari par son fils [3]; la femme Bourgeois, maîtresse de son fils, excite celui-ci à achever son père (Ardennes, novembre 1893).

1. Aubry. *Homicide commis par la femme. L. c.*
2. Remarquons que trois de ces affaires se passent en peu d'années dans le Calvados, et qu'elles se ressemblent toutes.
3. V. *Supra*, p. 22, 23, 25.

Dans cette catégorie d'affaires, la contagion ne nous semble-t-elle pas aussi évidente que partout ailleurs? Deux sujets sont en présence; le premier a l'idée de meurtre, mais, pour telle ou telle raison, il ne veut pas commettre lui-même son crime. Il trouve, le plus souvent dans son entourage, une personne à laquelle il fait d'abord comprendre que le mari est gênant, que s'il n'était plus là, on aurait plus de liberté pour se voir et s'aimer, semant ainsi la première idée chez un individu souvent surexcité par la passion. Puis, quand cette première idée a bien pénétré le succube, on lui fait comprendre qu'il serait peut-être facile, sans grand risque, de se débarrasser du gêneur; puis on discute les moyens, et on arrive bientôt à l'exécution.

Avec Moreau de Tours, nous signalerons la grande analogie qui existe entre la folie à deux et le crime à deux. « Cette affaire, dit-il en parlant de l'affaire Meille, est bien une observation type. Toutes les conditions voulues y sont réunies; nous voyons en effet le sujet principal, le sujet actif, l'excitateur si l'on veut, la femme Meille présenter une immuable volonté à atteindre le but qu'elle s'est proposé, tuer son mari. Mais se sentant trop faible pour mener à bien sa criminelle entreprise, elle songe à se donner un complice. Une première tentative faite dans ce sens échoue; elle ne se rebute pas et jette alors son dévolu sur son fils, jeune homme d'une vingtaine d'années, d'un caractère assez mou, sans énergie. Elle lui parle d'abord vaguement de son projet, puis y revient en donnant des raisons qui peuvent émouvoir le jeune homme, et finalement, par ses objurgations incessantes, finit par avoir raison de ses résistances. »

Je rapprocherai, de cette contagion directe sans intermédiaire, les faits suivants dans lesquels l'incube a sans doute une responsabilité moins grande, parce qu'il n'a pas eu en vue un meurtre, que ses paroles ne se sont pas adressées avec persistance à une individualité, mais à une masse, ce qui est d'autant plus dangereux. Enfin sa principale excuse est que sans doute, il n'a pas eu l'intention de nuire. Au mois de mai 1892, l'empereur d'Allemagne félicite publiquement le soldat Lick, qui, étant de faction, a tué ou blessé deux ouvriers. Quelques jours après, un officier d'infanterie à Berlin, en pleine rue, à dix heures du matin, donne un coup de sabre à un passant dont le chien déplaisait au dogue du lieutenant. « Le soir, cinq sergents de la garde, un sous-officier et deux soldats du 1er escadron des gardes du corps entrent dans un café-concert, tirent leurs sabres, blessent deux kellnerinen, assomment deux consommateurs, brisent tout le mobilier, et s'en vont sans que la police ose intervenir[1]. » Il paraît que ces deux faits ont été loin d'être isolés, après les retentissantes paroles de l'empereur, qui autorisent pleinement l'élément militaire à se servir impunément en tout temps de ses armes, pour se faire respecter (?) par la population civile.

Dans sa séance du 1er juillet 1893, le citoyen Foulard, conseiller municipal à Saint Denis, émet une proposition tendant à ce que le conseil fasse afficher un avis « enjoignant à tous les citoyens de se munir de revolvers, pour résister vigoureuse-

1. *Figaro*, 26 mai 1892.

ment partout et toujours, aux manœuvres policières. » Trois jours après trente ouvriers armés de
revolvers essayent de détourner de leur travail
d'autres ouvriers. Il s'ensuivit une sanglante bagarre, au cours de laquelle, heureusement, on n'eut
aucune mort à déplorer.

Quelquefois la provocation n'est pas si directe :
ce sont des individus qui *blaguent* un camarade au
sujet de sa situation conjugale, et qui par leurs
plaisanteries incessantes deviennent la cause d'un
meurtre. Tel Bicher, acquitté par la Cour d'assises
de la Seine en décembre 1893, pour avoir tué sa
femme, sans avoir eu avec elle la moindre discussion, sans lui avoir laissé le temps de s'expliquer.
Ses camarades ne cessaient de lui dire que sa
femme le trompait. Tel encore ce pauvre petit
Henry dont j'ai parlé [1], qui, obsédé par les taquine-
ries de ses camarades d'école, qui lui reprochaient
le crime de sa mère (assassinat et dépeçage), s'en
fut se pendre de désespoir.

Si une personne arrive à faire pénétrer dans
l'esprit d'une autre l'idée contagieuse du meurtre,
n'est-il pas logique d'admettre *a priori* que dans
certains cas le meurtre produit sur le meurtrier
lui-même un renforcement de l'idée, une sorte
d'*hyper-auto-intoxication*, si l'on veut me passer
cette expression. Les exemples en sont nombreux,
mais le plus typique est incontestablement le suivant. L'ex-huissier Bousquet, au mois d'avril 1890,
se rend à la recherche de son ancienne maîtresse,
domestique, chez M. Paquy, avocat, rue Belzunce.

---

1. *De l'Homicide commis par la femme*, et *supra*, p. 26.

Il tire deux coups de revolver sur elle, et lorsqu'elle est tombée, il s'en approche et à bout portant lui fracasse le front d'un troisième coup. Jusqu'ici nous n'avons affaire qu'à un drame passionnel plus ou moins banal, mais ce n'est que le premier acte. M. Paquy avait, vis-à-vis de l'huissier, le grand tort de l'avoir éconduit la veille. Celui-ci l'aperçoit et le tue en présence de sa femme et de ses enfants, avec les trois balles qui lui restaient dans son revolver. Puis s'adressant à Mme Paquy : « J'en suis bien fâché pour vous, madame, mais c'était mon droit ! » Plus tard, à l'audience, il trouve cette excuse : « Il est évident que ce sont des faits profondément regrettables. » Les jurés, toujours si indulgents pour les crimes de sang, auraient pu trouver dans leur cœur, ou leur souvenir, des excuses pour l'assassinat de Juliette Drouard sa maîtresse. Mais y a-t-il, au meurtre absolument inutile de M. Paquy, une autre explication que ce que je viens d'appeler l'hyper-auto-intoxication ? Le jury a condamné ce misérable à mort, qui plus indigne de pitié que beaucoup d'autres, a cependant vu commuer sa peine.

Nous avons eu à Saint-Brieuc, à quelques années d'intervalle, deux drames très complexes, ayant entre eux beaucoup d'analogies, entre autres le nombre des victimes. En voici le récit très sommaire. Armand Le Foll, ancien capitaine décoré, avait enlevé au Mexique une jeune fille qui devint sa femme. Il était rédacteur en chef d'un journal de la localité, et avait eu précédemment quelques duels, c'était un homme très vif, très emporté, mais très brave, paraît-il. Revenant de Paris avec sa maîtresse, il fait venir à son bureau celui qu'il croyait l'amant de sa femme et lui plonge un poignard dans le dos; il se rend chez sa femme et essaye de la tuer par le même procédé. Il va alors retrouver sa maîtresse à l'hôtel où ils prennent un bouillon, puis ils se dirigent vers une localité suburbaine, pour chercher un asile; il sonne à la porte d'une propriété et comme on ne lui ouvre point, Le Foll tire sur sa maîtresse, alors enceinte, quatre ou cinq coups de revolver sous le sein gauche, puis un dernier coup dans l'oreille. Elle avait pleuré toute la journée, et venait de tirer son corset au moment où elle a été tuée. Le Foll se tua ensuite d'un seul coup de revolver. Ces circonstances rendent probable l'idée d'un suicide double, après deux assassinats commis par l'incube. Il avait violé sa domestique et était l'amant de trois ou quatre femmes [1].

J'ai longuement raconté[2] l'affaire du professeur d'hydrographie Dubois, qui, la même soirée, après une tentative de viol, égorge ses deux enfants, sa femme, a peut-être l'intention de tuer sa domestique, puis se pend dans son escalier. Dans ces deux

---

1. Le père de cet individu, qui, toute son existence, était resté professeur de basses classes au lycée, manquait totalement de sens moral. Le soir même de ce massacre, il se rendit comme il en avait l'habitude faire sa partie à son cercle. On eut toutes les peines du monde à lui faire comprendre que sa place n'était pas là. Peu de jours après, je l'ai vu montrant de loin, à une personne, l'endroit où s'était passé le dernier acte du drame. Il accompagnait sa démonstration de grands gestes et semblait faire le récit de faits qui lui auraient été complètement indifférents. Son fils avait un enfant légitime et une fille adultérine de sa maîtresse. Je crois que cette enfant a dû mourir récemment à l'hôpital de Saint-Brieuc.

2. *Arch. d'Anth. crim.*, 1892, p. 302. V. aussi p. 189.

massacres nous trouvons manifestement une sorte
d'entraînement au meurtre, une sorte d'auto-sug-
gestion dont le premier crime a été le point de
départ. Signalons sans y insister les massacres de
Marat, de Carrier, qui rentrent évidemment dans le
même ordre d'idées. Les aliénistes savent que l'un
des caractères du meurtre commis par les épilep-
tiques est le nombre des victimes.

CHAPITRE VIII

VIOL SUIVI DE MEURTRE, COMMIS PAR UNE BANDE D'INDIVIDUS

Indépendamment de ces grands bouleversements sociaux qui produisent ces épidémies meurtrières que nous étudierons tout à l'heure, on rencontre parfois de petites épidémies locales qui naissent sur place, et s'éteignent de même; généralement il n'y a qu'un meurtre de commis, mais il est commis par une bande d'individus, s'entraînant les uns les autres d'une façon absolument identique à celle que nous allons indiquer dans les troubles politiques, mais sur une moins grande échelle. Nous venons d'indiquer les analogies qui existent entre la folie à deux et le crime à deux, nous avons vu un individu plus intelligent qui impose sa volonté et ses idées à un individu moins intelligent, une main qui exécute, alors que l'incube commande et n'intervient le plus souvent que pour empêcher la lutte de la victime et la paralyser complètement[1]. Cependant, il est un point que nous voulons étudier dès maintenant, parce que ce meurtre, ou cette tentative de meurtre, s'accomplit toujours dans des conditions identiques : une bande d'individus, des jeunes gens, le plus souvent, après des libations plus ou moins copieuses, rencontrent sur une route isolée une femme, qu'elle soit jeune ou vieille, peu leur importe, c'est une femme. Ils se précipitent sur elle, la renversent, et pendant que plusieurs d'entre eux la maintiennent immobile, tour à tour, avec moins de pudeur qu'une bande de chiens, ils la violent. Que se passe-t-il alors ? Comment leur lubricité assouvie se change-t-elle en fureur homicide ? Comment s'entraînent-ils les uns les autres, non pas à tuer brutalement leur victime, mais à la faire souffrir, à la martyriser, à inventer les supplices les plus barbares ? C'est ce que nous voudrions faire ressortir dans les observations suivantes. Une jeune fille de treize ans, habitant Caudy (Nord), allait chaque jour à Carnières. « Samedi dernier, sur la route de Beauvais, deux individus se jetèrent sur elle en lui criant : « La bourse ou la vie. » La pauvre enfant leur donna son porte-monnaie et son panier et prit rapidement la fuite pendant que les deux misérables regardaient ce que pouvait contenir le panier et le porte-monnaie. Mais ils se mettent à sa poursuite, la saisissent, la jettent sur la route, prennent les ciseaux qu'elle portait et lui crèvent les yeux. Puis sur ce corps pantelant, malgré les cris de douleur de leur victime, ces bêtes fauves se livrèrent aux derniers

1. Chpolianski. *Loc. cit.*

outrages et la souillèrent au point que le lendemain la pauvre enfant succombait au milieu des plus affreuses souffrances [1]. »

Le 19 juin 1886, la nommée Mac-Glan, au sortir d'un bal, à la fête de Joinville-le-Pont, avait été entraînée jusqu'à la villa Schaker par une quinzaine de mauvais drôles âgés de dix-huit à vingt-cinq ans, puis battue, outragée et torturée par ces misérables avec des raffinements inouïs. Son corps était couvert de brûlures faites avec des allumettes. Pendant deux heures elle fut en proie à la cruauté et à la lubricité de la bande, qui la laissa à moitié morte et s'en alla en chantant. Aujourd'hui elle est complètement rétablie et fait la déclaration suivante à la neuvième chambre correctionnelle : « Ils étaient une quinzaine autour de moi. Plusieurs fois sur la route ils me firent tomber par terre... ; je me relevais à grand'peine. Ils m'ont enlevé mes vêtements et se sont servis de moi les uns après les autres. Je criais ; pour m'empêcher de crier, ils m'ont mis de la terre dans la bouche... il y en avait qui me tenaient les jambes... Tout ça a duré deux heures environ... En s'en allant ils se sont amusés à promener sur toutes les parties de mon corps des allumettes enflammées... Enfin ils m'ont laissée... Ils se sont en allés en chantant. J'étais toute nue [2]. »

« Une jeune fille de dix-neuf ans, couturière, a été attirée par trois individus, dans le chemin de ronde des fortifications, vers onze heures du soir. Les trois complices, pour assouvir leurs passions

1. P. Moreau de Tours. *Des Aberrations des sens génésiques*, p. 270.
2. *Le Temps*, 23 août 1886.

bestiales, l'ont frappée et rouée de coups jusqu'à
ce qu'elle fût dans l'impossibilité de leur résister.
Une fois satisfaits, ils l'ont abandonnée sur place,
épuisée et ne donnant plus signe de vie [1]. »

« Une scène horrible s'est passée auprès de l'usine
à acier de Saint-Brieuc. Six jeunes gens de cette
ville revenaient de Sainte-Anne du Houlin où ils
avaient passé la journée du pardon. Sur la route,
dit l'*Indépendance bretonne*, ils trouvèrent une
femme d'un certain âge, dont nous ignorons le
nom. Ils se ruèrent sur elle, la déshabillèrent complètement et lui firent subir les derniers outrages,
après l'avoir volée. La pauvre femme poussait
des cris atroces. On la bâillonna. Ses cris avaient
été entendus par M. Geoffroy, garde de l'usine.
Il accourut à l'aide de la malheureuse victime. Il
fut à son tour assailli par cette bande de sauvages,
et si cruellement frappé qu'il tombait bientôt sans
connaissance. On s'est acharné sur lui jusqu'à ce
qu'on l'ait cru mort. La femme a dû être portée
d'urgence à l'hospice. Le garde a plusieurs côtes
de brisées (3 août 1879). »

« Mercredi dernier, à 200 mètres de la station de
Marles, sur la ligne du chemin de fer de Gretz à
Coulommiers, une jeune fille de quinze ans, dont
les parents habitent le hameau de Les-Chapelles-
Bourbons, a été emportée en plein jour, vers les
quatre heures de l'après-midi, dans un petit bois,
par un individu qui l'a bâillonnée dans le pré où
elle fanait. Dans ce bois, qui est traversé par le rû
de Bréon, se trouvaient deux autres individus. Ces

1. *Petit Journal*, 4 juillet 1886.

trois hommes ont déshabillé l'enfant toute nue, lui enlevant jusqu'à ses bas ; puis, croyant entendre quelqu'un venir, ils l'ont jetée dans le rû et se sont enfuis [1]. »

Nous avons choisi quelques observations aussi dissemblables que possible ; cependant dans toutes, le viol commis, on retrouve cette pensée cruelle de faire souffrir leur victime, s'inquiétant peu de savoir quel sera le résultat des tourments qu'ils lui font endurer.

Le viol par un seul individu est rarement, d'une manière relative bien entendu, suivi de meurtre. Le viol par une bande d'individus l'est beaucoup plus souvent. Dans les deux cas, une cause assez fréquente est la résistance de la femme que l'on ne parvient à vaincre qu'en la massacrant. Morte, loin d'être un objet de dégoût et d'horreur, elle sert à assouvir la salacité du meurtrier. Une autre cause est cette dépravation incontestablement pathologique, qui fait que certains individus ont besoin pour exciter leurs sens de faire couler le sang. Nous avons tous présents à la mémoire un certain nombre d'exemples historiques. Nous ne pouvons expliquer le meurtre commis par une bande d'individus sur une femme qui vient d'être violée que par cet entraînement des foules, par ces instincts bas qui se réveillent sous des influences diverses. Lorsque le peuple devient meurtrier, il y a quelque chose d'inconscient dans le processus qui le fait agir ; dans le cas qui nous occupe, on ne peut nier l'action de ces mêmes éléments, mais d'autres in-

1. *Le Soir*, 8 juillet 1876.

terviennent. Ils sont là plusieurs qui viennent de vaincre la résistance d'une femme, victoire glorieuse, leur victime est brisée par les émotions, par la fatigue de la longue lutte qu'elle a eu à soutenir contre la brutalité de ses agresseurs. Ils se sentent les plus forts, l'un d'eux commence à faire subir quelque supplice à la malheureuse, les autres ne resteront pas en arrière, ils l'aideront, ils l'encourageront, ils s'acharneront d'autant plus que la malheureuse sera plus faible, offrira moins de résistance, et sera plus abattue par les nombreuses violences dont elle vient d'être la victime.

TROISIÈME PARTIE

DU MEURTRE AU POINT DE VUE ÉPIDÉMIQUE ET ENDÉMIQUE

CHAPITRE PREMIER

INFLUENCE DES GRANDS BOULEVERSEMENTS SOCIAUX SUR LA CONTAGION
CRIMES DES FOULES — LA GUERRE

Dans les chapitres précédents, nous avons essayé de faire voir comment un individu pouvait en contagionner un autre. Mais la contagion ne s'étend jamais qu'à un petit nombre de personnes, elle est isolée, elle naît sur place, elle meurt également sur place, ce sont de véritables cas sporadiques. A certaines époques, au contraire, il éclate, sous des influences imparfaitement déterminées, de violentes épidémies de meurtre. Nous allons rechercher quel en est le processus, comment naissent et se développent ces idées de meurtre qui envahissent brusquement tout un peuple, ou une partie de ce peuple, une secte.

On a vu que jusqu'ici nous avons été très sobre de considérations générales sur les causes qui peuvent provoquer un individu isolé à suivre l'exemple d'un meurtrier. Nous avons cité un grand nombre de faits dans lesquels la *contagion sporadique* était évidente, préférant ainsi appuyer l'idée que nous soutenons sur des observations palpables. plutôt que sur des considérations médico-philosophiques, toujours plus ou moins discutables. Nous suivrons le même plan dans ce chapitre; mais les grandes épidémies de meurtre ayant plus frappé les auteurs que les cas isolés, beaucoup ont donné leur opinion à ce sujet :

« Ce penchant à tuer, ce désir de porter atteinte à l'existence, peut se révéler dès la première enfance par certains goûts et certaines directions d'idées. Il est des enfants qui sont remarquables par leur instinct féroce, qui prennent plaisir à tuer les animaux, à faire du mal à leurs camarades. Chez l'adulte, ce penchant s'accroît, et l'on en rencontre qui éprouvent du bonheur à voir couler le sang, à le répandre, qui s'en enivrent. Si ce penchant se développe sous l'influence des passions politiques ou religieuses, *il peut devenir épidémique* et faire surgir des misérables qui égorgent jusqu'à ce qu'ils ne trouvent plus de victimes. Ceux qui ont été témoins des massacres de septembre 1792, à Paris, disent que le troisième jour, les égorgeurs ne pouvaient plus s'arrêter [1]. »

« L'organe de l'imitation dans le cerveau est un de ceux qui se présentent en première ligne avec ceux de la combativité et de la cruauté. En temps d'anarchie et de révolution, tous les crimes qui se commettent sont l'œuvre de ces trois points du cerveau qui commandent en maître à la raison et à l'intelligence qu'ils se sont subordonnées. Alors l'homme qui est né cruel, retrousse ses manches et

1. Andral. *Pathologie interne*, t. III, p. 59.

se fait pourvoyeur de la guillotine. Il aura pour
imitateurs la foule de ceux qui voulaient un modèle,
un boute-en-train de ce qu'ils se sentaient capables
d'exécuter. Les victimes seront les hommes faibles
et moutons, ceux que les bons modèles, les exemples de sagesse et de raison, ont rendu humains et
pieux, chez lesquels les organes de la cruauté et de
l'imitation, s'il ont existé en eux forts et prépondé-
rants, ont cédé au *labor improbus* de l'intelligence
et du sentiment[1]. »

« Que se passe-t-il dans le cœur des hommes,
quand ils sont ainsi collectivement entraînés vers
le meurtre, vers l'effusion du sang? D'où naît ce
pouvoir imitatif qui les subjugue et qui les porte à
se détruire ainsi les uns les autres? Le point cul-
minant de la recherche s'arrête à une disposition
homicide primordiale, à une sorte de fureur instinctive, funestes attributs de l'humanité, qui trouve un
puissant auxiliaire dans le penchant imitatif. Des
circonstances extérieures de toutes sortes, agissant
sur ces puissances virtuelles, les mettent en branle
et les font éclater dans le monde. Ici, c'est la vue
du sang qui fait naître l'idée d'en répandre; là, c'est
le prosélytisme, l'esprit de corps, l'esprit de parti,
qui appellent à leur service les passions malfai-
santes de tout genre, et qui arment la main de
l'homme pour répandre le sang ; ailleurs, c'est une
imagination continuellement agacée par les sollicitations d'un tempérament irritable, qui se trouble
au récit de quelque événement sinistre, qui prend
feu et flamme quand la publicité s'efforce de l'as-

1. Lauvergne. *Les Forçats*, p. 206.

siéger, et qui transforme en un instant l'homme le
plus timide en une véritable bête féroce[1]. » « L'instinct homicide est comme un feu qui couve sous la
cendre, et qui n'attend plus que l'étincelle pour
faire explosion. Dans un chapitre remarquable sur
la destruction violente de l'espèce humaine, J. de
Maistre pensait qu'on pourrait ramener à des lois
fixes les recrudescences de la fureur homicide :
« Si l'on avait, dit-il, des tables de massacre,
comme on a des tables météorologiques, qui sait si
l'on n'en découvrirait point la loi au bout de quelques siècles d'observation[2]. »

« Les récentes émeutes de Londres fournissent
au journal médical, *The Lancet*, l'occasion d'une curieuse étude sur l'esprit des foules, et spécialement
sur la manière dont se développe la volonté collective d'une réunion tumultueuse. La volonté de la
foule, nous dit en substance l'auteur anonyme de
cette étude, peut être définie comme la résultante
de toutes les actions et réactions réciproques et des
volontés individuelles qui s'y trouvent en contact.
C'est chose entièrement différente de ce qu'on
appelle l'opinion publique. Quand un certain nombre de personnes, ayant sur un sujet donné des
opinions analogues, se réunissent au même lieu,
elles y apportent des forces constructives spéciales
et des affinités qui les rapprochent ; leurs intentions
personnelles sont prêtes à se fondre dans une décision commune. Il y a certainement une part d'affi-
nité de cet ordre dans la constitution mentale d'une

---

1. Barbaste. *De l'Homicide et de l'anthropophagie*, 1856, p. 97.
2. *Id.*, p. 132. On commence à les dresser. Nous avons notamment les courbes très intéressantes des grèves.

foule quelconque : si les unités qui la composent
n'étaient pas jusqu'à un certain point prédisposées à
une action collective, elles ne s'assembleraient pas
volontairement, ou, réunies par le hasard, elles ne
tendraient pas à former une masse homogène. Mais
il y a aussi des forces différentes et toutes spéciales
à la foule, qui entrent en jeu dans ce cas. Le mot
« foule » par lui-même implique, en effet, des éléments hétérogènes et dans une certaine mesure
exclut l'idée d'une organisation, la préexistence
d'un but commun. Il n'est donc pas possible qu'une
foule proprement dite ait véritablement une volonté
collective, constituée par les facultés élémentaires
les plus hautes de tous les cerveaux qui en font
partie. L'activité mentale de la foule est limitée à la
colère, à l'imitation, aux actes instinctifs — c'est-à-
dire aux énergies inférieures de l'entendement.
Étant donnée une multitude de gens impressionnables, il n'est nullement nécessaire, pour les déterminer à agir ensemble, que ces gens se soient
fait individuellement une opinion sur un sujet
donné : la passion, l'étourderie, l'esprit d'imitation,
suffisent. Il est au contraire parfaitement possible
que, sous l'influence de cette contagion spéciale,
chacun des gens ainsi réunis agisse en opposition
directe avec ses principes individuels. Il y a dans
le nombre même une influence subtile et puissante
qui agite les passions et force en quelque sorte l'individu à imiter son voisin. Qu'un des éléments
de cette foule commence à être surexcité, les
autres sont pris de la contagion, et l'esprit de
tumulte grandit, se répand de tous côtés, sans
qu'aucune sympathie préalable l'ait nécessairement

fomenté. Qu'un homme regarde un point donné :
tous les autres se tournent vers le même point, sans
savoir pourquoi[1]. Qu'un homme se mette à courir :
tous les autres en font autant. Qu'un membre de
la foule donne l'exemple de la violence : cent bras,
mille bras, se lèvent aussitôt pour l'imiter, sans
aucune préméditation. On ne saurait méconnaître,
dans ce phénomène, l'action de *quelque chose* qui
tient provisoirement lieu de pensée commune ou
de volonté collective ; ce quelque chose n'est pas la
mise en jeu des plus basses énergies mentales, et
ne saurait en aucune façon prétendre à la dignité
d'une véritable faculté intellectuelle ; et pourtant,
si l'on considère les résultats, l'unité de l'ensemble
qui produit ces résultats, on ne peut guère trouver,
pour définir ce quelque chose, que le mot : *esprit
des foules.*

« Une multitude qui obéit à cette influence prend
avec une rapidité prodigieuse tous les caractères
d'un corps organisé. Dans un intervalle de temps
qu'on peut mesurer seulement par une succession
continue d'incidents, cet assemblage de particules
humaines hétérogènes se trouve, presque subitement, si bien cimenté par ses propres actes qu'il
constitue tout à coup une masse cohérente. Et
c'est ainsi que les conséquences les plus impré-
vues peuvent se produire. Une foule s'est formée :
la moitié au moins des personnes qui en font partie est inconsciente de tout autre sentiment que
celui de la curiosité. Un orateur a-t-il pris la parole, la plupart ne l'entendent même pas, et sont

---

1. Nous avons cité dans les préliminaires de curieuses observations confirmant cette assertion, p. 6 et suivantes.

simplement influencés par le bruit, le spectacle et
le nombre. Tout à coup, ils subissent une impulsion
particulière et qui relève du domaine de la passion
instinctive. Ils imitent, parfois inconsciemment,
ceux qui les entourent, et, sans même savoir pourquoi, ils participent à des actes dont ils ignorent le
but. Ils vont jusqu'à prendre des armes et des pro-
jectiles, s'il s'en trouve à leur portée, et jusqu'à
s'en servir sans se douter du résultat qu'ils concou-
rent à atteindre. C'est presque toujours ainsi que
commencent les émeutes[1]. »

Voilà comment plusieurs auteurs expliquent
cette aptitude du peuple, à s'imprégner des éléments contagieux qui l'environnent de toutes parts,
à certains moments donnés, sous des influences
multiples, fort difficiles à déterminer. Dans ces
grandes épidémies, il n'est pas besoin que le milieu
soit aussi bien préparé par l'hérédité que dans les
autres cas. Il nous faudrait ici reprendre, analyser
et citer de longs passages de Tarde[2] et dé Sighele[3]
qui ont si bien, chacun de leur côté, décrit la psychologie de la foule criminelle. Nous renvoyons à
leurs travaux.

Mais quittons le domaine spéculatif et étudions

1. Traduit et résumé dans *le Temps*, 23 février 1886. Cette
étude sur les *foules* est admirablement faite, nous ne l'avons vue
citée par aucun des auteurs qui depuis se sont occupés des
crimes des foules. Il est seulement regrettable qu'elle soit anonyme.
2. *Les Lois de l'Imitation* (Alcan, 1890); les Crimes des foules
(Congrès d'Anthrop. crim. de Bruxelles, 1892), Foules et sectes au
point de vue criminel (*Revue des Deux Mondes*, 15 nov. 1893).
3. *La foule criminelle*. Alcan, 1892. V. aussi Esquirol, t. I,
p. 445. *Histoire de Théroigne de Méricourt*; Joly. *France criminelle*, p. 408, et une chronique du même auteur in *Figaro*,
24 déc. 1893.

quelques faits. Pour exposer la contagion du
meurtre par événements politiques, nous ne fouil-
lerons pas toutes nos richesses archéologiques, —
elles sont malheureusement trop abondantes, —
nous nous contenterons de prendre, dans l'histoire
de la Révolution et de la Commune, quelques faits
qui nous ont semblé bien probants à l'appui de la
thèse que nous soutenons. Les Italiens et les Amé-
ricains nous en fourniront aussi des exemples types.

On verra que souvent des individus se rendent,
sans mauvaises intentions, dans un endroit où l'on
massacre, ou même s'y trouvent par hasard et
après avoir blâmé énergiquement les assassins, ils
finissent par prendre part à la tuerie. On verra la
foule excitée, on ne sait pourquoi, se ruer sur un
inconnu et le massacrer, après lui avoir fait subir
un jugement sommaire, ou se passant même de
cette vaine formalité.

Prenons d'abord quelques exemples dans l'histoire de la Révolution en les empruntant à Taine.
« Déjà les enfants imitateurs empressés des actions
qui ont la vogue, le singent (le peuple roi) en mi-
niature, et, dans le mois qui suit le meurtre de
Berthier et de Foulon, on rapporte à Bailly que
des gamins paradent dans la rue avec deux têtes de
chats au bout d'une pique [1].

« Vers le soir tous les *Poufs Rouges* qui ont com-
battu sont tués ou en fuite : il n'y a plus de résistance, — mais la fureur subsiste, et les 15,000 cam-
pagnards qui ont afflué dans la ville jugent qu'ils

---

1. Taine. *Les Origines de la France contemporaine*, t. I, p. 111.

n'ont pas travaillé suffisamment. En vain on leur
représente que les quinze autres compagnies de
Poufs Rouges n'ont pas bougé, que les prétendus
agresseurs ne se sont même pas mis en état de
défense, que pendant toute la bataille, ils sont restés au logis, qu'ensuite, par surcroît de précaution.
la municipalité leur a fait rendre leurs armes. En
vain l'assemblée électorale, précédée d'un drapeau
blanc, vient sur la place publique exhorter les
citoyens à la concorde. Sous prétexte de fouiller les
maisons suspectes, on pille, on dévaste. Nombre de
malheureux sont égorgés chez eux, ouvriers, marchands, vieillards, infirmes ; il y en a qui, retenus
dans leur lit depuis plusieurs années, sont traînés
sur le seuil de leur porte pour être fusillés. D'autres
sont pendus sur l'Esplanade du Cours Neuf, d'autres
hachés vivants à coups de faux et de sabres, les
oreilles, le nez, les pieds, les poignets coupés [1]. »

La nation demande la tête de M. de Launay pour
la montrer au public, et l'on invite un homme qui
a reçu un coup de pied à la couper lui-même. « Celui-ci, cuisinier sans place, demi-badaud qui est allé
à la Bastille pour voir ce qui s'y passait, juge que,
puisque tel est l'avis général, l'action est patrio-
tique, et croit même mériter une médaille en détruisant un monstre avec un sabre qu'on lui prête, il
frappe sur le col nu [2]... Quelques-uns enfin, venus à
bonnes intentions, sont pris de vertige au contact
du tourbillon sanglant, et, par un coup soudain de
la grâce révolutionnaire, se convertissent à la religion du meurtre ; un certain Grapin, député par sa

1. Taine. *Loc. cit.*, t. I, p. 328.
2. *Id.*, t. I, p. 59.

section pour sauver deux prisonniers, s'asseoit à côté de Maillard, juge à côté de lui pendant soixante-trois heures et lui en demande un certificat [1]. »

« Au commencement du massacre, les Marseillais eux-mêmes répugnaient à frapper des hommes désarmés et disaient à la foule : voilà nos sabres et nos piques, donnez la mort à ces monstres [2]. »

Passons, sans y prendre des exemples, sur les différentes révolutions de ce siècle, et arrivons à l'histoire de la Commune, où il nous sera d'autant plus facile de multiplier les faits que cette triste époque est plus près de nous. J'emprunte à Maxime du Camp les faits qui suivent : « Que penser du cordonnier Ovide Noé, capitaine de la 7ᵉ compagnie du 248ᵉ bataillon qui fait tirer des coups de fusil à sa femme et à celle d'un de ses amis sur les soldats français, « sans autre but, dit-il, que le plaisir de tirer des coups de fusil », histoire de s'amuser un peu. Que penser du cocher Pierre Miezecage ? Le 25 mai, à onze heures du matin, il aperçoit le sieur Lelu, corroyeur, qui se rase devant sa fenêtre ; il l'ajuste, tire dessus et le manque. Gilbert Tauveron, maçon de son état, fut plus adroit. Le 23 mai il rentre rue de l'Hôtel-de-Ville, nº 80, chez les époux Faisant, où il avait son domicile. Le sieur Faisant, malade et couché, pria Tauveron de ne pas frapper le parquet avec la crosse de son fusil, parce que le bruit lui fait mal à la tête. Tauveron ne réplique pas, mais il ouvre la fenêtre, son fusil à la main prêt à tirer. Faisant se lève, va à lui et lui dit :

1. Taine. *Loc. cit.*, t. II, p. 296.
2. *Id.*, p. 301.

« Reste tranquille, je t'en prie, si tu fais feu par la croisée, tu vas nous faire avoir des désagréments. » Faisant se recouche, Tauveron le regarde en riant · « Tiens, vous avez une drôle de tête, j'ai envie de vous tuer », et il le tue. Au mois de juillet, il écrivait à la veuve Faisant : « Je vous demande pardon des sottises que je peux vous avoir faites [1]. » Ces hommes-là sont des aliénés et leur place était marquée à Charenton dans la division des agités [2].

« Vers les dernières heures, quelques combattants ont tué au hasard pour tuer. Ils saisissaient des passants, les accusaient, ameutaient la foule, se faisaient justiciers et exécutaient des sentences prononcées par eux-mêmes. Le lundi matin 22 mai, entre cinq et six heures, un homme âgé de vingt-cinq à vingt-six ans, dont le nom est resté ignoré, passait sur la place de Fontenay. Il était revêtu de cette compromettante blouse blanche, qui est pour les badauds parisiens la livrée de la police secrète. On entendait sur les hauteurs du Trocadéro la fusillade de l'armée française, qui descendait vers l'École militaire. La population était excitée, les groupes péroraient sur la place. L'homme s'arrêta pour écouter; on l'entoura et on lui dit : « Tu es un mouchard! » Il s'en défendit; une voix cria : « C'est lui qui a mis le feu à la cartoucherie Rapp, je le reconnais, il avait une hache à la main... » Pendant qu'on le jugeait, Imbert resté dehors, disait : « Il a tué, il doit être tué. Il est doublement

1. Comparer cette réponse à celle de l'ancien huissier Bousquet à la veuve de M. Paquy, p. 207.
2. Maxime du Camp. *Les Convulsions de Paris*, t. IV, p. 151 et suiv.

coupable; il a mis le feu à la cartoucherie et a donné un coup de hache. » La foule paraissant convaincue criait : A mort le Roussin! « Lorsque l'homme sortit de l'Hôtel de Ville, c'est à peine s'il pouvait se tenir debout; on le traîna jusqu'à l'avenue Victoria et on le plaça contre un arbre. Il était tellement affaibli qu'il s'affaissa et tomba. On le releva, on l'attacha à un tronc d'arbre, à l'aide d'un licou de cheval, et d'un seul coup de fusil on le tua. On mit le corps sur une civière et on le porta à la Morgue, où il ne fut pas reconnu [1]. »

« L'émulation du meurtre avait saisi les cœurs. et les femmes faisaient effort pour s'élever à la hauteur des hommes; elles y réussirent; dans plus d'un cas, la victime aurait pu être sauvée, si la femme n'était intervenue, n'avait dit aux hommes hésitants : « Vous êtes des lâches! » et bien souvent n'avait porté le premier coup. Le mardi 23 mai, la bataille était encore loin du centre de Paris. Un homme d'une quarantaine d'années, traversa la place venant du faubourg « Antoine ». Lui aussi portait une de ces blouses blanches qui, dans ces jours de folie, équivalaient à une condamnation à mort. Il marchait d'un bon pas; des sentinelles l'aperçurent : Il avait des moustaches, — donc c'est un gendarme. Un peloton de fédérés se massa autour de lui et on le conduisit à la Petite Roquette, où une cour martiale siégeait en permanence. L'homme fut poussé dans l'arrière-greffe et se trouva en présence de ses juges. Ce tribunal avait

---

1. Ce fait est peut-être erroné, au moins dans le dernier de ses détails, car le professeur Brouardel m'a dit avoir fait des recherches à ce sujet à la Morgue et n'y avoir rien trouvé.

chaud, car il était en corps de chemise, et rangé
autour d'une table sur laquelle il n'y avait plus guère
que des bouteilles vides. Le plus âgé de ces magistrats n'avait pas vingt ans. La foule avait pénétré
dans ce prétoire : l'homme ne faiblissait pas et
faisait bonne contenance, malgré les cris qu'il entendait : « Fusillez-le! c'est un gendarme! il faut
en manger! » Dans cette bande une femme se dis-
tinguait par ses vociférations, elle avait un fusil en
main et une cartouchière à sa ceinture ; elle s'appelait Marceline Epilly. Il est superflu de dire que
l'homme fut condamné à mort à l'unanimité. On
l'entraîna hors de la prison pour l'exécuter. A ce
moment une discussion s'éleva entre le chef du
peloton d'escorte et Marceline, car l'un et l'autre
revendiquaient l'honneur de commander le feu.
En présence de cette femelle encore jeune, — elle
avait trente-deux ans, — assez jolie, débraillée du
corsage, et montrant ses bras nus, les mâles lui
donnèrent gain de cause, l'embrassèrent et lui re-
connurent le droit de présider à l'assassinat.
L'homme fut conduit rue de la Vacquerie et appli-
qué contre un mur. Il était énergique, il se jeta sur
ses meurtriers et en renversa plusieurs à coups de
tête. D'un croc-en-jambe, on le jeta bas et on tira
sur lui. Sanglant et ayant le bras gauche fracassé,
il se releva. Marceline criait : Laissez-moi faire!
laissez-moi faire! Elle appliqua le fusil sur la poitrine du pauvre homme, et fit feu. Il tomba, et
comme il remuait encore, elle lui donna le coup
de grâce. Les deux faits qui précèdent, appartiennent à la « Justice du peuple ». Je les ai choisis
entre beaucoup d'autres, car ils dénotent une in-

conscience qui semble être l'âme même des foules. Un soupçon suffit, toute protestation est inutile, toute preuve est illusoire; la conviction est profonde. On saisit un homme, on l'accuse, on le juge, on le condamne, on l'emprisonne, sans même penser à lui demander son nom! Si cet homme est un passant inoffensif, tant pis pour lui, il n'avait qu'à ne point passer par là [1]. »

La foule devient inconsciente dans ses massacres. Il lui faut des victimes, il les lui faut sans tarder. Elle préfère tuer ses amis, avec ses ennemis, ou du moins ceux qu'elle prend pour tels que d'attendre

[1]. Maxime du Camp. *L. c.*, t. IV, p. 151 et 155. Cette réflexion du grand écrivain est, il l'ignore peut-être, une réponse stéréotypée, on me l'a faite à moi-même dans une circonstance que je tiens à relater ici, parce qu'elle dénote bien un état d'âme des foules criminelles. C'était au mois de mai 1882, il y avait un peu d'effervescence au Quartier Latin, où j'étais alors étudiant. Je ne valais certes ni mieux ni pis que la plupart de mes camarades, mais par goût je ne voulais me mêler en rien à toutes ces choses, dans lesquelles nous n'avions rien à voir. Je rentrais le 27 mai vers minuit chez moi, après avoir passé la soirée sur la rive droite, en compagnie de deux amis. Tout d'un coup, au coin du boulevard Saint-Michel et de la rue Soufflot, je me vois entouré de gardiens de la paix qui, avec une générosité digne d'éloges, m'assomment de coups de casse-tête. J'essaye de protester devant les représentants de l'ordre, pendant que mon ami, plus malin que moi, et qui montra dans toute cette affaire un courage réel, ripostait à coups de pieds, de poings et de canne. Chose remarquable F... (je ne veux pas le compromettre, car il est aujourd'hui médecin militaire) n'a pas reçu un seul coup, tandis que moi, je continuais à en recevoir un grand nombre, dont quelques-uns très graves. N'est-ce pas étrange de voir ces gardiens de la paix (si j'ose les appeler ainsi) s'acharner sur un blessé, incapable de se défendre, abruti par les coups reçus sur la tête, et laisser de côté sans y toucher un gaillard qui, lui, osait riposter. A toutes mes réclamations on me répondit : « Vous n'aviez qu'à ne pas vous trouver là, tant pis pour vous. » Quand j'arrivai au poste, rempli d'agents, un grand murmure s'éleva : « Ah! tant mieux, voilà enfin un de ces cochons d'étudiants blessé. » Puis des vociférations, des cris, etc. Voir à ce sujet l'*Officiel* du 7 juin Interpellation de Lanessan.

que ceux-ci soient isolés. « Un fédéré jeta son fusil par terre, saisit chacun des prêtres à bras le corps, et, pendant que la foule applaudissait, les enleva et les poussa au delà du mur indiqué. Le dernier prêtre résista, il tomba entraînant le fédéré avec lui; les assassins étaient impatients : ils firent feu et tuèrent leur camarade [1]. »

On ne peut pas nier non plus que les troupes françaises rentrant victorieuses à Paris, après le second siège, exaspérées par la guerre de rues et de barricades qu'elles venaient de soutenir, par le meurtre des otages, par l'incendie de nos plus beaux monuments, n'aient été victimes à un haut degré de la contagion homicide. Sans doute, dans toute guerre civile, il passe des effluves meurtriers, mais qui le plus souvent se développent moins bien, parce que le terrain est moins bien préparé. Ici l'indignation des crimes commis par les révoltés en présence de l'ennemi, le lendemain de nos défaites, suffit à expliquer la rigueur avec laquelle fut réprimée la Commune.

Plus près de nous, nous trouvons l'abominable massacre de cet infortuné Watrin, qui est trop caractéristique comme crime de foules pour que nous le passions sous silence. Dès le commencement de 1885, on avait vu sur les murs de Decazeville cette inscription tracée à la craie : *Watrin est condamné.* Aussi des gens disaient-ils : s'il y a grève à Decazeville, le sous-directeur est sûr de son affaire. Le 26 janvier 1886, M. Watrin arrive à son bureau vers une heure de l'après-midi. Un ouvrier, Bedel, se

1. *Id.*, t. II, p. 515.

présente à la porte, à la tête d'un groupe. Il formule
d'impérieuses réclamations. Ses compagnons hésitent. — « Lâches, leur crie-t-il, vous le tenez-là, sous
vos mains, et vous n'osez pas bouger! si vous ne
voulez rien lui dire, eh bien! étranglez-le! » Tous
alors envahissent le bureau, entourent le sous-directeur, le sommant de les suivre à la mairie pour
prendre note de leurs réclamations. Il se consulte
un instant; puis désireux d'éviter la violence, il se
met en route. La foule crie : — « A l'eau! à mort
Watrin! au bassin l'exploiteur! » On lui lance de la
boue, M. Watrin réussit à se dégager, à rejoindre
deux ingénieurs de la compagnie et à gagner avec
eux la mairie. Il y entre au milieu des menaces de
la foule. Elle envahit le rez-de-chaussée. Le maire
exhorte les ouvriers à la modération. Il les invite à
déléguer quelques-uns d'entre eux qu'ils chargeront
d'exposer leurs griefs. Mais des vociférations lui
répondent : « A mort le Watrin! nous voulons sa
peau! A l'eau le Prussien! A l'eau! » Néanmoins des
envoyés sont désignés; ils montent dans la salle du
conseil municipal et posent des conditions. Au nom
de la compagnie, M. Watrin veut bien promettre le
payement par quinzaine. Mais pour tout le surplus,
il faut attendre le retour de M. Petitjean. — Quant
à ma démission, ajoute-t-il, la compagnie a seule le
droit de me la demander. On en était là des pour-
parlers, lorsqu'arrive M. Laur, ingénieur en chef
des mines, qui tente une diversion en essayant
d'emmener les assistants. M. Watrin veut se joindre
à une visite qui va être faite à Bourran, où les chantiers sont dans un état pitoyable. Mauvaise inspiration. Aussitôt qu'il apparaît, une seconde clameur

l'accueille, des pierres sont dirigées contre lui.
MM. Laur, Chabaud, Verzat lui cherchent un
refuge. Il est conduit dans une maison délabrée.
Les deux ingénieurs suivent au premier étage le
sous-directeur. Tous trois s'y enferment à clef dans
une sorte de réduit.

Mais quinze cents ou deux mille assaillants sont
en bas autour de la masure hurlant : « Il nous faut
Watrin. » Une échelle est dressée, appliquée contre
une fenêtre. Des hommes grimpent armés de bâtons, d'autres fracturent la porte extérieurement,
s'élancent à travers l'escalier. Les envahisseurs
vont faire irruption dans la pièce qui abrite M. Watrin et ses compagnons de péril. Le sous-directeur
comprend que sa résistance ne fait qu'exaspérer
l'ennemi. Très courageusement M. Watrin s'avance.
Il reçoit aussitôt sur la tête un coup d'une énorme
barre de chêne. C'est un ouvrier des forges, nommé
Lescure, qui donne ainsi le signal de l'agression
armée. M. Watrin s'affaisse avec un cri de douleur,
il perd son sang par une large blessure, M. Chabaud
est frappé en cherchant à le secourir, M. Verzat se
joint à lui pour soutenir le blessé. Un autre mineur,
Blanc, leur lance un panneau de la porte brisée. Ils
esquivent le coup. Ils voudraient essayer de calmer
l'agitation.

Mais à l'approche de la nuit, des ouvriers du
village ont quitté le travail. Ils viennent grossir le
nombre des assiégeants. Le maire, M. Cayrade,
accourt vers M. Watrin : « Donnez votre démission,
lui dit-il, c'est le seul moyen d'apaiser la colère. » Le
sous-directeur consent, M. Cayrade se penche à une
croisée, informe la foule de cet événement qui doit

la décider à la dispersion. Un silence se fait. Hélas!
il dure peu. Des voix d'énergumènes se font entendre : « Ce n'est pas la démission, qu'il nous faut,
c'est Watrin ! Il a trop attendu ! A mort ! A mort ! »
Le tumulte s'accroît. L'obscurité est complète. Il
n'y a pas de gendarmes. Le maire leur a donné
l'ordre de se retirer. Des hommes se précipitent
dans la salle, se ruent du côté de M. Watrin. Vingt
bras s'allongent vers lui, le saisissent. Il est acculé
dans l'angle d'une cheminée, renversé, piétiné,
enlevé de terre, projeté vers le plafond, d'où il
retombe sur le sol. C'est une indescriptible, une abominable poussée. La cohue monte, monte toujours
en écumant. Aucun obstacle ne saurait résister à
cette impétueuse rage, MM. Chabaud et Verzat profitent de l'aide d'un agent de police pour s'échapper. Quant à M. Watrin, il est irrémédiablement
perdu. Les furieux d'en haut lancent son corps par
la fenêtre. Un formidable hurrah emplit la rue. Il
n'y a plus de conscience, il n'y a plus dans les âmes
un sentiment généreux, il n'y a plus que des instincts déchaînés dans toute leur sauvage horreur.
Autour de ce corps en lambeau, des chants de
triomphe retentissent. Les coups pleuvent de toutes
parts. Des mégères se sont avancées au premier
rang. La femme Pendariez, la femme Phalip, affir-
mera l'accusation, tirent les cheveux à Watrin.
Il vit encore, mais sa respiration n'est qu'un râle.
Ses oreilles n'entendent plus les ignobles propos.
Vers minuit le malheureux transporté en un coin
hospitalier rend le dernier soupir. Le parquet
arrivait quelques heures après. Mais chacun, à ce
moment, plus calme, comprenait la lâcheté du

crime. Nul ne voulait l'avoir commis. Les magistrats ne rencontraient plus que faux-fuyants, que
mensonges.

Il faut lire ce récit dans Sighele [1] et voir quelle
était la moralité des assassins de cet ingénieur. Mais
où je ne puis suivre l'auteur italien, c'est quand il
ajoute : « La conduite des ouvriers, à Rome, en
1889, fut bien différente de celle des ouvriers de
Decazeville », semblant insinuer, par le *seul*
exemple qu'il donne des foules italiennes, qu'elles
sont sages et qu'elles ne vont jamais jusqu'au
crime. Il est facile, hélas, de prouver que de toutes,
les plus mauvaises sont peut-être les foules italiennes. En veut-on quelques exemples? « Ai-je
besoin de rappeler les sanglantes expéditions du
cardinal Ruffo en 1799. Il y avait alors des chefs
célèbres : Fra Diavolo, le Mammone, Proni, Sciarpi,
dont je ne saurais dire autre chose, écrit l'historien
Carlo Botta, sinon que je plains la cour des Bourbons de les avoir eus pour défenseurs. Je ne veux
pas rappeler les atrocités de cette armée sinistre,
elles sont trop connues [2]. » « Des hordes nombreuses de brigands furent vomies durant les deux
premières années (1806). Mais après ce temps-là
les entreprises du brigandage furent plus res-
treintes : on débarquait peu d'hommes sur une
plage déserte, et le plus souvent dans la nuit.
S'ils étaient fortunés, ils tuaient, volaient, dé-
truisaient des maisons, des moissons, des trou-

---

1. *Op. cit.*, p. 117.
2. Marc Monnier. *Histoire du brigandage dans l'Italie méridio-
nale*, p. 15. Remarquons une fois pour toutes que beaucoup de
ces crimes ont été commis par des récidivistes.

peaux [1]. » .....« Basso Toméo, le roi des campagnes, brûla une caserne de gendarmerie, en poussant dans le feu les enfants et les femmes des gendarmes [2]. » .....« La 29e compagnie de voltigeurs rencontre sur sa route le syndic et les notables de Parenti, avec des cocardes tricolores. Ils invitent les voltigeurs à venir se reposer dans leur village, où ils sont reçus au cri de *Vivent les Français!* Ils se répandent dans les maisons; les officiers couchèrent dans la maison communale. La nuit, à un signal donné, ils sont tous égorgés excepté un [2]. » .....« Le 15 juillet 1860, des grenadiers du roi s'étaient jetés un dimanche à la tombée du jour, non sur les attroupements séditieux, mais sur la foule paisible; et, prenant les passants à la gorge (même les gentilshommes en voiture, même les personnages officiels entre autres le consul d'Angleterre), les avaient menacés, frappés même et tués à coups de sabre en criant : vive le roi [3]. » .....« En avril 1861, nombreux vols, pillages, assassinats, viols, incendies, à Venosa, par la troupe de Crocco Donatelli [4]. » .....« Voici un extrait révélant les détails d'une cruauté horrible : « Considérant que la férocité de Pietropaolo se révéla encore par la découverte d'un menton humain avec poils à la Napoléon (impériale) arraché à quelque malheureux de sentiments libéraux et que Pietropaolo portait barbarement sur lui [5].... »

1. Marc Monnier, p. 18, d'après *Opere inedite o rare di Pietro Colletta.*
2. *Id.*, p. 22.
3. *Id.*, p. 56.
4. *Id.*, p. 80 et suiv.
5. *Id.*, p. 98.

« Le 7 août 1861 [1], les brigands, appelés par cinq chanoines et un archiprêtre, envahirent Pontelandolfo, commune à droite de Cerreto, dans les montagnes. Accueillis avec des cris de joie par la populace, au retour d'une procession, ils ravagèrent le syndicat, la police, le corps de garde, les boutiques, ils assommèrent un septuagénaire, Filippo Lombardi, qui fut arraché de leurs mains par sa femme; ils entrèrent de force chez le percepteur Michelangelo Perugino; après l'avoir tué, dépouillé, mutilé, ils brûlèrent sa maison et jetèrent son cadavre nu dans les flammes. Mais cela n'est rien. Pontelandolfo reste dans les mains de la populace. Trois cents va-nu-pieds constituèrent le gouvernement. Des villages voisins s'étaient insurgés. Quatre jours après, le 11 août, quarante soldats italiens et quatre carabiniers furent envoyés à Pontelandolfo pour arrêter les brigands dans leur fuite. Ils n'eurent pas la patience de les attendre, ils voulurent les attaquer sur la route, ils furent serrés de près et attaqués sur les flancs par les gens de Pontelandolfo, puis arrêtés tout à coup par les gens de Casalduni, qui s'étaient embusqués pour les attendre. Enveloppés alors, accablés par le nombre, ils furent massacrés tous à l'exception d'un seul. Ce ne fut pas un carnage, ce fut une curée. Les paysans étaient cent contre un, et chacun d'eux voulait son morceau de chair. Je n'invente rien, j'atténue. Le matin du 13, arrivèrent le colonel Negri et ses hommes; ils cherchèrent les corps de leurs compagnons et ils surprirent des membres coupés,

1. Marc Monnier, p. 143.

des lambeaux sanglants, trophées horribles, pendus dans les maisons ou exposés en plein air. Ils
apprirent qu'on avait mis huit heures à tuer petit
à petit le lieutenant, blessé seulement dans le combat. Alors ils brûlèrent les deux villages. »

Je reviens sur les premiers crimes auxquels j'ai
fait allusion en les empruntant à un autre auteur[1] :

En 1799 les Lazzarronnis se révoltent, prennent
l'Hôtel-de-Ville de Naples, massacrent le duc de la
Torre et son frere, un des hommes les plus savants
de Naples, les brûlent après les avoir égorgés, puis
mettent leur palais à feu et à sac... Le cardinal
Ruffo ordonne le pillage de Crotone qui avait
ouvert ses portes. Il dure un jour entier. Puis le
sac de Cosenza. Ruffo entra dans Naples le 14 juin.
Cette capitale nagea dans le sang de ses habitants
On assure qu'on vit les insurgés de la Calabre se
disputer les membres sanglants de plusieurs seigneurs attachés au parti de la Révolution, les griller
sur des charbons et les dévorer.

A l'instigation occulte de la police papale (Pie VI),
le ministère de la République de Naples vient d'envoyer, en janvier 1793, son secrétaire Basseville et
le major Deflette au consul de France à Rome, pour
lui prescrire d'arborer les couleurs tricolores.
Basseville est allé tranquillement se promener au
Corso en voiture, avec sa femme, ses enfants et
Deflette. Tout à coup ils sont assaillis par un déluge
de pierres, entourés par une foule vociférante. Les
malheureux se réfugient dans une maison privée ;
la foule l'envahit criant le massacre. Un misérable

----

1. Fantin Desodoards. *Histoire d'Italie*, t. IX, p. 34 et 129.

s'approche de Basseville et lui ouvre le ventre d'un
coup de rasoir. Les autres échappent par miracle.
La maison hospitalière est incendiée..... En 1797,
Joseph Bonaparte représente la France à Rome. Il
a fallu que le Saint-Siège se soumette, mais en dessous, sa police agit; des agents provocateurs exci-
tent les démocrates à un pronunciamiento en faveur
de la république, afin d'avoir l'occasion d'arriver
jusqu'à Joseph. On crie, vive la République. La
foule devient houleuse et approuve ou désapprouve.
La police et les troupes papales se montrent alors,
chassant la foule vers le palais de l'ambassadeur.
où l'on s'est arrangé pour que quelques-uns cherchent refuge. Sans sommation, on envahit le palais;
l'ambassadeur proteste en vain, le général Duphot
indigné essaye de s'interposer; des bandes de soldats et de policiers l'entourent et l'entraînent au
dehors, où foule, soldats, policiers de s'acharner
sur lui; il reçoit plus de cinquante coups de fusil à
bout portant, il est lardé de coups de couteau: son
corps est retrouvé nu, souillé, couvert de pierres.
Un capitaine Amadée a pris son sabre; un curé
de Sainte-Marie de la Scala, sa montre; un caporal
Marinelli, son uniforme; d'autres, son argent.
Après ces événements tous se montrent aussi
lâches et aussi plats devant nos troupes qui repré-
sentaient le châtiment.

Nous signalons simplement comme spécimen de
foule guerrière en *délire* sanguinaire et érotique le
sac de Rome (1527) par les hordes allemandes du
connétable de Bourbon et le sac de Magdebourg
(1631) par les Impériaux sous la conduite de l'ex-
jésuite Tilly.

En Sicile [1] (1887), la foule, comme à Astrakan,
a tiré sur les soldats et les carabiniers, qui ont eu
à soutenir de véritables sièges. Je passe sans m'y
arrêter sur la bande Tiburzi et Fioraventi [2], pour
arriver aux trop fameux incidents d'Aigues-Mortes.
Notons tout d'abord que, pour les questions de sa-
laires, il y a à la même époque, échange de coups de
couteau entre Italiens et indigènes à Berne, Nancy,
à la Nouvelle-Orléans et à Chicago, et que dans
cette dernière ville la police a répondu par des
coups de fusil. Tous les ans, la Compagnie des
Salins de Mourgues fait exécuter les travaux de
lavage avant les compagnies concurrentes, par des
ouvriers français, qui ensuite vont se présenter
aux salins de Peccais pour se faire embaucher.
Or cette année, lorsqu'ils se sont présentés, on
leur a répondu qu'on ne pouvait les recevoir, car
on attendait six cents Italiens qui étaient considérés comme déjà arrivés et qui travaillaient à des
prix de beaucoup inférieurs. Il y eut pendant quelques jours des batailles sans gravité entre Français et Italiens. L'effervescence était extrême.
Les hostilités commencèrent à Fagousse « par
la dispute d'un Ardéchois et d'un Italien. Italiens
et Français en vinrent bientôt aux mains. Cent
cinquante Italiens se précipitèrent sur quarante
ouvriers français, à coups de couteau, de fourche
et de bâtons. Le premier mouvement des ouvriers
des autres chantiers fut un aveugle transport de

1. In Fayer. *The national hist. and epidem. of cholera*. Lond.,
1888, p. 55-56, d'après une lettre de Palerme, publiée à Vienne et
reproduite par le *Scottisch News* du 27 août 1887.
    2. *Figaro*, 12 juillet 1893.

fureur[1] ». Il y eut dix morts et quarante blessés.
Mais les troupes arrivèrent dès sept heures du matin et débloquent les Italiens que la foule assié-
geait dans une boulangerie. Beaucoup étaient bar-
ricadés dans une ferme du voisinage. Il n'y avait
pas là une question internationale, les mêmes discussions, souvent sanglantes et quelquefois meurtrières ont, hélas! journellement lieu entre grévistes et non grévistes. Je ne rappellerai pas la
vengeance que la foule italienne a voulu tirer de
cette affaire, l'insulte au drapeau français, les vitres
brisées au palais Farnèse, etc..., mais je ferai remarquer la substitution du but qui a failli s'opérer
pendant cette émeute. On a commencé par crier :
A bas la France! puis on a crié : A bas le Roi[2].

Enfin, plus récemment en Sicile, le 11 décembre,
la commune de Giardinello a été le théâtre de
troubles graves. La foule a envahi l'hôtel de ville,
a détruit les archives et s'est dirigée ensuite en
armes à la rencontre d'un détachement de bersagliers venant de Montelepre. Les bersagliers, dans
la bagarre, interprétant mal les ordres d'un officier,

---

1. A. Bournet. Chronique ital., *Arch. d'Anthr. crim.*, 1893, p. 660.
Pour plus de détails on consultera avec fruit cette étude très bien
faite et très impartiale. Avec tous les journaux français nous ne
pouvons que déplorer le verdict scandaleux des jurés d'Angou-
lème. Cet acquittement est d'autant plus regrettable que les inculpés étaient des repris de justice et qu'ils avaient réellement commis
les meurtres qu'on leur reprochait. Il est évident que l'on n'avait
pu prendre tous les coupables, et que les plus dangereux, comme
toujours, se sont probablement éclipsés adroitement, mais ce
n'était pas une raison pour ne pas punir ceux que l'on tenait.
2. Nous trouvons la même substitution dans les émeutes de
1893 au quartier latin, commencées par les étudiants, qui se sont
retirés dignement, dès qu'ils ont vu qu'ils étaient entourés de la
lie populaire la plus abjecte.

ont fait feu. Il y a eu huit morts et quatorze blessés, dont quatre grièvement, parmi les manifestants. Les émeutiers, exaspérés, retournèrent alors à l'hôtel de ville, où ils s'emparèrent du greffier communal et de sa femme, ils les mirent à mort et promenèrent ensuite les têtes de leurs victimes au bout de piques [1].

Non loin de là, à Partinico, la foule incendie dix-huit guérites de douaniers. Le même jour à Bitonto (province de Bari)[2], un douanier ayant voulu exécuter une mesure d'ordre, la population s'insurge et jette des pierres aux gendarmes, qui ripostent par des coups de revolver. Un paysan est tué. Les gendarmes réussirent à se réfugier dans une caserne, mais le douanier est rejoint par la populace dans le bureau de police, que l'on inonde de pétrole, auquel on met le feu. Le maire et un sénateur ne peuvent réussir à empêcher ces atrocités. La troupe arrive bientôt, mais le douanier était à moitié brûlé. Malheureusement, les troubles en Sicile ne semblent pas près de prendre fin [3].

Les Italiens sont assez riches en criminalité des foules, ils n'ont besoin de rien emprunter à leurs voisins.

Il nous reste à présenter une catégorie spéciale qui a été étudiée par A. Desjardins[4], la foule des

---

1. *Figaro*, 12 déc. 1893.
2. Signalons l'association des *fasci*, en Sicile, de la *Mala vita*, à Bari et les *Capoeiras* à Rio-de-Janeiro (Brésil) dont l'arme est le rasoir.
3. L'état de siège et plusieurs régiments sont arrivés à calmer cette effervescence plus tôt qu'on ne l'espérait. Les causes persistant, il est à craindre que nous ne voyons sans tarder de nouveaux troubles se produire. (Février 1894.)
4. Le droit des gens et la loi du Lynch aux Etats-Unis. *Revue des Deux Mondes*, 15 mai 1891, p. 321.

lyncheurs. On croit généralement cette pratique
à peu près tombée en désuétude. Il n'en est rien,
car, d'après cet auteur, auquel j'emprunte tous les
documents qui suivent, il y a eu en six ans pour 558
exécutions légales, 975 lynchages, soit une proportion de 57 p. 100 [1].

Voici d'ailleurs quelques faits :

Le 23 février, dans le Colorado, la foule, après
avoir fait le siège de la prison à coups de feu, s'em-
para d'un prisonnier, le pendit, et comme il s'agi-
tait le cribla de balles. « A ce moment passait
un train arrivant de Marshall : la foule *excitée tira
des coups de feu sur le train*, pendant qu'un certain nombre de voyageurs s'étaient mis à la por-
tière pour contempler les dernières convulsions
du pendu. Quelques-uns d'entre eux furent blessés. »

« 14 *mars*. — Nous sommes à la Nouvelle-Orléans.
Il s'agit du *lynching* qui va faire tant de bruit dans
le monde et motiver le rappel du baron Fava, ministre d'Italie. Un meeting est convoqué pour dix
heures, au pied de la statue de Clay. Avant l'heure
indiquée, un flot de peuple se presse dans les rues
voisines, et le lieu du rendez-vous est bientôt en-
combré. Deux des principaux *leaders* du *meeting*,
Parkerson et Wickliffe, apparaissent et sont accueil-

1. Nombreuses exécutions de 1851 à 1856 :

1884. . .	103 exéc. légales	48 p. 100 contre	219 lynchages.
1885. . .	108	—	59	—	—	181	—
1886. . .	83	—	62	—	—	133	—
1887. . .	79	—	64	—	—	123	—
1888. . .	87	—	60	—	—	144	—
1889. . .	98	—	56	—	—	175	—
6 ans . .	558	—	57	—	—	975	—

20 février 1891 dans la *Floride*.

lis par des acclamations frénétiques : « Hurrah, pour Parkerson! Hurrah pour Wickliffe! » Trois mille hommes, sur le visage desquels on peut lire une implacable résolution, se poussent et s'entassent: la circulation est arrêtée, le silence s'établit, Parkerson a la parole. Il dénonce au peuple de la Nouvelle-Orléans « l'acte infâme » qui vient de s'accomplir à la suite du crime le plus révoltant qu'aient enregistré les annales de la cité : l'acte infâme, c'est le verdict rendu la veille par le jury du jugement dans l'affaire des Italiens qui ont assassiné Hennessy. « Je ne désire, ajoute l'orateur, ni renom ni gloire; je ne suis qu'un simple citoyen de la libre Amérique et je veux faire mon devoir de citoyen. — Prendrons-nous nos fusils? s'écrie un auditeur. — Oui, oui, répond vivement Parkerson, prenez vos fusils. Prenez-les et réunissons-nous sur-le-champ au Congo-Square. » Les applaudissements éclatent : la foule suit en bon ordre les *leaders*, qui marchent au but indiqué; vers dix heures et demie, la prison de la paroisse (*Parish prison*) est cernée. On ébranle une des portes, qui paraît n'avoir pas été bien solide, avec de grosses pierres : on l'enfonce à l'aide d'une poutre employée en guise de bélier. Tout le monde se présente pour entrer; mais deux hommes sont placés en faction et défendent l'entrée à quiconque n'est pas armé d'un fusil ou d'une carabine Winchester. Il faut encore ouvrir une porte intérieure, et les assaillants, qui remplissent le vestibule, demandent à grands cris que la clé leur soit remise : le personnel de la prison se résigne à donner la clé. Une première cellule est forcée et quelques fusils partent à l'aventure; mais on n'est pas encore en face de ceux qu'on cherche, et l'un des meneurs doit calmer ces gens trop pressés. De quel côté diriger la chasse? « Dans la cour des femmes, » crie une voix perçante, et le renseignement est bon. Au moment même de l'envahissement, le personnel avait transféré les Italiens dans le quartier des femmes. « Aucune résistance, dit *la Tribune de New-York*, ne fut opposée par la police ou le shériff à l'entreprise de la multitude, armée de fusils et de pistolets, qui ne représentait pas seulement les dernières classes de la population, mais encore les banquiers et les marchands les plus considérables de la Nouvelle-Orléans. Un wagon plein de *policemen* avait sans doute amené sur les lieux des représentants de la loi; mais ceux-ci, bousculés et couverts de boue, ne manifestaient pas le moindre désir de charger la foule. Les envoyés du shériff, jugeant la résistance inutile, assistèrent, les bras croisés, à l'effraction des portes.

« La chasse à l'homme va donc se poursuivre sans obstacle, et ce deuxième acte du drame nous fait frissonner d'horreur. Machecer, qu'on regarde à tort ou à raison comme le chef de la bande, s'est tapi dans un coin, poussant des cris aigus et cachant son visage dans ses mains : douze balles le frappent et l'étendent sans cri sur le sol. Au même moment, quelques-uns des assaillants entraînent hors de la prison un valétudinaire, Manuel Polietz, car il manquerait quelque chose au *lynching*, si le gros de la foule n'avait pas le spectacle d'une exécution; celui-ci est donc pendu en plein air; mais, avant qu'il eût perdu connaissance, une douzaine de fusils se sont abaissés et le corps a été criblé de balles. Buquetto, déjà mortellement atteint d'une balle dans la tête et poussé dehors dans les mêmes conditions, subit le même sort. » Un journal français du 12 avril a donné sur cette double pendaison de nouveaux détails : un de ces deux prisonniers (Buquetto sans doute) aurait été pendu trois fois : la seconde parce que la corde avait cassé, la troisième, parce qu'il avait eu la force de se soulever par les poignets sur la nouvelle corde et de grimper jusqu'à la barre de fer, à laquelle la lanterne était suspendue : ses bourreaux l'auraient fait dégringoler à coups de poing sur le pavé pour le hisser définitivement au reverbère, tandis que l'assemblée entonnait un chant triomphal. Pendant ce temps la justice sommaire avait suivi son cours dans l'intérieur de la prison. L'officier de police Herron, resté dans ce bâtiment, avait reçu un coup de feu dans le cou : « C'est le seul, en dehors des prisonniers, dit à ce sujet la *Tribune de New-York* avec une évidente satisfaction, qui puisse avoir à se plaindre. »

Le journal américain ne nous apprend pas si cet agent a survécu à sa blessure. D'ailleurs, à midi et demi, la légalité reprenait ses droits et le coroner arrivait sur le théâtre des exécutions pour constater la mort violente des dix Italiens, couverts d'effroyables blessures, un nommé Marcheri n'avait pas encore rendu le dernier soupir : « Il mourra dans quelques minutes, » remarqua le coroner. Le *New-York Herald* du 17 mars informa ses lecteurs que le Président de la République venait d'avoir, à la suite de ces événements, une conférence avec M. Blaine, ministre des affaires étrangères. Celui-ci avait écrit à M. Nicholls, gouverneur de la Louisiane, que le chef de l'État était fort mécontent (*greatly schocked*) et regardait le dernier lynching comme « inexcusable ». De nouveaux lynchages se passent le 27 mars dans le Kentucky, le 11 avril dans l'Ohio, quelques jours plus tard à Washington.

Il est un autre événement politique qui, depuis le commencement du monde, revient à des périodes indéterminées. Les utopistes pensent que la civilisation doit en faire disparaître le retour; les philosophes prétendent que c'est un mal nécessaire. L'Europe armée de la fin de ce siècle semble malheureusement donner raison à ces derniers. Nous voulons parler de la guerre, cette grande névrose, pendant le cours de laquelle un peuple se lève en masse et essaye, sous un prétexte le plus souvent futile[1], d'anéantir son voisin en organisant de grandes tueries. Quelle est donc cette puissance qui fait alors chaque citoyen, quelque profond que soit son égoïsme, abandonner ses intérêts particuliers, ses affaires, son commerce, pour aller, non pas risquer sa vie, — il n'y pense que peu ou pas, — mais pour aller exterminer le peuple qui subitement est devenu son ennemi? Comment expliquer ce phénomène autrement que par quelque chose qui passe dans l'air et qui, avec une rapidité prodi-

1. On commence aujourd'hui à connaître les dessous de la guerre franco-allemande; on sait que Bismarck voulant la guerre, a falsifié des documents pour arriver à ses fins. Un seul homme peut donc, quand il lui plaît, d'un seul mot, répandre sur deux peuples la plus épouvantable épidémie de meurtres qu'on puisse rêver!

gieuse, imprègne tous les esprits, et les imprègne, plus ou moins vivement il est vrai, mais tous de la même façon? On n'a plus qu'un but, qu'une idée : tuer, massacrer; il faut détruire le plus de nos semblables que nous pourrons; il faut anéantir des quantités de vies humaines. Nous avons souvent réfléchi à la guerre, et la raison n'a jamais pu nous expliquer le pourquoi de cette folie homicide, le plus souvent subite, qui s'empare de deux peuples à la fois.

Ce qu'il y a de profondément étrange, c'est que, pendant la période calme de cette *folie circulaire*, les nations ont codifié, d'un accord tacite d'abord, plus tard par des règlements internationaux, la façon dont il est permis de tuer, et ont déterminé les gens qui peuvent user de cette licence, et ceux contre lesquels on en peut user : les femmes, les enfants, les vieillards n'ont ni le droit de massacrer, ni celui d'être massacrés; de même pour les médecins, et ceux qui les touchent de près; pareillement un prisonnier devient sacré : il ne s'est pas rendu, il est soumis à la loi commune; il vient de se rendre, on doit dès lors le traiter avec égards et vénération. Ce qui est plus étrange encore que ces lois c'est que, pendant la période d'excitation, elles sont appliquées presque religieusement par les belligérants.

Qu'on ne croie pas que nous regrettons ces exceptions! A notre sens, elles ne sont pas assez nombreuses, mais elles nous semblent parfaitement illogiques, puisqu'il faut répandre le plus de sang ennemi possible. D'ailleurs nous ne devons pas chercher la logique dans ces grands mouve-

ments populaires, mais nous pouvons, nous le répétons à dessein, être vivement étonnés, de voir
suivre, par des gens excités, des règles insti-
tuées par des personnes de sang-froid. Le seul cas
dans lequel ces règles sont complètement oubliées
chez les nations civilisées, c'est dans la plus terrible de toutes les guerres, dans la guerre civile.
Il est inutile d'en citer des exemples [1].

1. Hamon, dans sa *Psychologie du militaire professionnel*
(Bruxelles, C. Rozez, 1894) cite (*passim* et principalement ch. IV)
de nombreux cas de cruauté, meurtres, viols, incendies absolument inutiles au but à atteindre, commis à toutes les époques, la
bataille finie et sans provocation aucune, par des militaires.

CHAPITRE II

LES RÉGICIDES

Régis, dans une étude [1], qui certainement restera classique, a étudié une catégorie spéciale de meurtriers, qu'il a appelés, après Laschi, les *Régicides*. Il les divise en « vrais régicides » (Ravaillac, Damiens, Charlotte Corday, Louvel, Aubertin, etc...), chez lesquels l'attentat contre une personne marquante a été la conséquence directe et forcée d'un état d'esprit particulier; et en faux régicides (Mariotti, Perrin, etc.), chez lesquels l'attentat, plus apparent d'ailleurs que réel, a été purement et simplement le fait du hasard, sans connexion immédiate avec le fond des idées, délirantes ou non. Nous retrouverons dans tous ces faits, l'influence manifeste de la contagion, l'idée se transportant d'un individu qui la possède à un prédisposé, soit directement, soit le plus souvent par l'intervention de la presse.

« Il est vraiment étrange de voir avec quelle déplorable facilité l'idée du meurtre surgit dans le

1. *Arch. d'Anth. crim.*, 1890, p. 5. Laschi : les divise en Régicides fous, Régicides mattoïdes et Régicides par passion.

cerveau de certains aliénés, et même chez des personnes jusque-là exemptes de toute espèce de désordre mental. Dans ces cas extraordinaires, l'idée homicide paraît constituer à elle seule toute la maladie [1] », s'il s'agit d'un aliéné. Je ne passerai point tous ces régicides en revue, j'en citerai seulement quelques-uns, renvoyant, pour plus de détails à l'ouvrage de Régis déjà cité et au *Crime politique* de Lombroso.

Ravaillac, qui tua Henri IV pour l'empêcher de faire la guerre au pape, avait fait plusieurs métiers et avait subi plusieurs condamnations pour homicide et vol. En commettant cet assassinat, il croyait commettre un acte méritoire. N'oublions pas que la France traversait à ce moment une crise religieuse, que les esprits étaient surexités, et que par conséquent les fous et les détraqués s'inspiraient, pour systématiser leur délire ou commettre leurs actes de la note dominante, des idées de leur milieu. « Sous les rois, observe Régis, les régicides étaient surtout des mystiques religieux ; sous la Révolution et l'Empire des mystiques patriotes, agissant pour la République et la liberté ; enfin à l'heure actuelle, ce sont surtout des mystiques politiques, rêvant de socialisme et d'anarchie. »

Charlotte Corday est un des seuls régicides qui n'ait eu aucun démêlé avec la justice. Mais la conduite de Marat, qui pour elle personnifiait la Révolution, qu'elle croyait renverser en tuant l'*Ami du Peuple*, n'est comparable à aucun point de vue avec l'attitude de la plupart des victimes des Régicides.

1. P. Moreau de Tours. *De la Contagion du suicide*, p. 24.

Frédéric Staaps, fils d'un ministre luthérien, qui, âgé de moins de dix-neuf ans, tenta de poignarder Napoléon, en 1807, avait eu des hallucinations : « Je me sens entraîné par une force colossale et invincible. » Il avait pris avec Dieu un engagement irrévocable. En 1811, La Sahla âgé de dix-huit ans, avait depuis un an l'idée de tuer Napoléon. Il communia le matin de l'attentat et était armé de douze pistolets et d'un poignard. Après, il n'eut pour F. Staaps que des paroles dédaigneusement ironiques. C'était un jeune homme irritable, ayant eu des attaques convulsives, tremblant devant une épée nue. A Vincennes, il vivait dans l'obscurité, fermant ses fenêtres avec ses couvertures. Pendant les Cent-Jours, il avait fait une véritable tentative avec de la poudre fulminante[1].

Plusieurs des officiers supérieurs de Napoléon persuadés que *la paix sortirait du tombeau de l'empereur*, s'arrêtèrent à la pensée de le faire disparaître. Plus tard, Alibaud, fils de suicidé, tirant sur Louis-Philippe, « pour faire cesser un règne de sang », eut de nombreux imitateurs. « Lorsque je fréquentais, dit Bergeret, l'hospice de Bicêtre, en 1839, après les attentats de Fieschi, d'Alibaud, etc., on reçut dans l'établissement un grand nombre d'aliénés qui étaient poursuivis par des pensées régicides ou qui croyaient déjà les avoir réalisées[2]. »

« Orsini tentant de faire disparaître Napoléon III, l'ami du pape et l'adversaire de l'Italie ; Guiteau, tuant le président Garfield par suite d'une néces-

---

1. Des Etangs. *L. c.*, p. 313, 319, 321, 331.
2. Bergeret. *Annales d'hygiène et de méd. légale*, 1864, t. XX, p. 165.

sité politique et par pression divine; Passanante
se précipitant, une bannière socialiste à la main,
sur le roi Humbert qu'il veut mettre à mort pour
fonder la républiqne universelle ; Hillairaud atten-
tant à la vie de Bazaine, pour accomplir un serment
solennel et venger, par ordre de Dieu, sa patrie ; Gas-
nier voulant tuer une personne attachée à l'ambas-
sade d'Allemagne, pour faire éclater une guerre qui
doit aboutir, grâce à lui, à la reprise du commerce[1];»
tous représentent différents types du régicide. Ce
sont des prédisposés, souvent même de véritables
aliénés, qui sous l'influence (et c'est ici qu'intervient
la contagion) des préoccupations de leur entourage,
des bruits populaires, de la lecture des journaux, font
le sacrifice de leur vie pour le triomphe d'une idée,
le relèvement de la patrie par la mort d'un tyran.
Où cette pathogénie s'est montrée surtout manifeste, c'est dans l'attentat d'Aubertin (10 décembre 1887). Le président Grévy venait de quitter
l'Élysée dans les circonstances que l'on connaît. Sa
succession était briguée par plusieurs candidats ;
l'un d'eux, Jules Ferry, semblait devoir l'emporter
sur ses concurrents. Mais, s'il avait de chauds partisans, il comptait aussi nombre d'ennemis acharnés,
qui quotidiennement dans les journaux, non seulement le couvraient d'ignominies, mais encore ne
craignaient pas de menacer le Congrès de désordres
sanglants, de descente dans la rue, de révolution
même, si le *Tonkinois* était élu. On sait que les
députés et sénateurs, en majorité favorables à cette
candidature, obéirent aux injonctions de ces feuilles,

1. Régis. *L. c.*

Il n'est donc point étonnant qu'un pauvre déséquilibré, fils de suicidé, surexcité par la lecture de ces appels au meurtre, essaya de tuer Jules Ferry « pour supprimer le mauvais génie de la France ». On trouverait pareillement chez les autres régicides une genèse analogue de l'idée meurtrière, établissant, comme ici, nettement la contagion.

A propos de ce crime, le compagnon Alain Gouzien a dit : « Quiconque tue un capitaliste, quel que soit le sentiment qui le guide, fait bien », et Tortelier en faisant allusion à une autre affaire : « Duval et Deruyter, l'assassin de son patron, ont montré l'exemple. Un autre les imite, d'autres les suivront. » Tout près de nous, le 13 août 1893, le député journaliste Lockroy échappe miraculeusement à la mort, lorsque le *poète-cocher*, Moore, lui a, sous un futile prétexte, tiré à bout portant un coup de revolver. Or, celui-ci, dès le mois de mai 1888, écrivait la lettre suivante à M. de Guntz, administrateur de la Compagnie des Petites-Voitures : « A nous deux, Monsieur de Guntz... Songez au sort de Raynaud, le directeur de l'école de télégraphie qui fut tué par Mimault, un homme de cœur que j'admire... N'oubliez pas Watrin, la répulsion des mineurs de Decazeville, comme vous des cochers de Paris ! » M. de Guntz a été épargné ou oublié, et M. Lockroy a pris sa place dans les pensées de cet énergumène qui ruminait ainsi toujours des pensées de meurtre.

Dans certains cas, et ceci nous sert de transition toute naturelle pour arriver aux anarchistes, les régicides s'organisent en bande : « On n'ignore pas, dit le chef de la haute police, que les écoles, les

comptoirs et les corps de la Saxe, de la Prusse, de
toute l'Allemagne enfin, exaltaient les idées de
meurtre. Il existait même sous la forme de *compagnies d'arquebuses*, etc., etc., des réunions où l'on
s'exerçait au tir dans le but, avoué par leurs règlements et leurs circulaires, de porter des coups plus
assurés à Napoléon, l'ennemi de la patrie allemande [1]. »

1. A. des Etangs. *L. c.*, p. 335.

CHAPITRE III

LES ANARCHISTES

Il y a quelques années, les anarchistes commettaient leurs crimes hors de France et surtout dans la lointaine Russie. Longtemps nous avons pu croire que la contagion ne toucherait pas la France. Cette quiétude, dans laquelle nous vivions et que nous attribuions à la forme démocratique de notre gouvernement s'est changée en une nouvelle *Terreur*, et chaque jour les attentats se multiplient dans le monde entier. « Depuis six ans, on en a commis 1,123 en Europe, 502 en Amérique, soit un total de 1,615 explosions [1]. » Voici les principales, mais rappelons auparavant que, dès 1867, au Congrès de la Paix organisé par l'Internationale, Bakounine expose la théorie de la destruction des États et de toute l'organisation sociale actuelle.

1873. 9 *juillet*. — Insurrection anarchiste en Espagne dans la province de Carthagène. A Elcoy, l'alcade est brûlé vif.

1877. 5 *avril*. — Bénévent est envahi par une

---

1. *Les Coulisses de l'Anarchie*, Flor O' Squarr, Savine, 1892.

bande d'anarchistes, ayant à leur tête Malatesta et Caffiero ; ils brûlent les archives, pillent les caisses publiques et restent maîtres de la ville jusqu'au 11 avril..

18 *décembre*. — Jugement, à Saint-Pétersbourg, des conspirateurs anarchistes, 193 accusés, dont 82 nobles, 33 prêtres, 17 fonctionnaires et 7 officiers.

1878. 5 *février*. — Les anarchistes, traqués par la police russe, se vengent en faisant assassiner, par la jeune Vera Zassoulitch, le général Trepoff, chef de la police.

11 *mai*. — Hœdel, à Berlin, fait feu sur Guillaume Ier.

2 *juin*. — Nobiling tire deux coups de carabine sur l'empereur d'Allemagne et lui fait dix-sept blessures.

26 *août*. — Un anarchiste inconnu poignarde le général Metzenzoff, chef de la police de Saint-Pétersbourg.

25 *octobre*. — Moncasi tire un coup de pistolet sur Alphonse XII.

17 *novembre*. — Passanante tente de tuer le roi Humbert et blesse le ministre Cairoli.

1879. 8 *mars*. — Assassinat du général Kropótkine, gouverneur de Kharkow, par un inconnu.

22 *mars*. — Le colonel Knopp, chef de la police d'Odessa, est étranglé dans son lit, et un billet épinglé à sa chemise, indique que ce crime est l'œuvre des anarchistes.

25 *mars*. — Attentat contre le général Drentelen, chef de la gendarmerie à Saint-Pétersbourg.

14 *avril*. — Attentat de Solovieff contre le tsar Alexandre II, 4 coups de revolver.

17 *août*. — Assassinat du général Metzenseff, chef de la gendarmerie à Saint-Pétersbourg, successeur du général Drentelen.

30 *novembre*. — Attentat de Hartmann contre Alexandre II. La voie est minée sur le passage du train ramenant le tsar de Livadia ; mais l'attentat échoue, c'est le train qui suivait celui où se trouvait le tsar qui saute.

30 *décembre*. — Gonzalès tire deux coups de revolver sur Alphonse XII.

1880. 17 *février*. — Attentat au Palais d'Hiver, à Saint-Pétersbourg. La salle des gardes saute, 8 morts 45 blessés. L'empereur et toute sa famille n'ont échappé à cet attentat de Khaltourine, que par un retard de quelques minutes survenu à leur déjeuner.

4 *mars*. — Attentat contre le général Loris Melikoff, chef de la police russe, par Mlodetrkis. — Explosion de la statue de Thiers à Saint-Germain.

1881. 13 *mars*. — Assassinat d'Alexandre II à Saint-Pétersbourg, par les nihilistes Ryssakoff et Jelaboff.

Décembre. — Le général Tchévoune, chef de la police, est attaqué à coups de revolver par Melnikoff et Sankouski.

10 *décembre*. — Tentative d'assassinat par le revolver contre le général Tchérévine, chef de la police russe.

1882. 30 *mars*. — Assassinat du général Strelnikoff, à Odessa.

Août. — Attentats de Montceau-les-Mines. L'église de Bois-du-Verne est détruite par la dynamite et incendiée. Ce sont les premiers attentats anarchistes en France.

21 octobre. — Explosion du théâtre Bellecour; dans le sous-sol du théâtre servant de café, une bombe blesse plusieurs consommateurs (affaire Cyvoct.)

1883. *Février.* — Assassinats et incendies commis par la société secrète de la *Main Noire* en Espagne. En dix jours 22 meurtres sont commis : 8 incendies allumés.

9 mars. — Manifestation anarchiste à Paris, sur le boulevard des Invalides. Pillage de boulangeries (affaire Louise Michel).

15 mars. — Tentative infructueuse à Londres de faire sauter le Parlement et les bureaux du *Times.*

28 septembre. — Les anarchistes allemands Reinsdorf et Küchler veulent faire sauter le monument de la *Germania*, dans le Niederwald, élevé en mémoire de la guerre de 1870, le jour même où l'empereur d'Allemagne et les princes confédérés devaient l'inaugurer. Le complot échoue.

30 octobre. — Trois explosions à Londres (Métropolitain, Paddington, Westminster).

28 décembre. — Assassinat, à Saint-Pétersbourg, du colonel Soudaïkin, chef de la police secrète.

1884. *2 janvier.* — Une bombe éclate dans un tunnel du Métropolitain de Londres.

24 janvier. — Assassinat par les anarchistes de l'agent de police Bloch, à Vienne. — Reinsdoff et Mannhein font sauter à la dynamite le bâtiment de police de Francfort.

Février. — Fayard essaye de faire sauter la maison d'un bourgeois.

13 décembre. — Explosion du pont de Londres.

1885. *13 janvier.* — Assassinat par l'anarchiste Lieske, à Francfort, de l'agent de police Rumpf.

24 janvier. — Une bombe éclate près de la Tour de Londres et à Westminster-Hall.

25 février. — La gare de Victoria, à Londres, est détruite de fond en comble.

1886. 26 *janvier.* — Assassinat de l'ingénieur Watrin, à Decazeville.

3 mai. — Attentat anarchiste à Chicago. 4 morts, 42 blessés.

19 juillet. — Affaire de l'anarchiste Gallo à la Bourse de Paris.

23 octobre. — Au Père-Lachaise, l'anarchiste Lucas tire un coup de revolver sur le communaliste Rouillon.

5 octobre. — Pillage de l'hôtel de Mme Madeleine Lemaire, à Paris.

1888. 30 *septembre.* — Attentat contre un bureau de placement, rue Chénier, à Paris.

10 novembre. — Attentat contre deux bureaux de placement à Paris. — C'est, je crois, cette année, qu'Achille Leroy, candidat (?) à l'Académie française, fit ses visites en déposant une fausse bombe à la porte de chaque académicien.

1889. 21 *octobre.* — Attentat contre le prince Guillaume de Wurtemberg.

1890. *Janvier.* — Lawroff, Stépanoff, Levrinius, Fodocopp, Mlle Bomberg, sont condamnés à Paris pour fabrication d'engins explosifs.

1er mai. — Pillage de l'usine Brocard, à Vienne Is ère). — Bagarres dans toute l'Europe.

18 *novembre*. — Assassinat, à Paris, du général russe Séliverstoff par l'anarchiste Padlewski.

1891. 1ᵉʳ *mai*. — Trois anarchistes de Levallois tirent des coups de revolver sur des sergents de ville, qui voulaient les empêcher de manifester. — Agitation générale.

Mai. — Attentat contre l'hôtel du duc de Trévise.

Juillet. — Le ministre Constans trouve sur son bureau un missel contenant de la dynamite. Ses collègues Treille et Etienne en reçoivent de semblables. — Attentat à Charleville.

1892. 21 *janvier*. — Attentats anarchistes à Xérès.

22 *février*. — A Gillonay (Isère), une cartouche de dynamite est disposée de façon à éclater à l'ouverture d'une porte.

29 *février*. — Explosion à l'hôtel de Sagan, à Paris. Le 14 et 15 février, un vol important de dynamite avait été commis à Soisy-sous-Etioles. — Le 3 mars un fumiste dépose une fausse bombe de dynamite chez la baronne du Teil, 4, rue Monsieur. — Le même jour, une énorme cartouche de dynamite est placée à la porte de la caserne de gendarmerie de Saint-Ouen.

11 *mars*. — Explosion boulevard Saint-Germain, 136 (Ravachol), dans la maison occupée par M. Benoît qui avait présidé la Cour d'assises où avaient été jugés les anarchistes de Levallois.

15 *mars*. — Explosion à la caserne Lobau.

16 *mars*. — Liége, attentat contre la maison du président des assises, qui venait le jour même de condamner des voleurs de dynamite (28 et 29 mars 1891) à douze et quinze ans de travaux forcés.

28 mars. — Explosion, 27, rue de Clichy (Ravachol), dans la maison de M. Bulot, substitut du procureur général, qui avait requis contre les anarchistes de Levallois.

2 avril. — Pendant la guerre civile du Vénézuéla, le palais du président est dynamité.

7 avril. — Explosion du commissariat de police de la place Cupif à Angers.

20 avril. — Leconte brise trois glaces au café Riche et se met à chanter les louanges de Ravachol. — A la même époque à Pau, le juge suppléant Diard, reconnu aliéné depuis, envoyait à des fonctionnaires, à des négociants et surtout à des magistrats, des lettres menaçantes. Le procureur trouva sur son bureau une lettre annonçant que le palais de justice sauterait dans la nuit du 30 avril au 1er mai.

25 avril. — Explosion du restaurant Véry, deux morts, quatre blessés, la veille de la comparution de Ravachol aux assises.

1er mai. — Un gamin fait partir un pétard dans la cathédrale de Chartres, que l'on avait menacé de faire sauter. — Trois explosions de dynamite à Liége.

2 mai. — Gustave Maminerie, élève du lycée de Toulouse, adressait aux fonctionnaires des lettres de menaces, signées Ravachol. Il fait éclater une boîte de poudre dans un urinoir situé près du lycée. — Le même jour Godefroy Gonin, épicier à Tours, pour faire une bonne plaisanterie, fait partir une grosse bombe dans un urinoir adossé au mur d'une caserne.

13 mai. — Explosion de dynamite à la porte de

M. Gaston Capellier, sous-chef aux ateliers des mines de Lens.

25 *mai*. — Une bouteille remplie de poudre et de ferraille, munie d'une mèche allumée, est placée sur la fenêtre du maire de Maillet, près de Montluçon.

28 *mai*. — Explosion d'une bombe à Commentry, chez M. Bodard, métallurgiste.

Juin. — Une bombe est placée dans la cheminée de M. Dufayel, boulevard Barbès. — Tentative pour faire éclater la grosse machine de la forge de Commentry. — Le président et le procureur de Montluçon reçoivent une lettre leur annonçant que le Palais de Justice et eux-mêmes seraient dynamités si la Compagnie de Saint-Gobain n'était pas condamnée.

Juillet. — Lenoble, bedeau de Saulchery (Aisne), essaye de dynamiter la mairie avec deux cartouches enfermées dans des tubes de plomb. Il donne pour toute excuse que cette idée lui est venue en lisant le *Petit Journal*.

20 *juillet*. — Attentats anarchistes à Homestead (États-Unis).

20 *août*. — Attentat à Villars (Loire). L'anarchiste Rullière tire sur son patron.

26 *septembre*. — Deux ministres de Tokio reçoivent des bombes dans des boîtes à correspondance.

30 *septembre*. — Attentat à Montréal.

8 *novembre*. — Une marmite de dynamite déposée au siège de la Compagnie de Carmaux, est transportée au commissariat de police de la rue des Bons-Enfants où elle éclate en tuant cinq personnes.

19 *décembre*. — Attentat à la mine de Commentry.

25 *décembre*. — Attentat à Dublin.

1893. 29 *mai*. — Attentat à la caserne de Potsdam.

24 *septembre*. — Attentat de l'anarchiste Pallas à Barcelone contre le maréchal Martinez Campos.

2 *octobre*. — Une bombe est placée à la préfecture de police de Prague.

7 *octobre*. — Attentat à Pittsburg (Amérique).

Novembre. — L'explosion de Santander ne semble pas devoir être mise sur le compte des anarchistes.

Novembre. — Trois jeunes gens essayent de faire sauter le monument de Nelson.

7 *novembre*. — Explosion au théâtre du Lycéo, à Barcelone, vingt-trois morts, cinquante blessés, pour venger le *meurtre* de Pallas.

13 *novembre*. — Tentative d'assassinat sur M. Georgewitch, ministre de Serbie à Paris, par l'anarchiste Léauthier. M. Georgewitch est grièvement blessé.

16 *novembre*. — Une bombe éclate à l'hôtel du gouverneur militaire de Marseille. — Assassinat de l'agent de police Colson par l'anarchiste Marpeaux.

9 *décembre*. — Explosion d'une bombe lancée par l'anarchiste Vaillant à la Chambre des députés.

14 *décembre*. — Un vieillard de quatre-vingt-trois ans tente de faire jeter par un tiers, une bombe dans le bâtiment d'un voisin (Caen).

13 *décembre*. — On découvre à bord du *City of Washington* de New-York, parmi les sacs de café,

une machine infernale destinée à faire sauter le navire en mer. Le 1er novembre, un navire de la même compagnie fait explosion en mer et fut incendié en plein Océan, dans des circonstances très mystérieuses ; plus de cinquante hommes ont péri.

1894. — En corrigeant les épreuves, je me vois obligé d'allonger encore cette trop longue liste : Le 3 *février* une bombe est trouvée à la mairie de Versailles. Un courageux employé qui la voit, éteint la mèche, et, au péril de ses jours, la prend et la porte en lieu sûr. L'enquête démontre que l'individu qui avait empêché l'explosion n'était autre que celui qui l'avait préparée et qu'il connaissait par conséquent le maniement de l'engin. Il avait imaginé cette histoire pour se mettre en évidence par sa présence d'esprit et mériter de l'avancement.

8 *février*. — L'explosion du parc aérostatique de Meudon est peut-être œuvre anarchiste.

Le 13 *février*, Henry, âgé de vingt ans, jette une bombe à l'hôtel Terminus. Elle blesse treize personnes. Serré de près, l'assassin tire quatre coups de revolver et blesse grièvement un inspecteur de police et une dame.

19 *février*. — Deux bombes dans deux hôtels de Paris.

Puisse ainsi se clore cette longue et lugubre liste[1] ! Je n'ose l'espérer.

Voilà les faits brutaux exposés sans commen-

---

1. Ces documents sont empruntés aux *Coulisses de l'Anarchie*, ouvrage fort documenté de Flor O'Squarr (Paris, Savine, 1892); au *Petit Journal* (12 déc. 1893) et à la *Gazette de France*. Je les ai complétés surtout pour 1892, 1893 et 1894 (janvier et février jusqu'au 15).

taires. Nous y avons joint un certain nombre de
faux attentats commis ou par de sinistres farceurs,
ou par de véritables aliénés. Nous reviendrons
sur plusieurs d'entre eux ainsi que sur la concor-
dance de quelques vrais attentats avec des écrits
anarchistes. Opposons à la simple exposition de ces
faits quelques-unes de ces excitations au meurtre
que l'on rencontre dans chaque numéro de certains
journaux : Le 31 mai 1893, des affiches sont pla-
cardés à Saint Ouen. On y lit : « La propriété c'est
le vol. Mort à ceux qui possèdent!... Mort aux bourgeois!... A bas les voleurs !... Vive l'anarchie!...
Gloire à Ravachol, martyr de la bourgeoisie. »

Le 1ᵉʳ mai 1891, on affiche à Clichy :

« En voilà assez, prenons de la dynamite, faisons
sauter tous les sergots et enduisons les maisons de
pétrole... Mort aux vaches ! aux gendarmes de
Clichy, qui ont assommé nos frères le 1ᵉʳ mai! A bas
ce sale gouvernement de Ferry ! »

Breuil distribue, le 30 novembre 1890, des exemplaires de l'Internationale, imprimés à Londres.
Sous ce titre : un « Gala anarchiste à l'Opéra », il émet
l'idée de faire flamber l'Opéra pendant une soirée
de gala : « Est-ce que nul d'entre vous ne senti-
rait pas son cœur tressaillir d'une fièvre intense
en entendant le grésillement de la graisse bour-
geoise et les hurlements de cette masse de viande
grouillant au milieu de cet immense vaisseau de
feu ? »

Dans l'affaire des attentats de Liège (juillet 1892),
l'ancien officier Moineau déclare qu'il aurait voulu
avoir signé cet appel au peuple saisi à Liège :
« Montrez que vous savez vous servir du poignard,

du poison et du revolver contre les bourgeois vos meurtriers. »

D'après le *Père Peinard* du 17 juillet 1892, il existe à Aubin un groupe portant le nom de «Watrineurs de l'Aveyron ». Le 22 février 1893, l'appel suivant est affiché à Rive-de-Gier : « Camarades, voilà un mois que nous luttons contre la férocité de nos patrons, et leur égoïsme aveugle ne veut pas cesser. Les moyens pacifiques seront continués jusqu'au bout, c'est nécessaire pour que l'on ne puisse rien nous reprocher. Mais que nos exploiteurs le sachent bien, ces moyens épuisés, nous en possédons d'autres qui sauront nous débarrasser des renégats et des patrons, la mélinite, la dynamite et tous les autres explosifs à notre connaissance nous serviront pour cela. Qu'on se le tienne pour dit, car nous n'avons pas l'habitude de faire des menaces vainement. Mort à tous les gros voleurs et à leurs soutiens ! » A Saint-Ouen, en novembre 1893, un compagnon fait un discours sur ce thème : les bourgeois consternés tremblent devant la dynamite, usons-en ! brûlons, tuons, massacrons pour le succès de nos idées.

D'après le *Temps*, au banquet de Carmaux (1893), le député Rouannet a bu « aux idées de révolte », et le député Baudin : « J'attends la venue prochaine de la République sociale, dût-on pour l'avoir faire une révolution ! » Ainsi parlent des législateurs ! Et Crispi lui-même, le bon Crispi (qui depuis... Rome alors ignorait ses vertus !) raconte dans ses mémoires qu'en 1860 il était allé à Palerme apprendre aux jeunes gens comment il fallait s'y prendre pour fabriquer des bombes et pour les jeter *utilement* aux soldats [1]. L'*En Dehors* (12 juin 1892) est plus net que nos députés souverains, mais il n'est pas plus précis que ce premier ministre du roi Humbert, car je ne sache pas que la feuille anarchiste ait jamais ouvert un cours public sur la meilleure façon de procéder dans les attentats à la dynamite. « Jadis durant les guerres de la succession d'Espagne, les courtisanes de Madrid, une nuit, attirèrent la garnison autrichienne, et, au matin, chacune avait égorgé son compagnon. Qu'en dites-vous, Parisiennes? Seulement, cette fois, l'ennemi, c'est le bourgeois. Et, en attendant ce jour que je souhaite proche, vous le savez, les mômes, il y a déjà, à l'occasion, le couteau, le vitriol et la dégringolade. C'est de la révolte, ça, j'en réponds et de la bonne. »

Le meurtre ne suffit pas, il faut aussi le vol et la destruction. Dans une affiche, on lit (16 janvier 1889) à propos de la fameuse élection Jacques-Boulanger.

« Il ne s'agit plus de changer de maître, mais de conquérir par la force la terre et ses richesses qu'une minorité de fourbes s'est appropriée. Ce n'est qu'en détruisant toutes les institutions, tous les monuments du passé que disparaîtront à jamais les lèpres hideuses de la société actuelle et que l'humanité trouvera sa voie de justice et de bien-être pour tous. »

S. Merlino, dans une petite brochure [2] qui doit être fort rare, expose les moyens de parvenir :

1. *Figaro*, 16 décembre 1893. Jacques St-Cère.
2. Bruxelles. Longfils. *Propagande socialiste-anarchiste-révolutionnaire.*

« L'expropriation de la bourgeoisie ne peut se faire que par la violence, que par voies de fait. Les ouvriers révoltés n'ont à demander à personne la permission de s'emparer des usines, des ateliers, des magasins, des maisons et de s'y installer. » Les voleurs ne devront pas garder ce dont ils se sont emparés (ce compagnon ferait bien de nous expliquer comment il compte atteindre ce but) mais bien les mettre en commun, etc...

Des manifestes sont envoyés aux soldats, on leur conseille de tirer sur leurs officiers (Le Havre, 1892) ou bien : Combattons donc ensemble pour notre liberté et crions à l'unisson : A bas la patrie ! Mort aux chefs ! Vive la Révolution ! Vive l'anarchie !

On distribuait[1] dernièrement dans les quartiers suburbains un placard portant ce titre : « Dédié aux trois vaches, Rothschild, Carnot, Léon XIII, à mort ! »

« C'est bon de résister[2], couquin de dious, aux Jean-Fesse gouvernants et richards, — mais il ne faut pas s'en tenir à la résistance passive, le besoin de s'armer commence à se faire sentir !

« Il faudra plus que des triques, nom de Dieu ! et même il se pourrait que les fourches et les faulx ne soient que de la Saint-Jean. »

« Je souhaite qu'ils (les Belges) soient moins gourdes que les Français et s'ils veulent cogner sur quelqu'un, que ce soit sur les patrons[3] ! »

Voici maintenant quelques réflexions de l'*En Dehors*[4] :

1. *République française*, 15 nov. 1892.
2. *Le Père Peinard*, 19 au 26 févr. 1893.
3. *Id.*, 13 au 20 nov. 1892.
4. 12 nov. 1892.

« Que la terre soit abreuvée du sang des meilleurs parmi nous. Leur sort est plutôt enviable, car la semence pour germer réclame la rosée pourpre du sacrifice.

« Entre les riches et les pauvres, les repus et les misérables aux canines aiguës, plus de trève. Tous les moyens sont bons sans exception aucune pour combattre les possédants. Nous, de notre côté, répondrons efficacement, rendant coup pour coup, deux pour un si possible, jusqu'à ce que la bête soit crevée. Nous serons humains après l'affranchissement, chevaleresques jamais. Il faut des actes ! Et pour agir il nous faut la Haine.

« Lundi 7. Explosion de dynamite près Riom. Une maison endommagée, ça va bien ! Un petit essai pour se faire la main. Les commençants sauront dans quelques jours donner des preuves de leurs talents... La dynamite poursuit sa petite besogne sans fla-fla, sans potin préalable. Elle avertit en exécutant. L'hiver vous promet d'agréables surprises. »

On n'oublie pas les chansons[1] :

> Nos pères jadis ont dansé
> Au son du canon du passé !
> Maintenant la danse tragique
> Demande plus forte musique.

> Refr. : Dame dynamite, que l'on danse vite,
> Dansons et chantons !
> Dame dynamite, que l'on danse vite,
> Dansons et chantons et dynamitons.

1. *Les Coulisses de l'Anarchie*, Flor O'Squarr ; Savine, 1892, p. 87.

Dynamitons tous les gavés
De la sueur des affamés
Il est temps qu'on en désinfecte
Le vieux sol de notre planète.

Dans l'almanach du *Père Peinard*, saisi en janvier 1894, la *Ravachole* remplace la *Carmagnole*.

Nous empruntons à Lombroso [1], les deux extraits suivants : le premier est de la *Freiheit :* « Allons, égorgez! Que la vengeance soit terrible! Tel doit être le refrain des chants révolutionnaires. Tel sera le cri que lancera le Comité exécutif après la victoire du prolétariat. Dans les moments de crise, il faut qu'un révolutionnaire convaincu ait toujours devant lui ce dilemme : ou faire tomber en plus grand nombre possible les têtes de ses ennemis, ou se préparer à être lui-même décapité. La science fournit aujourd'hui le moyen de détruire gracieusement et en grand cette race de monstres. »

Le second est du *Ciclone*, de Mantoue. « Cette masse... comprend bien qu'il est de son avantage d'égorger le propriétaire, de brûler l'infect galetas, de s'emparer du beau palais qu'elle a construit elle-même, de défoncer les coffres-forts, de renverser toute autorité en pendant roi, ministres, sénateurs, députés, avocats, commissaires de police, préfets et toute leur séquelle [2]... »

La *Révolution sociale* en 1880, sous ce titre : *la propagande par le fait* annonce que le comité révolutionnaire français a décidé, comme avertissement donné à la bourgeoisie d'accomplir un acte signi-

---

1. *Le Crime politique*, t. I, p. 169.
2. Espérons que la loi de décembre 1893 arrêtera la propagande anarchiste par le fait.

ficatif : la statue de l'odieux bourreau (Thiers) qui
était son chef va disparaître. Cette exécution n'est
que le prélude d'événements plus efficaces que
toutes les mesures policières ne sauront empêcher.
Mort aux exploiteurs! On avait tout d'abord projeté
de faire sauter le Parlement [1].

Les anarchistes de Levallois-Perret ont fêté verre
en main l'attentat du Palais-Bourbon. Un des orateurs a déclaré : « Les bourgeois en verront bien
d'autres. » Les anarchistes de Saint-Ouen ont égam-
ment glorifié l'attentat. Malheureusement, ces excitations viennent quelquefois de là où l'on ne serait
pas en droit de les attendre. Le *Figaro*[2] cite un
extrait bien suggestif du *Bulletin officiel* de la
Bourse du travail, feuille subventionnée par les
fonds publics : « On peut affirmer hardiment que
chaque prolétaire est assassiné peu à peu par les
bourgeois oisifs, qui lui volent sa vie de toutes les
manières, journée par journée, heure par heure,
et que, contre ces irréconciliables ennemis de son
existence, le prolétaire doit employer tous les
moyens, quels qu'ils soient; il est vis-à-vis d'eux
perpétuellement dans le cas de légitime défense
pour abattre le mensonge universel qui a nom
capital et patrie, pour abattre la violence universelle qui a nom égalité, pour abattre le vol universel, qui a nom propriété, enfin pour abattre la
bourgeoisie qui, avec ses institutions, représente et
soutient toutes les exécrables entités, qui écrasent
tous les hommes, tout est bon, tout est juste, tout
est légitime. »

1. *Figaro*, 20 déc. 1893.
2. *Ibid.*, 17 mai 1893.

Nous venons de citer, pris un peu au hasard, un grand nombre d'appels au meurtre. Y a-t-il une relation entre ces innombrables attentats et ces excitations malsaines? Nous nous réservons d'en donner dans un instant la preuve presque mathématique, mais le simple raisonnement nous conduira exactement au même but.

Nous avons essayé de démontrer dans le cours de cet ouvrage la puissance que peuvent avoir au point de vue de la contagion du meurtre, la presse, la prison, l'influence que savent prendre certains individus, sur d'autres plus malléables, et qui ne demandent qu'à être dominés. Nous avons vu les pires coquins tirant leurs inspirations des récits criminels. Nous avons vu l'influence de l'incube sur le succube dans la folie, le suicide, le meurtre à deux. Pourquoi en serait-il autrement dans cette épouvantable histoire de la Terreur, sous laquelle nous vivons depuis quelques années. Comparez ces différents crimes : ils sont tous identiques. D'ailleurs ces faits sont bien analysés et bien mis en lumière par Francis Magnard[1] :

« Depuis que l'humanité traîne son histoire sur notre triste planète, chaque siècle, chaque époque a vu, j'en conviens, un choix de crimes individuels et collectifs dont la politique a été le point de départ. L'énumération nous entraînerait loin et serait monotone, mais il y avait généralement à ces crimes d'autres origines qu'une littérature faisandée et un journalisme odieux. On n'a jamais demandé l'assassinat par articles spéciaux : il y a bien eu le

1. *Figaro*, 15 décembre 1893.

toast à la petite balle de Félix Pyat, mais ce roman-
tique se contenta de la phrase et ne fit pas le geste,
le beau geste qu'admire tant un poète décadent.
Depuis, jamais les réactionnaires n'ont réclamé un
assassin pour tuer Gambetta ou Jules Ferry, pas
plus que les républicains ne demandèrent, au
16 Mai, la suppression de M. de Broglie et de M. de
Fourtou. En réalité, les provocations des feuilles
anarchistes ont été les seules qui aient été sui-
vies d'effets et qui aient eu assez de puissance
pour déterminer des criminels à agir en leur insuf-
flant la conviction que l'unique remède au mal
social serait de faire disparaître la société elle-
même. La facilité relative de l'exécution com-
plétant ce raisonnement commode à saisir et, en
apparence, irréfutable pour un esprit prévenu de
l'inanité malheureusement évidente des remèdes
partiels, des palliatifs locaux, a engendré une race
de criminels encore inédite, voulant tuer pour rien,
sans bénéfice personnel, mais aussi sans profit
pour un principe, pour une réalisation quelconque. Il n'est pas inutile d'ajouter que les écrivains, parfois ingénieux, qui développent ces ai-
mables théories prennent, comme jadis Félix Pyat,
un soin pieux de ne point exécuter les crimes qu'ils
conseillent. Ne trouvez-vous pas que cela est abominable? que cette abstention de dilettante, que
cette position d'avocats consultants de la dynamite
a quelque chose de particulièrement vil, de plus
lâche en tout cas que les attentats eux-mêmes,
dont les auteurs courent heureusement quelques
risques? »

Certes, ces lectures n'offrent que peu de danger,

pour un individu parfaitement équilibré, mais si on les répand dans le milieu auquel elles sont destinées, le milieu ouvrier, où l'alcool fait tant de ravages, alors la semence a trouvé un excellent terrain de culture, elle se développe plantureusement et donne le résultat que l'on sait. Il ne faut pas oublier que souvent l'alcool est plus nuisible, au point de vue criminel, à la seconde génération, celle qui est produite sous l'influence de l'ivresse ou d'un alcoolisme permanent. Cette génération souvent ne boit pas, elle a même quelquefois horreur de toute boisson, mais elle est profondément dégradée, dégénérée sous l'influence des habitudes des générateurs.

Voilà où nous conduit le raisonnement. Les faits sont-ils concordants? Nous en donnerons seulement deux exemples bien typiques. Le *Père Peinard*, déjà trop souvent cité, portant la date du 15 au 22 octobre 1893, ayant paru au plus tard le 19 à Paris [1], dans un article intitulé le *Bateau Russe*, dénigre l'entente franco-russe, bave sur Alexandre III et le gouvernement de la France. Le 20, un individu tire deux coups de revolver dans la direction du Cercle Militaire, où les officiers russes avaient reçu l'accueil que l'on sait. Dans le même numéro, nous trouvons en dernière page une illustration bien suggestive, intitulée *la fusillade de Barcelone*. Tout en haut, nous voyons les quatre anarchistes garroltés à Xérès, dans l'auréole lumineuse des martyrs; au-dessous, l'assassin Pallas, à genoux devant le peloton d'exécution. Comme légende ces simples

---

1. Ce numéro a été acheté à Brest le 20 au matin. Il a donc paru le 19 à Paris.

mots : « *La vengeance sera terrible (dernières paroles de Pallas)*. » Elle a été terrible, en effet, puisque le 7 novembre a eu lieu au théâtre de Barcelone cet horrible attentat sur des inconnus, des gens quelconques, qui n'étaient même pas des politiciens, mais bien de braves gens, qui, à l'instar de nombreux anarchistes, allaient passer leur soirée au spectacle. Je me trompe, ils avaient commis un crime, celui de faire partie d'une société qu'il faut détruire de fond en comble. A ce titre les anarchistes en font partie aussi, qu'ils commencent donc par se tuer les uns les autres. On ne peut nier qu'il y ait une relation entre le *Père Peinard* et le hideux massacre de Barcelone.

Le 7 décembre 1892, en s'éveillant, les habitants de Levallois-Perret ont aperçu collés, en grand nombre, sur les murs de la cité, des placards rouges, de grande dimension. Dans le libellé de l'un d'eux, nous avons relevé ce passage :

« Il y a quelques semaines, la dynamite parlait et sa forte voix, *agréable à nos oreilles*, faisait défaillir toute la haute pègre des dirigeants et des exploiteurs. A vous de parler maintenant..... Si la Commission parlementaire ne chasse pas tous ces voleurs qu'on lui désigne, c'est à nous de les faire sauter par la dynamite. » Comme signature, celle-ci : N. Smith-Woonn-Place. London.

Un an après, presque jour pour jour, une bombe est jetée dans la salle du Palais-Bourbon. Et nous lisons ceci dans le numéro du 10 décembre : « Il n'y a pas que l'Amnistie des politicards... y en a une autre rudement plus galbeuse ; c'est celle que fera le populo quand il s'alignera pour le grand chambard. Et foutre, j'ai idée qu'elle ne traînaillera pas, cette riche Amnistie! »

« Le rapport entre les inspirateurs de la presse et les exécuteurs s'est montré avec évidence à Lyon. En octobre 1882, deux attentats ont eu lieu; l'un dans un café, qui, quelques jours auparavant, avait été *désigné* dans un journal anarchique; il y a eu un mort et plusieurs blessés ; l'autre, près du bureau de recrutement, qui venait d'être pareillement désigné par cette même feuille [1]. »

On a appelé la prison l'école normale du crime, on peut appeler *l'anarchie*, l'école normale du meurtre et du meurtre sans péril, le plus souvent lâchement anonyme. Dans leurs réunions, par leur presse, les compagnons s'entraînent au meurtre, ils s'y préparent, ils s'instruisent sur les meilleurs procédés à employer. Et quelques politiciens veulent voir dans les crimes anarchistes des crimes politiques! Crimes oui, politiques non. Toutes les opinions sont respectables sans doute, mais pas celles de repris de justice, comme Ravachol, Vaillant, et tous les assassins de Watrin, ainsi que le relève Sighele [2], et tant d'autres condamnés pour crimes d'anarchie, mais ayant déjà commis à maintes reprises des crimes de droit commun : vol, meurtre, viol, etc...

Parmi les anarchistes on peut établir plusieurs catégories. Les uns, les incubes, et ce sont incontestablement les plus coupables, sont ces orateurs de club, ces journalistes de feuilles incendiaires,

---

1. Tarde. Foules et Sectes. *Revue des Deux Mondes*, 15 nov. 1893, p. 383.
2. *La foule criminelle.*

qui, tout en restant lâchement dans la coulisse, agissent sur les succubes, qu'ils poussent en avant, par leurs excitations constantes, non pas vers une amélioration sans doute désirable, mais vers un état de choses absolument irréalisable, oubliant l'immortelle parole du Christ : il y aura toujours des pauvres parmi vous!

Les autres, nous venons de le dire, sont les succubes, tantôt franchement aliénés, tantôt déséquilibrés, tantôt normaux, mais amenés lentement, par une infiltration journalière de l'élément contagieux à accepter l'idée de meurtre. Pour les aliénés et les déséquilibrés la conversion à l'anarchie est plus facile, le terrain est bien préparé il suffit souvent qu'un incube y jette une idée pour qu'elle germe et fructifie rapidement.

Notons, à côté de la véritable contagion, la part manifeste de l'imitation : là c'est la dynamite, ici ce sont les incendies. « Dans le seul numéro du 1ᵉʳ juin du *XIXᵉ Siècle*, m'écrit le Dᵣ Corre, je relève l'incendie des grands moulins Darblay, à Corbeil, celui du dépôt des omnibus à Paris, et d'autres simultanés à Fontainebleau, Bordeaux, Troyes, Brisson, près de Gien, etc., tous dans la journée du 30 mai. Mais la sécheresse invoquée comme cause, est-elle suffisante à expliquer de tels incendies, avec l'aide de la simple imprudence? Dans une certaine mesure sans doute, non dans tous les cas, c'est une continuation de l'imitation dynamitarde transformée, et j'en vois la preuve dans cette autre tentative constatée encore le 30 mai, dans la forêt de Senart : monceaux de feuilles sèches trouvés par des promeneurs dissé-

minés et un déjà allumés. « C'est la seconde fois
« ajoute ce journal, que, depuis quinze jours, le feu
« se déclare dans la forêt de Sénart, on recherche
« activement un individu dont les allures suspectes
« étaient remarquées depuis quelque temps. » Notons
d'ailleurs que le crime d'incendie est peut-être de
tous, celui qui s'allie le plus souvent à l'impulsivité
monomaniaque, essentiellement provocable par imitativité ou suggestivité indirecte. J'ai relevé dans
la même feuille, à la même date, mais évidemment
répartis dans la semaine, dix-huit affaires de vols
dans les grands magasins, jugés dans la même
séance correctionnelle (9ᵉ ch. 17 f. 1 h.).

Dans le long relevé que nous avons fait des attentats commis par les anarchistes, nous avons inten-
tionnellement cité parmi eux, quelques-uns relevant
uniquement de l'imitation : ce sont des attentats
pour rire, si toutefois il est permis de rire en pareille
occurrence. Nous reviendrons sur l'un d'eux, parce
qu'il s'agit d'un individu franchement aliéné, dont
le délire, au lieu de se systématiser dans l'idée
jésuite ou *électricité*, s'est systématisé dans l'idée
dynamite. Voici le récit qu'en fait un journal [1].

« Je n'avais pas voulu vous entretenir d'une série
de faits qui ont précédé le 1ᵉʳ mai à Pau, d'abord
pour ne pas accroître les inquiétudes déjà très vives
de la population et ensuite pour ne pas porter le
deuil dans une famille essentiellement honorable.
Aujourd'hui que ces faits sont connus de tous, que

---

1. 13 mai 1892. Le *Figaro*, je crois. Je regrette de n'avoir conservé, pour le citer ici, le nom du journal et du journaliste qui a
hésité à reproduire ce fait. L'hésitation étant le commencement
de la sagesse.

l'émotion du public est dissipée et que la famille du coupable est instruite, je résume ce qui s'est passé : Tout d'abord le maître d'un grand hôtel reçut une lettre de menaces, lui assurant que son établissement sauterait s'il ne voulait pas verser une somme de 30,000 francs. Le préfet et plusieurs personnages notables de la ville reçurent des lettres de même nature. Enfin le pseudo-anarchiste pénétra dans le cabinet du procureur de la République, bouleversa tous les dossiers et écrivit sur une feuille de papier avec en-tête du parquet une nouvelle lettre de menaces. Une surveillance rigoureuse fut exercée, et le 1er mai se passa le plus tranquillement du monde.

« Cependant l'enquête ouverte ne tardait pas à faire peser des soupçons sur un jeune magistrat, récemment nommé juge suppléant. Pressé de questions par le procureur général, M. D... fut obligé d'avouer ; il donna sa démission sur-le-champ et se dirigea sur Paris. Nous avons aujourd'hui de ses nouvelles : le malheureux vient d'être interné à l'asile Sainte-Anne, après examen médical, certificat et réquisition du Dr Moutard-Martin.

« M. D... avait le plus bel avenir devant lui. Licencié ès lettres, docteur en droit, il venait en outre de faire recevoir par la Sorbonne sa thèse de doctorat ès lettres ; il avait publié, ces temps derniers, un volume de vers, auquel la critique parisienne fit très bon accueil. » Ce fait n'est pas isolé : « Une épidémie anarchiste sévit en ce moment aux États-Unis. Hier, un homme est entré au restaurant Delmonico, tirant des coups de revolver et criant : « A « bas les riches ! » Un autre courait les rues en

criant : « Je vais dynamiter le monde! » Un troisième a été arrêté au moment où il voulait tirer
sur le gouverneur de l'État d'Indiana, tandis qu'un
quatrième a été cueilli devant la porte de la Mai-
son-Blanche. Ils ont tous été mis dans des maisons
d'aliénés [1]. »

1. *Figaro*, 19 nov. 1893. N'oublions pas de signaler les relations... compromettantes qu'entretiennent certains anarchistes, ce
qui fait saisir toute la pureté de leurs intentions. Dans la malle
de l'anarchiste Marius Tournadre laissée pour compte à son hôtel
à Carmaux, on trouve une lettre de la duchesse d'Uzès « qui
regrette de ne pouvoir faire davantage » et une autre : « Baron
Alphonse de Rothschild envoie tous ses remerciements à M. Tournadre. » (*Fig.*, 18 déc. 1893.)

CHAPITRE IV

LES MEURTRES EN CORSE

Nous venons de jeter un coup d'œil rapide sur
les grandes épidémies de meurtres et d'assassinats
dont l'histoire a conservé le souvenir. De nos jours,
il existe encore un certain nombre de pays, où,
sous l'influence de mœurs et d'idées complètement
différentes des nôtres, on n'attache pas à la vie
humaine la valeur qu'on est en droit de lui donner.
Dans ces régions, on rencontre le meurtre à l'état
endémique. Lorsqu'on examine attentivement les
cartes et les tableaux[1] représentant la répartition
géographique des meurtres et des assassinats en
France, on reste vivement frappé d'une chose, c'est
que les départements où on rencontre les maxima
et les minima ne se groupent pas, comme on aurait
pu le penser *a priori*, dans certaines régions. Don-
nons-en deux exemples. Dans le premier groupe,
qui contient sept départements, les accusés de
meurtre pour la période de 1876 à 1880 sont dans
la proportion de 0 à 0.8 pour un million. Ce

1. J. Socquet. *Contribution à l'étude statistique de la criminalité en France.*

sont : l'Ain, la Corrèze, le Tarn-et-Garonne, les
Côtes-du-Nord, la Haute-Garonne, la Manche et
la Haute-Vienne. Il est impossible de rechercher la
raison qui peut ainsi unir des points aussi éloignés.
Le huitième groupe, où la proportion est de 7.1 à
7.4 pour un million, renferme les Basses-Alpes, la
Haute-Savoie, la Lozère, la Seine-et-Oise et les
Vosges. La même remarque s'impose pour ce
groupe, ainsi que pour les groupes intermédiaires.
Il n'en est plus de même si nous passons au dixième
groupe, qui ne renferme que deux départements :
les Alpes-Maritimes et la Corse. Remarquons d'a-
bord la différence énorme qui existe entre ce groupe
et le précédent, au point de vue de la proportion
des meurtres commis. Les Bouches-du-Rhône ont
14.4 pour un million d'accusés de meurtre. Les
Alpes-Maritimes en ont 25.1 ; la Corse, 76. Quel
saut brusque ! La raison en est bien facile à expliquer.

Nous nous sommes longuement étendu sur l'influence de l'éducation sur la criminalité. Nous avons
fait voir de quelle minime importance est pour certaines gens la vie humaine, habitués qu'ils sont à
entendre glorifier le meurtre. Ajoutons à cela un
autre facteur fort important : l'hérédité. Nous pouvons maintenant transporter ces données acquises
sur un plus grand théâtre que celui de la famille,
et nous verrons le même processus. Les choses se
passent en Corse de la même façon qu'elles se passent dans certains milieux que nous avons décrits.
Toute une population naît avec des idées différentes
des nôtres sur la justice et sur la vengeance. Ces
idées sont développées chez les enfants par ce qu'ils

voient continuellement devant eux : tel individu vient de commettre un meurtre, loin d'être mis à l'index de la société, on doit le défendre, le protéger, l'aider à fuir, à se cacher des gendarmes et de la justice, qui sont et deviennent les véritables ennemis. Si par hasard cet individu tombe entre les mains de la police [1], on instruit son procès ; mais, que se passe-t-il ? les magistrats qui viennent du continent n'ont aucune raison de craindre d'être trop sévères ; ils peuvent désirer condamner les coupables, comme nous les condamnons en France, mais le jury est là qui paralyse leur bonne volonté. Qu'est-ce donc que le jury ? Une réunion de bons Corses, quelques-uns repris de justice [2] ; s'ils ne le sont pas, ils peuvent l'être un jour ou l'autre, beaucoup sont sous le coup de la vendetta, aussi leur est-il difficile, dans leur propre intérêt, de faire condamner un accusé : il faut ménager l'avenir. D'ailleurs la population et les bandits ne manqueraient pas de tirer vengeance de cet acte de justice sur l'infortuné juré. Les Corses savent que la justice ne peut pas leur être rendue équitablement, quand, par hasard, les gendarmes ont été assez fins et assez habiles pour s'emparer du coupable ; ils sont donc obligés, en quelque sorte, de se faire justice eux-mêmes, et ils se montrent forcément plus sévères dans leur vendetta, que ne l'eussent été les juges en prononçant une condamnation régulière.

De l'avis de tous les gens qui connaissent la

1. 35 fois sur 135 en 1886.
2. Sur 8,000 valides dans un arrondissement, 4,400 sont pourvus de casiers judiciaires (Bournet).

Corse, entre les homicides et les contraventions, la corrélation est étroite et fatale[1], les délits contre les propriétés conduisent au meurtre et à l'assassinat. Si l'on est habitué, dans cette île, à se défaire de son ennemi, on se gêne encore moins pour attenter à ses biens. Mais c'est assez s'étendre sur ces généralités. Prenons quelques faits et voyons quelles conclusions on en peut tirer :

« Étrange pays en effet que celui où les communes votent des pensions aux bandits, où des conseils municipaux, des maires les protègent ou sont protégés par eux, où des tribunaux civils règlent les affaires privées (de gens qui sont hors la loi), où des juges de paix ont un casier judiciaire, où une centaine d'employés de préfecture ont subi des condamnations pour coups et blessures, où le gendarme est un ennemi comme un autre contre lequel toute la population conspire[2]. »

Citons quelques-uns des faits auxquels il vient d'être fait allusion. La commune de Ciamanace, par exemple, en 1886, a voté une pension à un bandit. Le conseil municipal de Lozzi, dans le Niolo, est imposé à la commune depuis sept ans par les bandits Siméoni et Giansily. — Le bandit Mariani a fait élire, en 1884, à Bustanico, une liste de son choix. — Le bandit Allessandri a fait élire son neveu maire de Figna. — Quatre maires ont été suspendus en 1886, pour avoir protégé ouvertement des bandits. Un, celui de Figari, a été condamné à six mois de prison pour avoir, à la tête de cent habitants, et ceint de son écharpe, sommé les gendarmes de

1. Moras. 1885.
2. A. Bournet. *La Criminalité en Corse*, p. 2.

relâcher un bandit, et mis la main sur le maréchal des logis, en lui disant : « Vous désobéissez à un maire, au nom de la loi, je vous arrête! » Antoine Bonelli (ou Bellacoscia), tout mort civilement qu'il soit, a trouvé un maire pour le marier[1]. »

« Dans l'arrondissement de Sartène, un maire prend un arrêté ainsi conçu : Art. I. — Il est formellement interdit de porter les armes sur le territoire de la commune de Levie. Art. II. — Exception est faite pour les personnes notoirement en état d'inimitié[2]. » Peut-on s'étonner maintenant que la criminalité soit telle en Corse ?

Si quelque chose devait surprendre, c'est de ne pas la trouver plus considérable encore. Puisque les autorités ont tant d'égards pour les bandits, puisque la vendetta est reconnue officiellement par certains maires, il faut que les Corses soient bien peu prédisposés à la contagion du meurtre pour ne pas se détruire jusqu'au dernier[3].

Nous savons maintenant pourquoi la criminalité contre les personnes est aussi considérable en Corse.

1. A. Bournet. *Loc. cit.*
2. *Id.*, p. 14.
3. Citons d'après Bournet, *La crim. en Corse*, p. 8, quelques chiffres pour la période 1825 à 1880 :

		Pour 1,000 habitants.
Assassinats et tentatives.	1,201	51,259
Meurtres	1,582	67,520
Blessures graves suivies ou non de mort.	179	7,639
Parricides.	39	11,661
Empoisonnements.	10	0,426
Infanticides.	88	3,755
Viols sur adultes	114	4,865
Viols sur enfants	38	4,182

De 1876 à 1885, il a été commis 447 crimes contre les per-

Cherchons la raison qui élève le taux des meurtres et des assassinats des départements et du littoral de la Méditerranée. Pour nous en rendre un compte bien exact, il est nécessaire de faire une petite incursion en Italie où nous verrons sévir une *endémie* semblable à celle qui règne en Corse. A cet égard, les idées de la population sont identiquement les mêmes. Pour le prouver, citons deux faits.

« Lorsqu'au mois de novembre 1860, Gambardilla, chef des marchands de poissons de Sainte-Lucie, homme très influent, fut assassiné à neuf heures du matin, en présence de plus de 200 personnes qui toutes le connaissaient, l'assassin put s'enfuir et ne fut point retrouvé, car nul ne voulut jamais révéler son nom. Pendant notre séjour à Naples, en 1880, au *Borgo Loretto*, où les camorristes sont nombreux, nous fûmes témoin de l'assassinat d'un policier par un *picciutto*. Acclamé par la foule entière, l'assassin devint camorriste le soir même, et un grand banquet lui fut offert [1]. »

Ces deux faits montrent bien quel est l'esprit de la population, et qui elle tient en plus haute estime de l'assassin ou de la justice. Aussi les quelques chiffres que nous allons donner maintenant d'après

sonnes (assassinats 176, meurtres 210, total 386) qui se répartissent ainsi suivant les arrondissements :

		Habitants.	
Ajaccio.		72,609	115
Bastia		78,842	123
Calvi.		24,371	21
Corte.		59,060	116
Sartène		37,757	72

1. Bournet. *La Criminalité à Naples*, p. 15.

Bournet, n'auront pas lieu de nous surprendre. En 1861, dans la province de Naples, il n'y eut pas moins de 4,300 crimes de sang ; dans le mois d'octobre 1882, 98 homicides en 20 jours ; en 1883, on a compté 624 homicides et 230 coups et blessures. « Dans toute l'Italie, les crimes de sang y sont au moins trois fois plus nombreux qu'en France. C'est ainsi que, dans notre pays, la statistique indique 171 de ces crimes pour l'année 1882 et les documents officiels italiens 1,257 pour la même année [1]. 67,680 personnes tuées dans l'espace de trente ans ! Mais c'est une véritable bataille, s'écrie Aristide Gabelli [2] ! »

Que l'on veuille bien se rappeler maintenant que les départements de l'est de la Méditerranée sont peuplés d'Italiens ; que, règle générale, les immigrants se recrutent parmi la population la moins intéressante d'un pays, et l'on comprendra que dans cette région règne une véritable endémie d'homicides [3]. C'est donc grâce à l'apport de la criminalité italienne que nous avons autant de crimes de sang dans cette contrée. Nous sommes obligés d'enregistrer comme nôtres les crimes des étrangers; malgré cela, malgré notre propre contingent en Italie, les sujets du roi Humbert commettent encore trois fois plus d'homicides que nous!

1. Bournet. *De la Criminalité en France et en Italie*, p. 138.
2. *Id.*, p. 24.
3. Voici d'ailleurs pour chacun de ces départements le chiffre de l'immigration, chiffre que nous avons publié en 1887, pour les années précédentes :

Bouches-du-Rhône	61,428
Alpes-Maritimes	19,115
Var	18,647

Le département des Bouches-du-Rhône qui, dans la période de 1825 à 1838, n'occupait que le vingt-septième rang pour les assassinats, occupe aujourd'hui le deuxième rang (1866-1880). Le département du Var, qui occupait le onzième rang, est aujourd'hui au quatrième. La statistique indique bien d'une façon générale que les accusés étrangers sont plus nombreux — toutes choses égales d'ailleurs — que les indigènes, mais elle ne donne aucun renseignement sur leur nationalité.

On peut cependant tirer cette conclusion, c'est que, dans les départements infestés d'Italiens, la criminalité augmente en raison directe du nombre d'étrangers. Il doit y avoir là un rapport de cause à effet et non une simple coïncidence. L'introduction en France des mœurs italiennes, ou pour être plus exact, l'introduction des émigrés italiens, est déplorable au point de vue de la criminalité [1].

1. La criminalité italienne est considérable à Paris, et il n'y a pas de semaines où il n'y ait quelques coups de couteau donnés par des Italiens. Heureusement que c'est quelquefois entre eux qu'ils se battent; souvent ils tuent les Français. Deux exemples au hasard : le 14 novembre 1893, Cipriani tue le chef d'équipe Simon, *coupable* de l'avoir mis à la porte pour des raisons de discipline intérieure. Le 18 décembre, pour *s'amuser*, cinq Italiens attaquent et blessent un passant quelconque. Ces deux crimes ont été commis à Paris.

BIBLIOGRAPHIE

Cette bibliographie a simplement pour but de réparer quelques omissions et de compléter celles de Ferri et de Mac Donald :

Ferri (Henri). — *La sociologie criminelle.* Traduction de l'auteur sur la troisième édition italienne. Paris. Arthur Rousseau, 1893.

Mac Donald (Arthur). — *Abnomal Man.* Being essays on education and crime and related subjects with digets of literature and a bibliography. Washington, Government printing Office, 1893.

Abundo (G. d'). — *Osservazioni nei minori corrigendi* (brochure).

Alimena (D.-B.). — *Le projet du nouveau Code pénal italien* (Zanardelli).

— *La législation comparée dans ses rapports avec l'anthropologie, l'ethnographie et l'histoire.*

Alimena (Bernardino). — *Limites et modificateurs de la responsabilité pénale* (1 vol. in-8° avec diagrammes).

ALMANACH DE LA QUESTION SOCIALE POUR 1893, avec un article sur la criminalité, par Hamon.

ANNALES DE LA SOCIÉTÉ DE MÉDECINE LÉGALE DE BELGIQUE, n° 2, 5° année.

ANNALI DI STATISTICA. — Mi della commissionne per la statistica giudiziaria civile e penale.

Antonini (Dᵣ Giuseppe). — *Perizie Psichiatriche* (broch. de 32 pages).

Ardu (Dᵣ E.). — *Su alcune rare anomalie dell' osso occipitale dell' nomo* (broch.).

— *Nota sul diametro biangolare della mandibola dell' uomo.*

Aubry (Paul). —*Une famille de criminels* (broch. de 15 pages), in. Ann. médico-psychologiques, 1892.

Aubry (Paul) et **Corre** (A.). — *Documents de criminologie rétrospective, mœurs judiciaires et criminelles* de l'ancienne France ; Région bretonne (Evêchés de Quimper, Léon, Tréguier, Saint-Brieuc). Storck et Masson. Sous presse.

Audibert (Dᵣ). — *De la physionomie et de la physiognomonie* (thèse, Bordeaux, 1892).

Augagneur. — *La prostitution des filles mineures* (avec graphiques).

Baca (Dᵣ Martinez) et **Vergura** (Dᵣ Manuel). — *Etude d'anthropologie criminelle en espagnol* (1 vol. de 200 pages avec planches, Puebla, 1892).

Baer (Dᵣ). — *Der Verbrecher in anthropologisher Bezichung* (1 vol. in-8 de 500 p., avec figures et tableaux, Thieme, éd., Leipzig, 1893).

Baets (Abbé Maurice de). — *A propos du Congrès d'anthropologie criminelle* (broch. de 16 pages, Bruxelles).

— *L'École d'anthropologie criminelle.* (1 vol. in-18, 56 p. P. Van Fleteren. Gand, 1893).

Ball (M. V.). — *63ᵉ annual Report, state penitentiary of Pennsylvania for* 1892, Philadelphia.

Bataille (Albert). — *Causes criminelles et mondaines de 1892* (1 vol. in-18, 400 p. Dentu, 1892).

Beaujeu (Dᵣ). — *Psychologie des premiers Césars* (1 vol. de 56 pages).

Benedikt (Prof.). — *Vergleichende anatomie der gehirnoberflæche* — les principes de la craniométrie.

Benedikt (Prof. M.). — *Epilog zum Prager Prozesse Waldstein* (une broch.).

— *Etude du crâne de Charlotte Corday.*

Bernard (Dᵣ Paul.). — *Des viols et attentats à la pudeur sur les adultes* (V. Garraud).

Bertholon (Dᵣ). — *Etude démographique sur la Tunisie.*

Bertholon (Dᵣ), de Tunis. — *Documents anthropologiques* *sur les Phéniciens* (une broch. de 48 pages avec planches). Lyon, 1892.

— *Anthropologie criminelle des Tunisiens musulmans.*

Bertillon (A.), chef du service d'identification à la Préfecture de police. — *Les signalements anthropométriques.*

— *L'Anthropométrie judiciaire à Paris en* 1889 (4 planches).

Bianchi (A. G.). *Roman d'un délinquant-né.* Galli di Chiesa et Guindan de Milan, 500 pages.

Bodio (L.), direct. gén. de la statistique du royaume d'Italie. *Statistique criminelle en Italie.*

Borciani (Prof.). — *La scuola del diritto penale* (une broch. de 38 pages).

Bosco (A.). — *Lo Studio della delinquenza e la classificazione dei reati nella statistica penale* (Estratto dal Bulletin de l'Institut international, tomo VI, in-8, p. 50, Roma, 1892).

Brouardel, Motet et **Garnier.** — *L'affaire Valrof,* Ann. d'Hygiène.

BULLETIN DE L'INSTITUT INTERNATIONAL DE STATISTIQUE. — Tome VI, 1re, 2e et dernière livraison.

Cabadé (Dr). — *De la responsabilité criminelle* (1 vol. in-18 de 350 pages). Paris, Masson, 1893.

Cascelia (Dr Fr.). — *Crani di criminali* (1 vol. in-8° de 53 pages avec planches), Aversa, 1893.

Charpentier (Dr). — *De l'hérédité pathologique régressive en aliénation mentale.* La confusion mentale. Les folies du caractère (broch.).

Combemale. — *La descendance des alcooliques.* Paris, 1888.

COMPTE GÉNÉRAL DE L'ADMINISTRATION DE LA JUSTICE CRIMINELLE EN FRANCE ET EN ALGÉRIE PENDANT L'ANNÉE 1889 (vol. de 200 pages).

CONGRÈS INTERNATIONAUX D'ANTHROPOLOGIE ET D'ARCHÉOLOGIE PRÉHISTORIQUE ET DE ZOOLOGIE (août 1892, Imp. d'archéologie de Moscou, 1893).

CONGRÈS INTERNATIONAL D'ARCHÉOLOGIE PRÉHISTORIQTE ET D'ANTHROPOLOGIE (Moscou, 1892, 1 vol. de 300 pages).

Corre (Dr A). — *Notes et réflexions sur la justice criminelle en France à propos de l'affaire Anastay.* (Broch. de 11 p., Paris, l'Art social.)

Coutagne (Dr). — *Note sur un cas de perversion sanguinaire de l'instinct sexuel.* (Broch. de 8 p.)

Coutagne (D^r). — *La folie au point de vue judiciaire et administratif.* (Leçons faites à la Faculté de droit de Lyon.)

Dellapiane (Antonio). *Las causas del delito.* Buenos-Ayres, 1892.

DIRECTION GÉNÉRALE DE LA STATISTIQUE ITALIENNE. Statistique judiciaire civile et commerciale pour 1890 (vol. de 119 pages).

Do Souto, da Silva Pinto, Azevedo, da Silva (Les D^{rs}). — *Relation médico-légale de l'affaire Urbino de Freitas* (1 vol. in-8 de 545 p., Porto, 1893).

Duval (Dr P.). — *Des sévices et mauvais traitements infligés aux enfants.* Storck.

Fabreguettes. — *De la responsabilité des criminels* (broch. de 65 pages, 1892).

Ferri (Enrico). — *Variations thermométriques et criminalité.*

Ferri (Henri). — *La Sociologie criminelle* (1 vol. in-8° de 648 pages), Paris, Rousseau, 1893.

Frigerio (Dr L.). — *L'oreille externe,* étude d'anthropologie criminelle (18 figures).

Garraud (R.) et **Bernard** (Dr Paul). — *Des attentats à la pudeur et des viols sur les enfants.* 1 vol. in-8, 44 pages (avec graphique en couleur).

Gaudenzi (Dr C.). — *Un appareil rapide de craniographie exacte* (une broch. avec planches, 14 pages), Bologne, 1892.

Genod (D^r). — *Le cerveau des criminels* (1 vol. de 46 pages).

Glajeux (Bérard des). — *Les passions criminelles, leurs causes et leurs remèdes* (1 vol. in-18 de 275 pages). Paris, Plon, 1893.

Goddyn (A.). — *Des prisons-asiles et des réformes pénales qu'elles entraînent* (broch.).

Greef (G. de). — *Les lois sociologiques* (1 vol. de la Bibliothèque contemporaine, in-18 de 185 p., Paris, F. Alcan, 1893).

Guerrieri (D^r). — *La sensibilita nella donna normale et nella prostitua.*

Hamon (A.). — *Psychologie du militaire professionnel.* Bruxelles, Ch. Rosez, 1894.

— *La France sociale et politique,* année 1891. 1 vol. in-18, 750 p. Savine, Paris, 1893.

Hotchkiss (D^r). — *Criminalité et Médecine judiciaire dans l'Inde anglaise,* 1 vol., 180 p.

Hugounenq (Dr L.). — *La putréfaction sur le cadavre et sur le vivant.*

Janet (P.). — *Etat mental des hystériques, les stigmates mentaux* (1 vol. cartonné, de la Biblioth. Charcot-Debove; Paris, Rueff).

Jaumes et **Mairet** (Prof.). — *Un épileptique responsable.* (Broch. de 21 p.)

Joly (Henry). — *Le IVᵉ Congrès pénitentiaire intern.*, Saint-Pétersbourg, 1890.

— *Les lectures dans les prisons de la Seine.*

Lacassagne (Dʳ A.). — *L'affaire du Père Bérard* (avec une planche).

Ladame (Dʳ). — *Affaire Lombardi.* Suicide combiné d'assassinats commis par une mère sur ses enfants.

— *L'hypnotisme et la médecine légale.*

Lannois (Dʳ M.). — *La surdité et les sourds-muets devant la loi.*

Lanuza (J.-G.). — *La ley de Lynch* (thèse de l'Université de la Havane, 1892).

Mac Donald. — *Criminology* (1 vol. in-8° de 416 pages), New-York, 1893.

Manouvrier (L.). — *La genèse normale du crime*, Bulletin de la Soc. d'Anthrop., 1893, p. 405.

Maupaté (Léon). — *Recherches d'anthropologie criminelle chez l'enfant. Criminalité et dégénérescence.* Lyon, Storck, 1893.

Max Nordau. — *Dégénérescence*, tome Iᵉʳ (fin de siècle, mystérieux), (1 vol. in-8° de 430 pages, Alcan, éditeur, Paris, 1894).

Menœut (J.). — *Les Yédiziz*, épisodes de l'histoire des adorateurs du diable (1 vol. in-18, 232 p. Ern. Leroux, Paris).

Moll (Dʳ). — *Les perversions de l'instinct génital* (1 vol. in-8° de 326 pages, Paris, Carré, 1893).

Mortillet (G. de). — *Anthropologie de la Haute-Savoie.* (Broch. avec planches.)

Revue des sciences psychiques.

Revue internationale de sociologie, Paris.

Revue neurologique dirigée par F. Brissaud et P. Marie. — (1ʳᵉ année, 28 février 1893, Masson, Paris.)

Revue philosophique de la France et de l'étranger (dirigée par Th. Ribot, 18ᵉ année, n° 5, mai 1893, Alcan, Paris).

Puibaraud (L). — *Les malfaiteurs de profession* (1 vol. in-18, Paris, Flammarion, 1894).

Rassier (D^r). — *De la valeur du témoignage des enfants en justice* (1 vol. in-8°).

Ravoux (Dr Louis). — *Du dépeçage criminel au point de vue anthropologique.*

Roncoroni (D^r). — *Influenza del sesso sulla criminalita in Italia.* Genes. Fisiologica dell' epilessia (broch. de 32 pages, Turin, 1893).

Samson (Prof. André). — *L'Hérédité normale et pathologique* (1 vol. in-18, 430 p., Asselin et Houzeau, Paris, 1893).

Sighele Scipio. — *Le crime à deux*, Essai de psychologie morbide. Storck, 1893.

Sighele (S.). — *L'evoluzione dal suicidio all' omicidio nei drammi d'amore* (broch. de 20 pages). Bocca (Turin, 1891).

Sollier (D^r). — *Guide pratique des maladies mentales* (seméiologie, pronostic, indication), (1 vol. de la Biblioth. Diamant). Paris, Masson, 1893.

Topinard. — *De la race en anthropologie* (broch. de 10 pages).

Venturi (Silvio). — *Le degenerazioni psico-sessuali nella vita degli individui e nella storia della societa.* In-8, 519 p. Torino, fratelli Bocca, 1892 (Biblioteca antropologico-giuridica, série I, vol. XIII).

Weismann. — *Essais sur l'hérédité et la sélection naturelle.* Traduit par de Varigny (1 vol. in-8°, relié). Paris, Reinwald, 1892 (540 pages).

INDEX ALPHABÉTIQUE

DES NOMS CITÉS

Lieske, 260.
Lingg, 177.
Lockroy, 254.
Locuste, 131, 137.
Loizerolles, 168.
Lombardi (*Filippo*), 237.
Lombardi, 86, 87.
Lombroso, 19, 27, 42, 49, 55, 61, 62, 91, 251, 271.
Lorraine (*Chevalier de*), 133.
Louis II, 174.
Louis XI, IX, 132.
Louis XIV, 82, 133, 134, 135, 136, 194.
Louis XV, 135, 136, 194.
Louis XVI, 168.
Louis-Philippe, 26, 195, 252.
Louvel, 250.
Louvois, 133, 135.
Lucas, 260.
Lucas (*Prosper*), 13, 18, 27, 75, 100.
Lumini, 116.

M

Macé, 90, 91, 92, 157.
Mac-Glan, 212.
Machecer, 245.
Mackensie, 153.
Maffëi, 200.
Magnard (*Francis*), 273.
Maillard, 226.
Maille, 121, 124.
Maistre (*J. de*), 220.
Malatesta, 257.
Maminerie, 262.
Mammone, 235.
Mancini (*Olympe*), 134.
Mandrin, 25, 92.
Mannheim, 259.
Manouvrier, 4, 84.
Manselon, 72.
Marat, XVII, 209, 251.
Marc, 24, 75, 76, 93, 95.
Marchandon, 91.
Marchéri, 246.
Marécat, 186.
Mariani, 285.
Marinelli, 239.
Mariotti, 250.
Marpeaux, 264.
Martin, 119.
Martin (*Henri*), 193, 194.
Martin (*Margueritte*), 121.
Martine, 202.
Martinez Campos, 264.
Marsch, 36.
Mas (*Eulalie*), 115.
Mattei, 113.
Mathieu, 203.
Mathieu (*père*), 61.
Mathieu (*Louise*), 119.
Mauclair, 203.
Maudsley, 28, 85.
Maurel, 114.
Mayer, 196.
Mazarin, 134.
Mécrant, 49.
Médicis (*Catherine de*), 132.
Meerholz, 49.
Meille (*Victorien*), 22, 23, 203.
Melikoff (*Loris*), 258.
Melnikoff, 258.
Menesclou, 49, 90, 152.
Ménétret, 159.
Mercier (*Euphrasie*), 159.
Merry-Delabors, 56.
Merlino (*S.*), 268.
Merlo (*Jean*), 27.
Mérouvel, 33.
Mesnil (*O. du*), 20.
Metzenseff, 258.
Metzenzoff, 257.
Meyer, 158.
Michel (*Louise*), 259.
Michel, 124.
Michelet, 168.
Mielle, 152, 204.
Miezecage, 226.
Milcent, 200.
Millaud d'Allègre, XIII.
Mimault, 254.
Mirabeau, 168.
Mittermaier, 70.
Mlodetrkis, 258.
Mocomble, 203.
Moineau, 266.
Moncasi, 257.
Monchanin, 113, 117, 124.
Monnier (*Marc*), 235, 236.
Montaigne, 1, 9, 166.
Montausier, 82.
Montecuculli, 132.
Montmorency, 194.
Moore, 254.
Morus, 285.
Moreau (*Christophe*), 20.
Moreau (*abbé*), 61, 70, 92.
Moreau de Tours (*J.*), 13, 42.
Moreau de Tours (*Paul*), 50, 73, 100,

TABLE DES MATIÈRES

PREMIÈRE PARTIE

Des principaux facteurs de la contagion du meurtre.

DEUXIÈME PARTIE

De la contagion du meurtre
dans quelques-uns de ses modes spéciaux.

TROISIÈME PARTIE

Du meurtre au point du vue épidémique et endémique.

Paris. — Imprimerie L. MARETHEUX, 1, rue Cassette. — 2671.

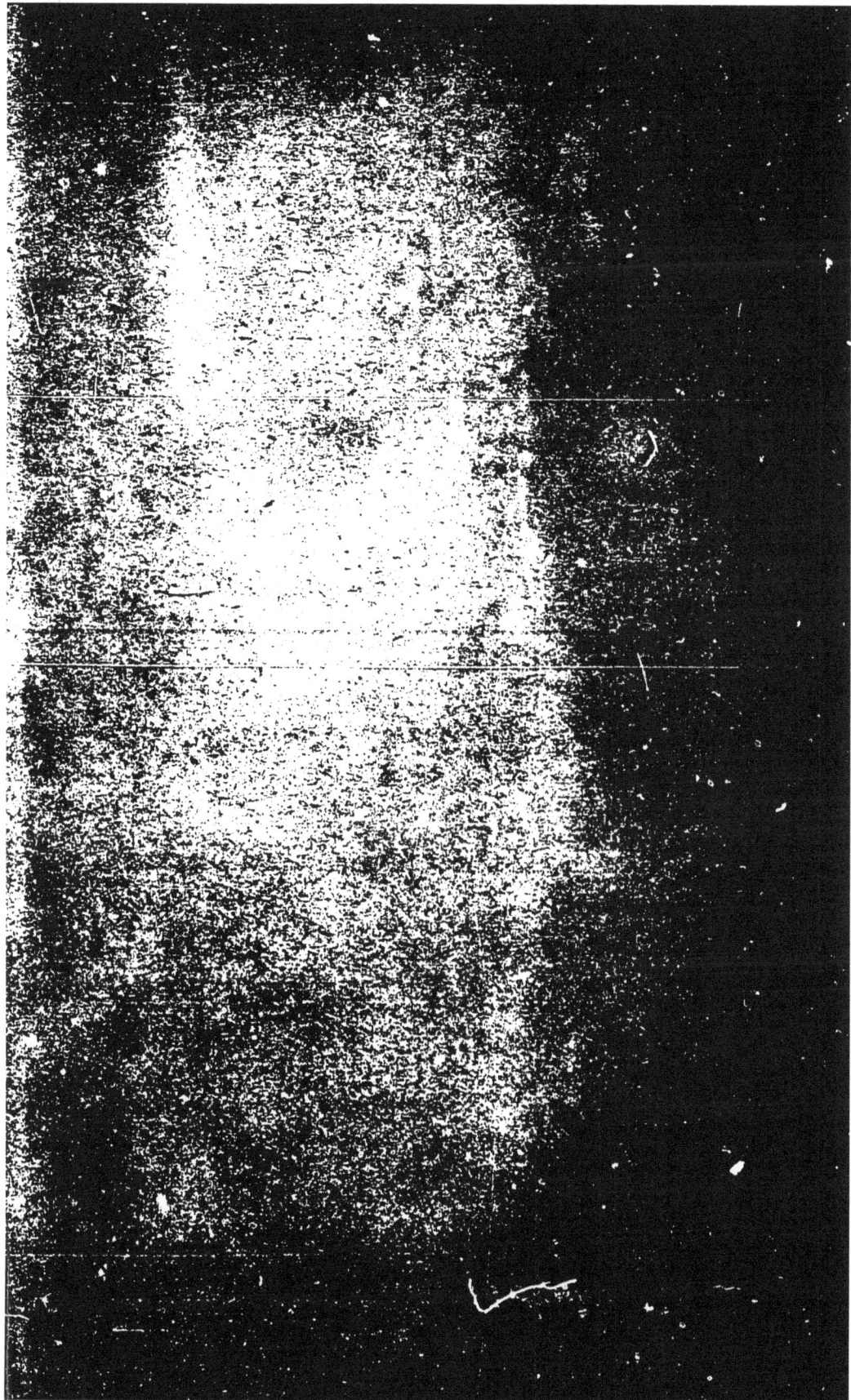

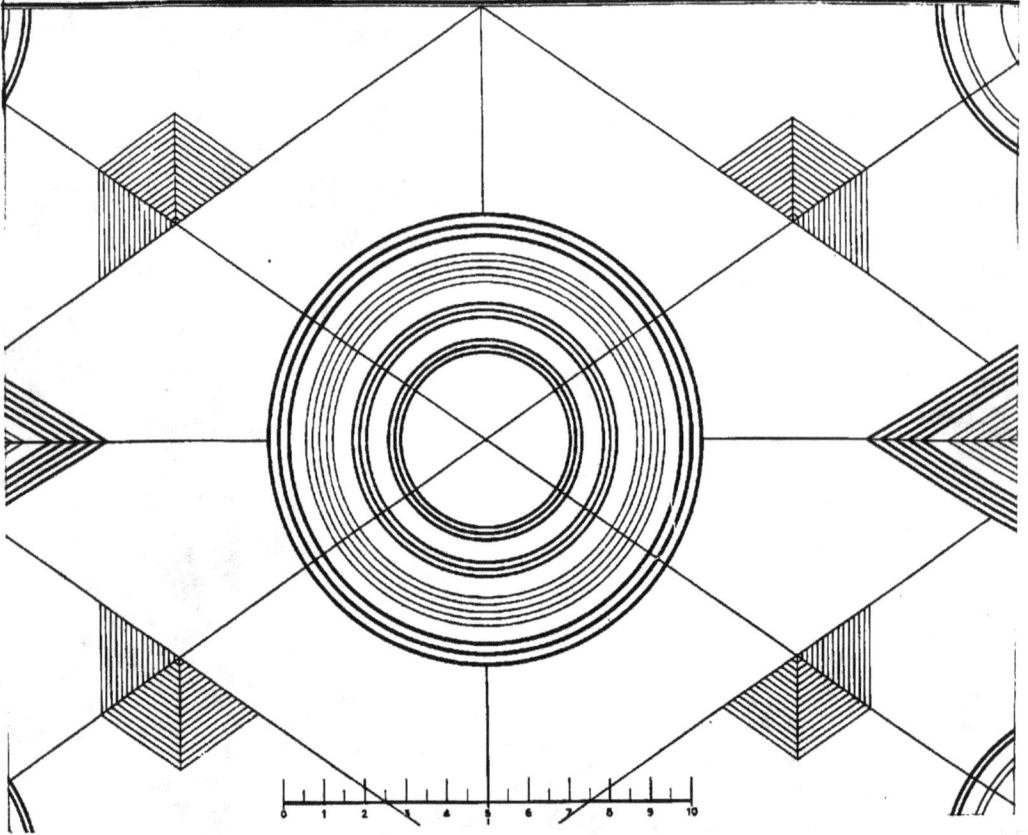

www.ingramcontent.com/pod-product-compliance
Lightning Source LLC
Chambersburg PA
CBHW050458270326
41927CB00009B/1799